Die Bonus-Seite

Ihr Vorteil als Käufer dieses Buches

Auf der Bonus-Webseite zu diesem Buch finden Sie zusätzliche Informationen und Services. Dazu gehört auch ein kostenloser **Testzugang** zur Online-Fassung Ihres Buches. Und der besondere Vorteil: Wenn Sie Ihr **Online-Buch** auch weiterhin nutzen wollen, erhalten Sie den vollen Zugang zum **Vorzugspreis**.

So nutzen Sie Ihren Vorteil

Halten Sie den unten abgedruckten Zugangscode bereit und gehen Sie auf **www.sap-press.de**. Dort finden Sie den Kasten **Die Bonus-Seite für Buchkäufer**. Klicken Sie auf **Zur Bonus-Seite/ Buch registrieren**, und geben Sie Ihren **Zugangscode** ein. Schon stehen Ihnen die Bonus-Angebote zur Verfügung.

Ihr persönlicher Zugangscode: z9u8-jsat-f56e-3mpn

Drucken mit SAP®

SAP PRESS ist eine gemeinschaftliche Initiative von SAP und Galileo Press. Ziel ist es, Anwendern qualifiziertes SAP-Wissen zur Verfügung zu stellen. SAP PRESS vereint das fachliche Know-how der SAP und die verlegerische Kompetenz von Galileo Press. Die Bücher bieten Expertenwissen zu technischen wie auch zu betriebswirtschaftlichen SAP-Themen.

Jürgen Hauser et al.
SAP Interactive Forms by Adobe
623 S., 2009, geb.
ISBN 978-3-8362-1227-4

Stefan Kauf, Viktoria Papadopoulou
Formulargestaltung in SAP ERP HCM
231 S., 2009, geb.
ISBN 978-3-8362-1220-5

Roland Schwaiger, Dominik Ofenloch
Web Dynpro ABAP – Das umfassende Handbuch
1176 S., 2011, geb.
ISBN 978-3-8362-1522-0

Martina Kaplan, Christian Oehler
SAP Enhancement Packages – Funktionsweise und Implementierung
235 S., 2010, geb.
ISBN 978-3-8362-1454-4

Sebastian Schreckenbach
Praxishandbuch SAP-Administration – Application Server ABAP
880 S., 2010, geb.
ISBN 978-3-8362-1536-7

Aktuelle Angaben zum gesamten SAP PRESS-Programm finden Sie unter *www.sap-press.de*.

Michael Szardenings

Drucken mit SAP®

Lösungen für die Praxis

Bonn · Boston

Liebe Leserin, lieber Leser,

vielen Dank, dass Sie sich für ein Buch von SAP PRESS entschieden haben.

Knapp 300 Seiten zum Thema Strg+P? Mitnichten! Denn »Drucken mit SAP« können Sie nicht nur einzelne Seiten unmittelbar auf Papier, sondern beispielsweise auch große Datenmengen über Nacht oder Barcodes in digitale Formulare. Der Teufel steckt dabei wie so häufig im Detail – und kommt unter Umständen mit jeder kleinen Veränderung Ihres Setups von Neuem zum Vorschein: Bei der Umstellung auf neue Hardware (herkömmliche Drucker, Etikettendrucker), dem Einsatz klassischer und neuer Technologien (ABAP-Listen, SAPscript, SAP Smart Forms oder SAP Interactive Forms by Adobe), dem Drucken unter verschiedenen Betriebssystemen, dem zeitversetzten Drucken zur Ressourcenverteilung usw.

Michael Szardenings kennt die typischen Fragestellungen, die sich beim Drucken aus dem SAP-System im Arbeitsalltag immer wieder ergeben, wie kein Zweiter und teilt in diesem Buch nicht nur sein Wissen mit Ihnen, sondern vor allem seine Erfahrung. Denn oft ist es nur ein kleiner Schalter oder ein nicht installierter Font, der einen verzweifeln lässt. Doch ich bin sicher: Mit den Tipps und Tricks aus diesem Buch wird jede Form von Output Management für Sie so einfach wie ein simples Strg+P.

Wir freuen uns stets über Lob, aber auch über kritische Anmerkungen, die uns helfen, unsere Bücher zu verbessern. Am Ende dieses Buches finden Sie daher eine Postkarte, mit der Sie uns Ihre Meinung mitteilen können. Als Dankeschön verlosen wir unter den Einsendern regelmäßig Gutscheine für SAP PRESS-Bücher.

Ihr Stefan Proksch
Lektorat SAP PRESS

Galileo Press
Rheinwerkallee 4
53227 Bonn

stefan.proksch@galileo-press.de
www.sap-press.de

Auf einen Blick

1	Einführung	15
2	Koppelarten	39
3	Drucken unter Microsoft Windows	105
4	Drucken von SAP Interactive Forms by Adobe	167
5	Drucken und Internationalisierung	187
6	Drucken von Barcodes	217
7	Printing Assistant for Landscapes	229
8	Berechtigungen im Spool-Umfeld	245
A	Font-Abbildungstabellen für Cascading Fonts	257
B	Überblick der dargestellten Profilparameter, Hilfs-Reports, Datenbanktabellen und Transaktionen	271
C	Glossar	275
D	Der Autor	279

Der Name Galileo Press geht auf den italienischen Mathematiker und Philosophen Galileo Galilei (1564–1642) zurück. Er gilt als Gründungsfigur der neuzeitlichen Wissenschaft und wurde berühmt als Verfechter des modernen, heliozentrischen Weltbilds. Legendär ist sein Ausspruch *Eppur si muove* (Und sie bewegt sich doch). Das Emblem von Galileo Press ist der Jupiter, umkreist von den vier Galileischen Monden. Galilei entdeckte die nach ihm benannten Monde 1610.

Lektorat Stefan Proksch
Korrektorat Osseline Fenner, Troisdorf
Einbandgestaltung Nadine Kohl
Coverbild GettyImages, Johner Images
Typografie und Layout Vera Brauner
Herstellung Maxi Beithe
Satz Typographie & Computer, Krefeld
Druck und Bindung Kösel GmbH & Co. KG, Altusried-Krugzell

Gerne stehen wir Ihnen mit Rat und Tat zur Seite:
stefan.proksch@galileo-press.de bei Fragen und Anmerkungen zum Inhalt des Buches
service@galileo-press.de für versandkostenfreie Bestellungen und Reklamationen
thomas.losch@galileo-press.de für Rezensionsexemplare

Bibliografische Information der Deutschen Nationalbibliothek
Die Deutsche Nationalbibliothek verzeichnet diese Publikation in der Deutschen Nationalbibliografie; detaillierte bibliografische Daten sind im Internet über *http://dnb.d-nb.de* abrufbar.

ISBN 978-3-8362-1604-3

© Galileo Press, Bonn 2011
1. Auflage 2011

Das vorliegende Werk ist in all seinen Teilen urheberrechtlich geschützt. Alle Rechte vorbehalten, insbesondere das Recht der Übersetzung, des Vortrags, der Reproduktion, der Vervielfältigung auf fotomechanischen oder anderen Wegen und der Speicherung in elektronischen Medien. Ungeachtet der Sorgfalt, die auf die Erstellung von Text, Abbildungen und Programmen verwendet wurde, können weder Verlag noch Autor, Herausgeber oder Übersetzer für mögliche Fehler und deren Folgen eine juristische Verantwortung oder irgendeine Haftung übernehmen.

Die in diesem Werk wiedergegebenen Gebrauchsnamen, Handelsnamen, Warenbezeichnungen usw. können auch ohne besondere Kennzeichnung Marken sein und als solche den gesetzlichen Bestimmungen unterliegen.
Sämtliche in diesem Werk abgedruckten Bildschirmabzüge unterliegen dem Urheberrecht © der SAP AG, Dietmar-Hopp-Allee 16, D-69190 Walldorf.

SAP, das SAP-Logo, mySAP, mySAP.com, mySAP Business Suite, SAP NetWeaver, SAP R/3, SAP R/2, SAP B2B, SAPtronic, SAPscript, SAP BW, SAP CRM, SAP EarlyWatch, SAP ArchiveLink, SAP GUI, SAP Business Workflow, SAP Business Engineer, SAP Business Navigator, SAP Business Framework, SAP Business Information Warehouse, SAP interenterprise solutions, SAP APO, AcceleratedSAP, InterSAP, SAPoffice, SAPfind, SAPfile, SAPtime, SAPmail, SAPaccess, SAP-EDI, R/3 Retail, Accelerated HR, Accelerated HiTech, Accelerated Consumer Products, ABAP, ABAP/4, ALE/WEB, Alloy, BAPI, Business Framework, BW Explorer, Duet, Enjoy-SAP, mySAP.com e-business platform, mySAP Enterprise Portals, RIVA, SAPPHIRE, TeamSAP, Webflow und SAP PRESS sind Marken oder eingetragene Marken der SAP AG, Walldorf.

Inhalt

Vorwort 11

1 Einführung 15

1.1 Workprozesse und Funktionsbausteine 15
1.2 Spool-Aufträge und Ausgabeaufträge 18
    1.2.1 Spool-Auftragsnummern 20
    1.2.2 Erzeugung von Spool-Aufträgen 21
    1.2.3 Speicherung von Spool-Aufträgen 25
    1.2.4 Löschen von Spool-Aufträgen 26
    1.2.5 Sofort ausdrucken und anhängen 27
1.3 Druckerdefinitionen 30
    1.3.1 Transaktion SPAD 30
    1.3.2 Gerätetyp 32
    1.3.3 Koppelart 34
    1.3.4 Spool-Server 35
    1.3.5 Einstellung persönlicher Daten 37

2 Koppelarten 39

2.1 Koppelart C – Direkter Betriebssystemaufruf 40
2.2 Koppelart E – Externes Output-Management-System 43
    2.2.1 Konfiguration des Output-Management-Systems 45
    2.2.2 OMS-Zertifizierung 57
    2.2.3 Konfiguration eines Druckers 58
2.3 Koppelart F – Frontend-Druck 60
2.4 Koppelart G – Frontend-Druck 60
    2.4.1 Frontend-Druck mit SAP GUI for Windows 61
    2.4.2 Frontend-Druck mit SAP GUI for Java 66
    2.4.3 Frontend-Druck mit SAP GUI for HTML 69
    2.4.4 Frontend-Druck mit anderen browserbasierten Komponenten 76
    2.4.5 Statusinformationen beim Frontend-Druck 77
    2.4.6 Zusammenfassung 79
2.5 Koppelart L – Drucken über Kommandosätze 81
2.6 Koppelart M – Drucken über E-Mail 88
2.7 Koppelart P – Drucken über Gerätepool 92
2.8 Koppelart S – Netzwerkdruck mit SAP-Protokoll 94
2.9 Koppelart U – Netzwerkdruck mit Berkeley-Protokoll 95

2.10	Vergleich von Koppelart L und Koppelart U	98
2.11	Zusammenfassung und Überblick	99
	2.11.1 Direkter Betriebssystemaufruf (Koppelart C)	100
	2.11.2 Externes Output-Management-System (Koppelart E)	100
	2.11.3 Frontend-Druck (Koppelart G)	101
	2.11.4 Drucken über Kommandosätze (Koppelart L)	101
	2.11.5 Drucken über E-Mail (Koppelart M)	102
	2.11.6 Drucken über Gerätepool (Koppelart P)	102
	2.11.7 Netzwerkdruck (Koppelart S und U)	103

3 Drucken unter Microsoft Windows 105

3.1	Serverbasiertes Drucken mit dem TCP/IP-Druckdienst	105
3.2	Serverbasiertes Drucken mit SAPSprint	106
	3.2.1 Installation von SAPSprint	107
	3.2.2 Konfiguration eines SAPSprint-Druckers im SAP-System	109
	3.2.3 Interne Implementierung des SAPSprint-Service	112
	3.2.4 Problemanalyse bei SAPSprint	123
	3.2.5 SAPSprint-Optionen	136
	3.2.6 SAPSprint mit Secure Network Communication	152
3.3	Frontend-Druck mit SAPFprint	159
	3.3.1 SAPSprint vs. SAPFprint	159
	3.3.2 Optionen für SAPFprint	161
	3.3.3 Problemanalyse bei SAPFprint	162
3.4	Zusammenfassung und Überblick	163
	3.4.1 Verwendung des TCP/IP-Druckdienstes	164
	3.4.2 Empfohlene Installationsoptionen für SAPSprint	164
	3.4.3 Verwendung von SAPSprint	164
	3.4.4 Notwendige Angaben bei der Konfiguration für SAPSprint-Drucker	165
	3.4.5 Verbindungsprobleme	165
	3.4.6 Generelle Fehlervermeidung	165

4 Drucken von SAP Interactive Forms by Adobe 167

4.1	Seitenbeschreibungssprachen für PDF-Spool-Aufträge	168
4.2	Arbeitsablauf beim Drucken von Interactive Forms	169
4.3	Gerätetypen und XML Device Configurations	171
4.4	Navigation in PDF-Spool-Aufträgen	174

	4.5	Drucken mit PDFPRINT	181
	4.6	Zusammenfassung und Überblick	185
		4.6.1 Erzeugung und Verarbeitung von PDF-Spool-Aufträgen	185
		4.6.2 Navigation in PDF-Spool-Aufträgen	186

5 Drucken und Internationalisierung 187

	5.1	Grundlegende Begriffe	187
	5.2	Fonts und Drucker	191
	5.3	Sprachkonfiguration im SAP-System	192
		5.3.1 Sprachkonfiguration bei ABAP-Listen	193
		5.3.2 Sprachkonfiguration bei SAPscript	196
		5.3.3 Sprachkonfiguration bei SAP Smart Forms	200
		5.3.4 Sprachkonfiguration bei Interactive Forms	203
		5.3.5 Gerätetypauswahl	204
		5.3.6 SAPscript-Font-Pflege	207
	5.4	Cascading Fonts und SWINCF	211
		5.4.1 Installation von Cascading Fonts	213
		5.4.2 Cascading-Fonts-Konfigurator	213
		5.4.3 Zuordnungstabellen	214
	5.5	Zusammenfassung und Überblick	214
		5.5.1 Sprachkonfigurationen im SAP-System	214
		5.5.2 Fonts und Drucker	215

6 Drucken von Barcodes 217

	6.1	Barcodes drucken mit herkömmlicher Barcode-Technologie	218
		6.1.1 Definition und Verarbeitung von Barcodes	218
		6.1.2 Testen von Barcodes	221
		6.1.3 Unterstützte Druckermodelle	222
	6.2	Barcodes drucken mit neuer Barcode-Technologie	223
		6.2.1 Definition von Barcodes	224
		6.2.2 Testen von Barcodes	225
	6.3	Barcodes drucken mit externer Barcode-DLL	226
	6.4	Zusammenfassung und Überblick	227
		6.4.1 Herkömmliche Barcode-Technologie	227
		6.4.2 Neue Barcode-Technologie	228

7 Printing Assistant for Landscapes ... 229

- 7.1 Begriffsdefinitionen ... 230
- 7.2 Unterstützte Koppelarten für PAL ... 231
- 7.3 Beispielszenario ... 232
  - 7.3.1 RFC-Destinationen für Zielsysteme anlegen ... 233
  - 7.3.2 Zielsysteme anlegen ... 234
  - 7.3.3 Drucker aus einem Zielsystem ins Zentralsystem importieren ... 236
  - 7.3.4 Druckergruppe anlegen ... 238
  - 7.3.5 Zielsystemgruppe anlegen ... 239
  - 7.3.6 Verteilung durchführen ... 241
  - 7.3.7 Verteilungsstatus ... 242
- 7.4 Zusammenfassung und Überblick ... 243
  - 7.4.1 PAL-Objekte ... 243
  - 7.4.2 Vorteile und Einschränkungen bei der Verwendung von PAL ... 244

8 Berechtigungen im Spool-Umfeld ... 245

- 8.1 Berechtigungsarten generell ... 246
- 8.2 Berechtigungsarten im Detail ... 247
  - 8.2.1 Geräteberechtigungen ... 247
  - 8.2.2 Selektionsberechtigungen ... 248
  - 8.2.3 Spool-Auftragsberechtigungen ... 249
  - 8.2.4 Ausgabeberechtigungen ... 252
  - 8.2.5 Spezielle Berechtigungen ... 253
- 8.3 Praxisbeispiel ... 253
- 8.4 Zusammenfassung und Überblick ... 255

Anhang ... 257

- A Font-Abbildungstabellen für Cascading Fonts ... 257
- B Überblick der dargestellten Profilparameter, Hilfs-Reports, Datenbanktabellen und Transaktionen ... 271
- C Glossar ... 275
- D Der Autor ... 279

Index ... 281

Vorwort

Die Entscheidung, dieses Buch zu schreiben, ergab sich aus meiner Sicht eher zufällig durch die Kontaktaufnahme von Stefan Proksch aus dem Lektorat von SAP PRESS: Ihm war aufgefallen, dass trotz der mittlerweile langen Zeit seit der Einführung von SAP R/3 keinerlei umfassende Lektüre existiert, die sich mit der Thematik des Druckens aus dem SAP-System auseinandersetzt. Auf der anderen Seite konnte ich ihm bestätigen, dass durchaus Bedarf an solchen Informationen besteht, wenn ich mir die immer wiederkehrenden Fragen bei der Kundenbetreuung anschaue. Das Ergebnis einer ersten Idee, zahlreicher Kundengespräche, gesammelten Fachwissens und strukturierter Aufbereitung halten Sie nun in Ihren Händen.

Aufbau
Das Buch ist in einen Hauptteil und einen Anhang gegliedert:

- **Kapitel 1**, »Einführung«, zeigt auf, wie das Drucken generell in die Architektur des SAP-Systems eingebunden ist, und erläutert grundlegende Begriffe, die zum weiteren Verständnis notwendig sind.
- In **Kapitel 2**, »Koppelarten«, werden unterschiedliche Methoden zum Aufbau einer komplexen Druckerlandschaft für SAP-Systeme vorgestellt. In der SAP-Terminologie heißen diese Methoden Koppelarten.
- In **Kapitel 3**, »Drucken unter Microsoft Windows«, erfahren Sie, warum für bestimmte Szenarien nur Windows als Drucklösung angeboten werden kann.
- Das Drucken von SAP Interactive Forms by Adobe unterscheidet sich vom Druck anderer SAP-Dokumente. In **Kapitel 4**, »Drucken von SAP Interactive Forms by Adobe«, wird erklärt, warum das so ist.
- **Kapitel 5**, »Drucken und Internationalisierung«, beschreibt die Problematik beim Drucken von internationalen Dokumenten.
- In **Kapitel 6**, »Drucken von Barcodes«, wird kurz auf die unterschiedlichen Methoden eingegangen, Barcodes aus dem SAP-System heraus zu drucken.
- Der Printing Assistant for Landscapes (PAL) wurde relativ spät in das SAP-System als Verteilungswerkzeug für Druckerdefinitionen eingeführt. **Kapi-**

tel 7, »Printing Assistant for Landscapes«, zeigt ein Beispielszenario, wie PAL zu verwenden ist.

- **Kapitel 8**, »Berechtigungen im Spool-Umfeld«, erläutert die SAP-Berechtigungen, die zum Drucken an die Benutzer zu vergeben sind.
- Im **Anhang** finden Sie diverse Tabellen sowie die im Buch verwendeten Transaktionen und Parameter zur schnellen Übersicht.

Am Ende jedes Kapitels des Hauptteils finden Sie zudem eine kurze Zusammenfassung der wichtigsten Informationen, die im jeweiligen Kapitel vermittelt wurden. Diese Übersicht können Sie zum schnellen Nachschlagen in der täglichen Praxis verwenden.

Zielgruppe

Die Zielgruppe dieses Buches sind in erster Linie Systemadministratoren, die für den Aufbau und die Pflege einer unternehmensweiten Druckerlandschaft verantwortlich sind, sowie Formularentwickler insbesondere für internationale Formulare. Darüber hinaus kann die Lektüre dieses Buches aber auch für Anwendungsentwickler interessant sein, da das Drucken von Dokumenten oft Bestandteil eines Anwendungsszenarios ist, dies aber meist nur unzureichend berücksichtigt wird.

Voraussetzungen

Die aus meiner Sicht größte Schwierigkeit war eine vernünftige Abgrenzung des Themas. Durch die Art und Weise, wie das Drucken technisch in das SAP-System integriert ist, steigt man sowohl schnell und tief in die Systemkonfiguration als auch bei der Formularerstellung in die jeweilige Anwendung ein. Beide Seiten setzen umfassende Spezialkenntnisse voraus, die in diesem Buch nicht erläutert werden können. Das bedeutet, dass übergreifende Themen an den notwendigen Stellen zwar erwähnt, die Hintergründe aber nicht näher oder nicht immer vollständig beleuchtet werden. Darüber hinaus wird auch nicht darauf eingegangen, wie die Standardauslieferung von SAP erweitert oder modifiziert werden kann.

Das Buch ist weitestgehend SAP-releaseunabhängig. Die verwendeten Bildschirmabzüge wurden zwar auf aktuellen Releases (≥ 7.0) erstellt, die meisten Abbildungen werden Sie aber auch in (optisch) veränderter Form in älteren Releases ab 4.6x wiederfinden. Für Peripheriekomponenten, wie zum Beispiel SAPSprint oder SAP GUI, wird die neueste Version vorausgesetzt. Ist eine bestimmte Funktionalität nur für ein bestimmtes Release einer Komponente verfügbar, wird dies explizit erwähnt.

Zusatzinformationen
Wichtige Hinweise und Zusatzinformationen werden in Form von grau hinterlegten Kästen gesondert hervorgehoben. Diese Kästen haben unterschiedliche Schwerpunkte und sind mit verschiedenen Symbolen markiert:

- **Achtung**: Seien Sie bei der Durchführung der Aufgabe oder des Schrittes besonders vorsichtig, der mit einem Ausrufezeichen markiert ist. Eine Erklärung, warum hier Vorsicht geboten ist, ist beigefügt. [!]

- **Beispiel**: Einige Inhalte lassen sich anhand eines praktischen Beispiels einfach besser erklären. Sie können diese musterhaften Exkurse anhand dieses Piktogramms identifizieren. [zB]

- **Hinweis**: Wenn das besprochene Thema erläutert und vertieft wird, macht ein Pluszeichen Sie darauf aufmerksam. [+]

- **Tipp**: Nützliche Tipps und Shortcuts, die Ihnen die Arbeit erleichtern, sind mit einem Sternchen gekennzeichnet. [*]

- **Weitere Informationen**: Mit dem Doppelpfeil gekennzeichnete Stellen verweisen Sie auf andere Kapitel im Buch oder externe Informationen, die Ihnen dabei helfen, das Thema umfassender zu verstehen. [«]

Danksagung
Folgenden Personen möchte ich danken, die durch Korrekturlesen und die Bereitstellung von Detailinformationen zu bestimmten Themen entscheidend bei der Gestaltung des Buches mitgeholfen haben: Dieter Babutzka, Michael Barth, Uwe Bauer, Alexander Bolloni, Markus Eichelsdörfer, Klaus Layer, Yasuo Nagao, Martin Vierling, Christina Vogt und Olaf Wolter.

Einigen unmittelbar betroffenen Personen gebührt darüber hinaus noch ein besonderer Dank dafür, dass sie meine manches Mal schlechte Laune am Montag nach einem Wochenende des Schreibens mit Gleichmut ertragen haben.

Michael Szardenings
Senior Developer SAP AG

Dieses Kapitel zeigt Ihnen, wie die Erstellung und Bearbeitung von Druckaufträgen in die Architektur des SAP-Systems eingegliedert ist, und erläutert Ihnen die grundlegenden Begriffe der SAP-Druck-Terminologie zum weiteren Verständnis des Buches.

1 Einführung

Das Drucken aus dem SAP-System heraus ist weitaus komplexer als beispielsweise das Drucken aus Büroanwendungen. In Textverarbeitungs- oder Tabellenkalkulationsprogrammen wird üblicherweise ein einzelnes Dokument bearbeitet. Soll es gedruckt werden, wird der Drucker ausgewählt und das Dokument dorthin geschickt. Das ist alles.

Im SAP-System ist der Druckvorgang komplexer: Selbst wenn nur ein einzelnes Dokument im Dialogbetrieb bearbeitet wird, ist eine funktionale und zeitliche Trennung von Dokumentbearbeitung und Drucken durch die Architektur des SAP-Systems immer gegeben. Oft werden Ausdrucke aber auch durch Hintergrundverarbeitungsprogramme oder Workflows generiert.

In diesem Kapitel lernen Sie deshalb zunächst die generelle Architektur des SAP-Systems kennen. Anschließend wird allgemein beschrieben, wie das Drucken im SAP-System realisiert ist. Außerdem erfolgt eine kurze Vorstellung der beiden Haupttransaktionen SP01 und SPAD. Zudem bildet dieses Kapitel die Grundlage für das gesamte Buch, da hier die wichtigsten Begriffe innerhalb der SAP-Druck-Terminologie eingeführt werden.

1.1 Workprozesse und Funktionsbausteine

Die generelle Architektur des SAP-Systems basiert auf drei Komponenten: einer Datenbank, mehreren Applikationsservern und vielen Arbeitsplatzrechnern. Die Applikationsserver bestehen aus dem in der Programmiersprache C bzw. C++ geschriebenen SAP-Kern und der ABAP-Applikationsschicht als Basis für alle Anwendungen. Der Kern besteht aus mehreren Workprozessen, die gemäß ihren unterschiedlichen Aufgaben aufgeteilt sind. Der Begriff Workprozess dient dabei nur zur Unterscheidung der nachfolgend beschriebenen Aufgabengebiete, technisch gesehen sind alle Workprozesse Betriebssystemprozesse.

Tabelle 1.1 gibt einen Überblick über die verschiedenen Workprozess-Typen, die in einem SAP-System definiert werden können. Diese laufen parallel und erhalten in Abhängigkeit ihres Typs über einen Dispatcher anstehende Aufgaben zugeteilt. Für das Drucken selbst ist, wie in Tabelle 1.1 dargestellt, der Spool-Workprozess zuständig, die Druckaufträge werden aber über Anwendungen in Dialog-, Hintergrund- oder Verbucher-Workprozessen erstellt.

Workprozess	Abkürzung	Aufgabe
Hintergrund (Batch)	BTC	für rechenintensive Aufgaben ohne Benutzerinteraktion
Dialog	DIA	zur Steuerung der Kommunikation zwischen Endanwender und System
Verbucher	UPD, UP2	Für die zeitversetzte Durchführung von Datenbankänderungen außerhalb von Hintergrund- oder Dialog-Workprozessen. Bei Typ 2 ist der Zeitversatz noch größer als beim normalen Verbucher.
Enqueue	ENQ	zur Sperrung von Anwendungsobjekten
Spool	SPO	zur Aufbereitung des Druckdatenstroms und Weiterleitung an den Drucker

Tabelle 1.1 Workprozess-Typen

Die Anzahl der Workprozesse kann durch Profilparameter festgelegt werden. Je stärker die Auslastung des Systems ist bzw. je mehr Benutzer auf dem System arbeiten, desto mehr Workprozesse sollten für die anfallenden Aufgaben definiert werden. Die Profilparameter zur Festlegung der Anzahl der Workprozesse auf einem Applikationsserver sind die folgenden:

- `rdisp/wp_no_btc`
  Anzahl der Hintergrund-Workprozesse
- `rdisp/wp_no_dia`
  Anzahl der Dialog-Workprozesse
- `rdisp/wp_no_vb`
  Anzahl der Verbucher-Workprozesse
- `rdisp/wp_no_vb2`
  Anzahl der Verbucher-Workprozesse (Typ 2)

- `rdisp/wp_no_enq`
  Anzahl der Enqueue-Workprozesse
- `rdisp/wp_no_spo`
  Anzahl der Spool-Workprozesse

Abbildung 1.1 zeigt über Transaktion SM50 beispielhaft die Prozessübersicht eines Applikationsservers. Der Spool-Workprozess ist markiert. Neben dieser Übersicht kann man mit Transaktion SM50 Trace-Dateien der einzelnen Workprozesse ansehen, Workprozesse hoch- und herunterfahren und viele weitere administrative Aufgaben durchführen.

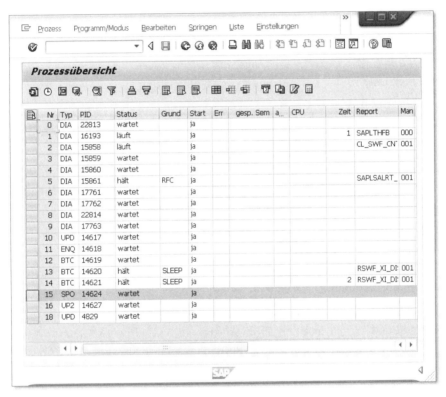

Abbildung 1.1 Transaktion SM50 – Prozessübersicht

> **Hinweis** [+]
>
> Mit der Betriebsartenumschaltung in Transaktion RZ04 kann die Anzahl der Dialog- und Hintergrund-Workprozesse dynamisch verändert werden. Die Anzahl der Spool-Workprozesse kann aufgrund des unterschiedlichen internen Aufbaus nicht zur Laufzeit modifiziert werden. Eine Änderung ist nur über den Profilparameter mit anschließendem Neustart des Applikationsservers möglich.

Um Anwendungen zu entwickeln, wird SAP-Anwendungsprogrammierern eine Vielzahl von ABAP-Funktionsbausteinen, Methoden von ABAP-Klassen und klassenbasierten Schnittstellen für die unterschiedlichsten Aufgaben zur Verfügung gestellt. Unter den Funktionsbausteinen befinden sich einige, die dazu gedacht sind, Spool-Aufträge aus Anwendungen heraus zu erstellen und zu bearbeiten. Dies untersuchen wir detailliert im nächsten Abschnitt.

1.2 Spool-Aufträge und Ausgabeaufträge

Im SAP-System wird eine Ansammlung von Formatierungs- und Anwendungsdaten, die zu einem späteren Zeitpunkt ausgedruckt werden sollen, als Spool-Auftrag bezeichnet. Ursprünglich gab es drei verschiedene Typen von Spool-Aufträgen:

- ABAP-Listen für die Ausgabe von Bildschirmlisten
- SAPscript bzw. SAP Smart Forms für die Ausgabe von Formularen
- binäre Spool-Aufträge für die Ausgabe von fertigen Druckdaten aus externen Programmen

Mit Einführung von SAP Interactive Forms by Adobe kamen PDF-Spool-Aufträge als vierter Typ hinzu. Diese werden in Kapitel 4 ausführlich behandelt und spielen hier in der Einführung noch keine Rolle.

Jedes Mal wenn ein Spool-Auftrag tatsächlich gedruckt wird, wird ein sogenannter Ausgabeauftrag erzeugt. Der Ausgabeauftrag beinhaltet dabei keinerlei Anwendungsdaten, er besteht nur aus Tabelleneinträgen, die den Ausdruck protokollieren. Zu einem Spool-Auftrag kann es somit mehrere Ausgabeaufträge geben.

Abbildung 1.2 zeigt je einen Spool-Auftrag als SAPscript/SAP Smart Forms, ABAP-Liste und PDF in Transaktion SP01. Transaktion SP01 dient der Anzeige und Weiterverarbeitung der im SAP-System bestehenden Spool-Aufträge. Von hier können Spool-Aufträge beispielsweise erneut ausgedruckt, angesehen oder als Datei heruntergeladen werden. Die Spool-Auftragstypen können durch das entsprechende Icon in der Spalte Typ unterschieden werden.

[+] **Hinweis**

Transaktion SP01 dient der Verwaltung und Pflege von bestehenden Spool- und Ausgabeaufträgen sämtlicher Benutzer und ist eine der Haupttransaktionen in Bezug auf das Drucken im SAP-System. Transaktion SP02 zeigt als Alternative hingegen ohne Filtermöglichkeit nur alle im System befindlichen Spool- und Ausgabeaufträge des eigenen Benutzers an.

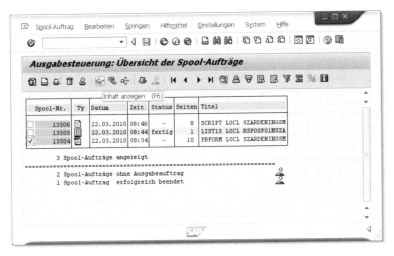

Abbildung 1.2 Typen von Spool-Aufträgen

Abbildung 1.3 zeigt das Einstiegsbild von Transaktion SP01. Entsprechend dem ausgewählten Karteireiter SPOOL-AUFTRÄGE oder AUSGABEAUFTRÄGE kann die Anzeige nach verschiedenen Kriterien gefiltert werden. Dies ist beispielsweise sinnvoll, wenn man einen Überblick darüber erhalten möchte, wie viel Ausdrucke auf einem bestimmten Drucker oder innerhalb eines bestimmten Zeitraums gemacht wurden.

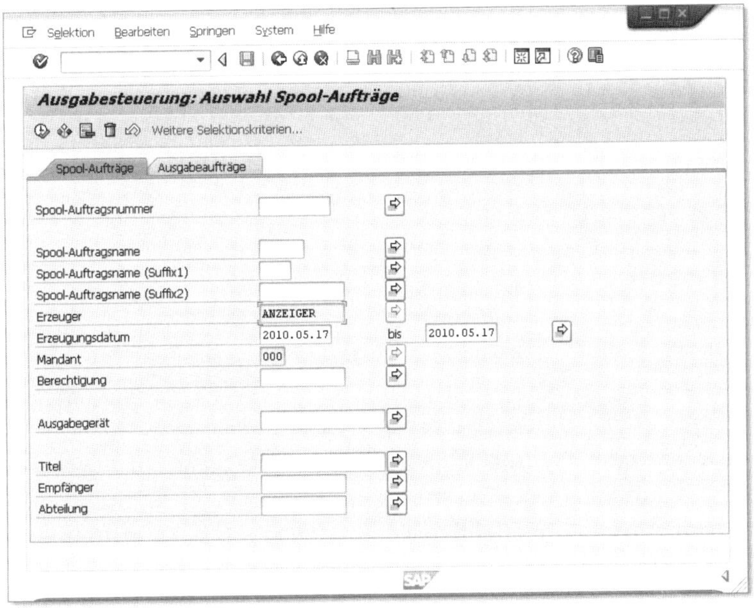

Abbildung 1.3 Transaktion SP01 – Einstiegsbild

1.2.1 Spool-Auftragsnummern

Zur eindeutigen Identifizierung von Spool-Aufträgen wird diesen bei der Erzeugung automatisch vom System eine Nummer zugeordnet. Die Nummern werden aus einem vorher festgelegten Bereich ausgewählt, der als Intervall bezeichnet wird. Es können so lange neue Spool-Aufträge erzeugt werden, wie noch nicht verwendete Nummern in diesem Intervall existieren.

Die Anzahl der Nummern des Intervalls kann individuell festgelegt werden. Die Voreinstellung ist 32.000. Bei den meisten Kunden wird diese Zahl jedoch sehr schnell im System erreicht. In der Voreinstellung wird ein Spool-Auftrag acht Tage aufbewahrt, bevor er wieder gelöscht wird. Diese Zahl lässt sich auch erhöhen, dadurch ist eine gewisse Anzahl von Spool-Aufträgen immer im System vorhanden. Je nach Anwendung der Kunden werden pro Tag insbesondere bei größeren Firmen mehrere Tausend Spool-Aufträge erzeugt. Damit wird die Grenze von 32.000 oft schon nach wenigen Tagen erreicht. Daher wird dringend empfohlen, diese zu erhöhen. Gehen Sie dazu wie folgt vor:

1. Rufen Sie im Mandanten 000 die Transaktion SNRO auf. Dies ist die Nummernkreispflege. Abbildung 1.4 zeigt das Einstiegsbild.

Abbildung 1.4 Transaktion SNRO – Nummernkreispflege

2. Ein Nummernkreis ist ein durch einen eindeutigen Namen identifiziertes Objekt, dem ein oder mehrere Nummernintervalle zugeordnet werden. Bestimmte Komponenten des Systems können sich aus dem ihnen zugewiesenen Nummernkreis eindeutige Nummern erzeugen. Der Nummernkreis der Spool-Komponente trägt den Namen SPO_NUM. Geben Sie diesen im Einstiegsbild der Transaktion SNRO ein, und klicken Sie auf das Änderungspiktogramm.

3. Sie sehen das voreingestellte Intervall des Nummernkreises SPO_NUM sowie den bereits vergebenen Nummernstand. Selektieren Sie das Intervall, und erhöhen Sie den Bereich bis 999.999, wie in Abbildung 1.5 gezeigt. Definieren Sie kein zweites Intervall. Das Spool-System kann nur ein Intervall verwenden.

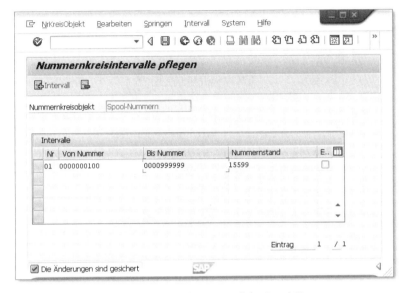

Abbildung 1.5 Erweitertes Nummernkreisintervall für Spool-Nummern

1.2.2 Erzeugung von Spool-Aufträgen

Grundsätzlich werden formularbasierte Spool-Aufträge über Druckprogramme erzeugt, die von den jeweiligen Formularwerkzeugen generiert werden. Diese Druckprogramme wiederum rufen ABAP-Funktionsbausteine zur Erzeugung und Bearbeitung von Spool-Aufträgen auf. Die wichtigsten Funktionsbausteine haben folgende Aufgaben:

- Erstellen eines neuen Spool-Auftrags
- Schreiben von Daten in einen bestehenden Spool-Auftrag
- Schließen eines geöffneten Spool-Auftrags

Es gibt eine Vielzahl von Parametern, über die die Eigenschaften der Spool-Aufträge festgelegt werden. Diese Parameter werden von der Anwendung entsprechend der jeweiligen Konfiguration an die Programmierschnittstelle der Funktionsbausteine übergeben.

> **Hinweis** [+]
>
> Die Erzeugung von Spool-Aufträgen über Funktionsbausteine wird nur bei Formularen angewendet. Spool-Aufträge aus ABAP-Listen werden implizit über die Verwendung von ABAP-Sprachbefehlen erzeugt. Die Parameter ergeben sich zum Teil aus den Eigenschaften des erzeugenden Reports und aus im Benutzerstamm und in persönlichen Einstellungen festgelegten Parametern.

Bei der interaktiven Erzeugung von Spool-Aufträgen können Parameter über die Druckerauswahlbox gesetzt werden. Interaktiv bedeutet dabei, dass dem Benutzer aus seiner Anwendung heraus über ein Icon, eine Drucktaste oder über das Menü eine Möglichkeit zum Ausdrucken angeboten wird. Die so erzeugte Druckerauswahlbox hat für Formulare und ABAP-Listen ein unterschiedliches Aussehen, da auch unterschiedliche Parameter gesetzt werden können: Abbildung 1.6 zeigt die Druckerauswahlbox bei der Erzeugung eines formularbasierten Spool-Auftrages, in Abbildung 1.7 ist die initiale Druckerauswahlbox für ABAP-Listen zu sehen.

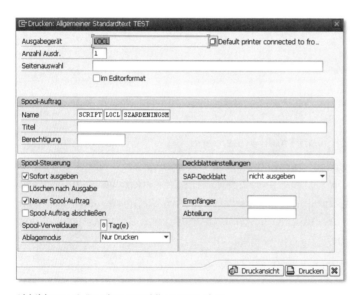

Abbildung 1.6 Druckerauswahlbox Formulare

Die Druckerauswahlbox für Formulare (siehe Abbildung 1.6) ist relativ einfach. Zwingend ist nur der Name des Druckers und die Einstellung, ob sofort ausgedruckt oder nur ein Spool-Auftrag im System erstellt werden soll. Alle weiteren Parameter erhalten einen sinnvollen Voreinstellungswert. Die mit Spool-Steuerung bezeichneten Parameter werden im weiteren Verlauf des Buches noch erklärt.

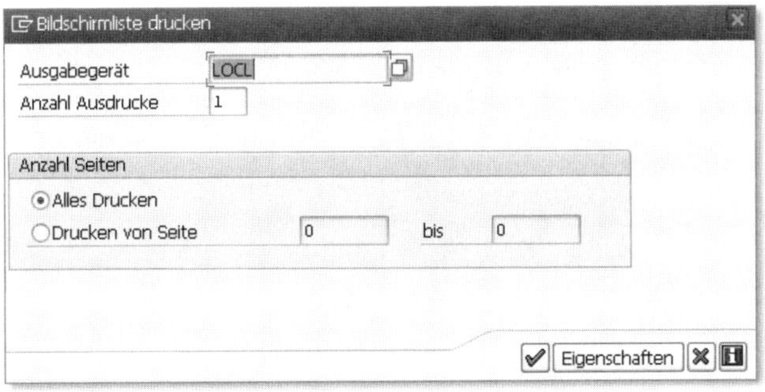

Abbildung 1.7 Initiale Druckerauswahlbox ABAP-Liste

Die initiale Druckerauswahlbox für Listen (siehe Abbildung 1.7) ist ebenfalls einfach gestaltet. Historisch gesehen sind Listen nur Bildschirmdarstellungen von Zeichen mit unterschiedlicher Anzahl von Zeilen und Spalten. Diese Darstellung wird einfach aufs Papier gedruckt. Da die Zeit der großformatigen Ausdrucke auf Endlospapier vorbei ist, wurde mittlerweile eine Menge an Parametern eingeführt, die das Aussehen der Listenausdrucke verbessern sollen. Dazu gehören vor allem Formatierungsangaben, die je nach Aussehen der Liste angepasst werden können. Da die Anzahl der möglichen Parameter aber immer unüberschaubarer geworden ist, wird bei der Druckerauswahlbox für Listen zur besseren Übersichtlichkeit eine individuelle Konfigurationsmöglichkeit angeboten.

Abbildung 1.8 und Abbildung 1.9 zeigen Beispiele für eine solche Konfiguration. Von besonderem Interesse ist bei ABAP-Listen der Parameter AUFBEREITUNG. Dieser legt fest, wie viele Zeilen bzw. Spalten der Liste auf einer Seite ausgedruckt werden sollen. Das klingt einfach, bringt jedoch eine Reihe von Schwierigkeiten mit sich, da Listen mittlerweile, wie erwähnt, nicht mehr auf großformatigem Endlospapier mit einer festen Anzahl von Zeilen und Spalten, sondern flexibel gedruckt werden sollen.

Das Problem ist ähnlich wie bei Tabellenkalkulationen: Auf dem Bildschirm ist die Anzeige von sehr breiten Listen durch Scroll-Balken unproblematisch. Wie aber soll eine Liste mit beispielsweise 500 Spalten auf ein DIN-A4-Blatt formatiert werden? Wählt man eine zu große Aufbereitung, wird die Schrift zu klein, ist die Schrift lesbar, passt nicht alles auf das Blatt. Hinzu kommt, dass es bei den Gerätetypen der früher verwendeten Aufbereitungen mit festgelegter Zeilen- und Spaltenzahl geblieben ist. Dadurch kann oft überhaupt kein passendes Format gefunden werden. Dieses Problem ist generell mit den zur Verfügung stehenden Mitteln nicht zu lösen.

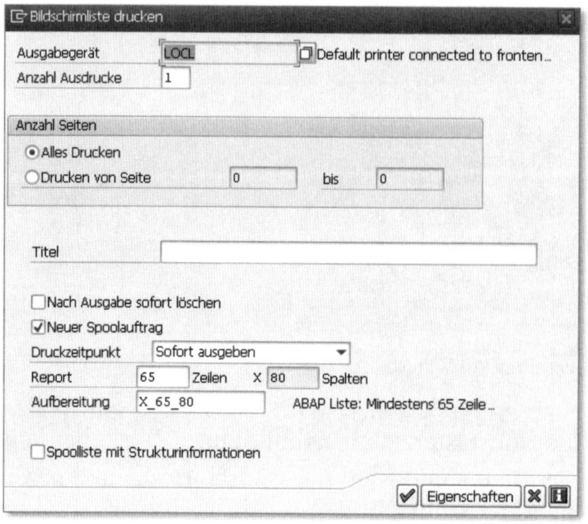

Abbildung 1.8 Konfigurierte Druckerauswahlbox ABAP-Liste

Welche Parameter beim Erscheinen der Box angezeigt werden, kann individuell festgelegt werden. Drücken Sie dazu auf die Drucktaste EIGENSCHAFTEN. In dem in Abbildung 1.9 gezeigten Dialog können Sie alle möglichen Listenparameter über die Auswahlbox AUSGEWÄHLTEN DRUCKPARAMETER AUF EINSTIEGSFENSTER EINBLENDEN ein- bzw. ausblenden.

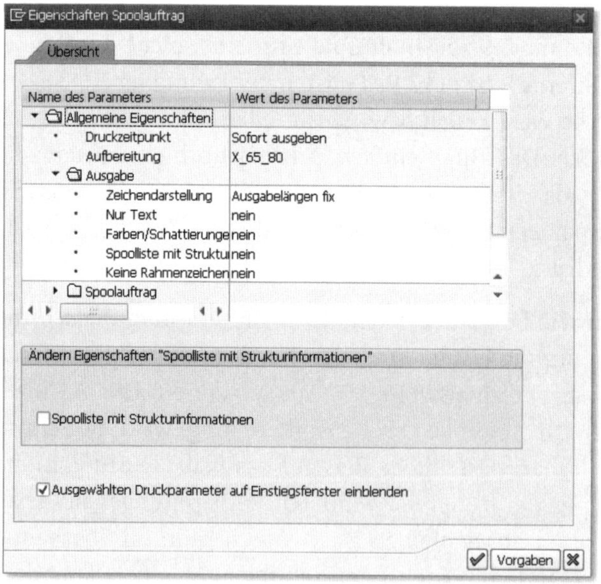

Abbildung 1.9 Eigenschaftsdialog eines Listen-Spool-Auftrages

1.2.3 Speicherung von Spool-Aufträgen

Attribute von Spool-Aufträgen, wie zum Beispiel Druckername, Erzeuger oder Erstellungsdatum, werden in Tabelle `TSP01` gespeichert, Attribute von Ausgabeaufträgen, wie zum Beispiel der Ausgabezeitpunkt, in Tabelle `TSP02`. Die Rohdaten eines Spool-Auftrags, das heißt das, was die Anwendung eigentlich ausdrucken will plus Formatierungsinformationen, werden entsprechend der eingestellten Konfiguration im Dateisystem oder in der Datenbank gespeichert. Dies wird durch den Profilparameter `rspo/store_location` festgelegt. Der Parameter kann folgende Werte annehmen:

- `db`
  Die Rohdaten werden in der Datenbank in Tabelle `TST03` gespeichert.

- `G`
  Die Rohdaten werden im globalen Dateisystem in Unterverzeichnissen des Verzeichnis *GLOBAL_DIR* gespeichert.

- `L`
  Die Rohdaten werden im Dateisystem in lokalen Verzeichnissen gespeichert. Diese Einstellung sollte in Systemen mit mehreren Applikationsservern nicht verwendet werden, da in diesem Fall nur der erzeugende Anwendungsserver Zugriff darauf hat. Dies ist, insbesondere im Hintergrundbetrieb, nicht immer zu gewährleisten.

Für jeden Drucker kann diese Einstellung in Transaktion SPAD über den Pfad BEARBEITEN • DATENSPEICHERUNG individuell geändert werden (siehe Abbildung 1.10). Welchen Speicherort Sie wählen, hängt von Ihren Anforderungen ab. Spielen Sicherheitsaspekte eine große Rolle, sollten Sie als Speicherort die Datenbank wählen, da ein Dateisystemzugriff grundsätzlich bei Vorhandensein der entsprechenden Berechtigung einfacher durchzuführen ist als ein Datenbankzugriff. Ein Nachteil ist die höhere Belastung der Datenbank durch häufiges Erzeugen und Löschen von eventuell großen Binärdaten in der jeweiligen Tabelle `TST03`. Die Speicherung im Dateisystem ist im Allgemeinen auch schneller.

> **Hinweis** [+]
>
> Die beschriebene Konfiguration der Datenspeicherung gilt nicht für PDF-Spool-Aufträge. Diese werden grundsätzlich nach dem in Abschnitt 4.1, »Seitenbeschreibungssprachen«, geschilderten Verfahren gespeichert. Sowohl Profilparameter als auch individuelle Einstellungen am Drucker werden nicht beachtet.

Abbildung 1.10 Datenspeicherung von Spool-Aufträgen

1.2.4 Löschen von Spool-Aufträgen

Spool-Aufträge können jederzeit über Transaktion SP01 manuell gelöscht werden. Da dies normalerweise bei einer größeren Anzahl nicht praktikabel ist, werden Spool-Aufträge bei der Erstellung mit einem Verfallsdatum versehen. Nach der Überschreitung dieses Datums gelten sie als veraltet. Die Voreinstellung beträgt acht Tage.

Veraltete Spool-Aufträge können automatisch mit dem Report RSPO1041 gelöscht werden. Dieser Report sollte täglich als Hintergrundjob eingeplant werden. Geschieht dies nicht, besteht die Gefahr eines Überlaufs des Spool-Systems, da die Anzahl der möglichen Spool-Aufträge begrenzt ist, wie in Abschnitt 1.2.1, »Spool-Auftragsnummern«, gezeigt wird. Die Löschbedingungen können mittels des Reports RSPO1041 nach verschiedenen Kriterien ausgewählt werden (siehe Abbildung 1.11).

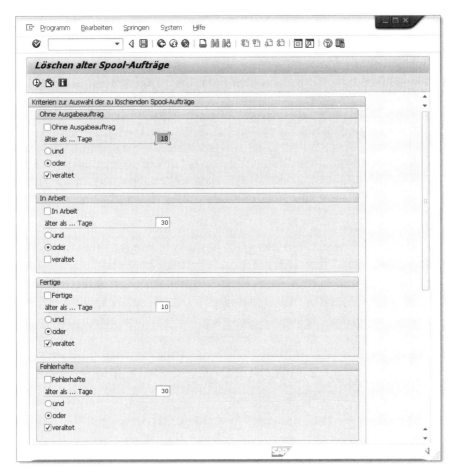

Abbildung 1.11 Report RSPO1041

Ebenfalls täglich sollte der Report RSPO1043 eingeplant werden, mit dem Inkonsistenzen in den Spool-Tabellen beseitigt werden. Inkonsistenzen können beispielsweise entstehen, wenn Anwendungen abgebrochen werden, ohne vorher erzeugte Spool-Aufträge korrekt abzuschließen.

1.2.5 Sofort ausdrucken und anhängen

Die Option SOFORT AUSGEBEN (siehe Abbildung 1.6 bzw. Abbildung 1.8) ist ein wichtiges Instrument zur Kontrolle des Arbeitsablaufs einer Anwendung. Spool-Aufträge werden nach dem Schließen nur dann gedruckt, wenn diese Option gesetzt ist, anderenfalls bleiben sie im SAP-System zur späteren Verwendung bestehen. Diese spätere Verwendung beinhaltet auch das »Anhängen«, das im folgenden Beispiel erläutert wird.

[zB] **Beispiel**

Angenommen, ein Rechnungslauf muss aufgrund der Datenmenge auf zwei Tage verteilt werden. Der erste Lauf am Donnerstag bearbeitet die Buchstaben A bis M, der zweite Lauf am Freitag die Buchstaben von N bis Z. Alle Rechnungen sollen in einem einzigen Spool-Auftrag zusammengefasst und am Freitag nach Beendigung des zweiten Laufs gemeinsam ausgedruckt werden.

Der erste Lauf am Donnerstag erstellt einen neuen Spool-Auftrag. Die Rechnungs- und Formulardaten von A bis M werden geschrieben, und der Spool-Auftrag wird am Ende des ersten Laufs geschlossen. Der zweite Lauf am Freitag hängt die Daten von N bis Z an denselben Spool-Auftrag an und schließt ihn erneut nach Beendigung. Der zweite Lauf stößt den Ausdruck an, beim ersten Lauf muss die Option SOFORT AUSGEBEN ausgeschaltet sein.

Der Anstoß eines Ausdrucks erzeugt einen sogenannten Ausgabeauftrag. Die Erstellung des Spool-Auftrages kann in einem Dialog-, Verbucher- oder Hintergrund-Workprozess erfolgen, die Erstellung des Ausgabeauftrages und das Senden desselben an den Drucker erfolgen immer in einem Spool-Workprozess. Ein Ausgabeauftrag besteht dabei aus druckerspezifischen Daten, die vom Spool-Workprozess gemäß dem am Drucker eingestellten Gerätetyp erzeugt werden. Diese druckerspezifischen Daten werden auch als PDL-Daten (Page Description Language) bezeichnet. Der Ablauf ist in Abbildung 1.12 schematisch dargestellt:

1. Ein Spool-Auftrag wird aus einer Anwendung heraus erstellt. Dies erfolgt in einem Dialog-, Hintergrund oder Verbucher-Workprozess. Die Attribute des Spool-Auftrages werden in der Datenbank in Tabelle TSP01 abgelegt.

2. Zum Zeitpunkt des Ausdruckens werden die Attribute aus Tabelle TSP01 ausgelesen und zusammen mit den Rohdaten an einen Spool-Workprozess übergeben. Die Rohdaten sind in Abbildung 1.12 nicht aufgeführt.

3. Der Spool-Workprozess erzeugt einen Ausgabeauftrag, dessen Attribute in Tabelle TSP02 abgelegt werden.

4. Der aufbereitete Ausdruck wird an den Drucker geschickt.

[+] **Hinweis**

Folgende Hinweise sollten Sie im Zusammenhang mit Spool-Aufträgen beachten:
▶ Einem Spool-Auftrag können beliebig viele Ausgabeaufträge zugeordnet sein.
▶ Die Erzeugung von Spool-Auftrag und Ausgabeauftrag erfolgt asynchron.

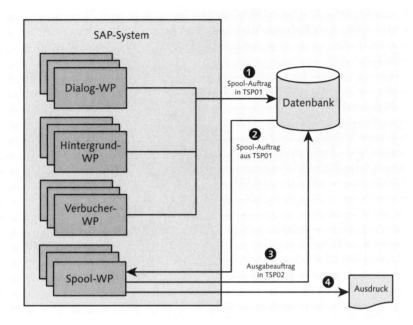

Abbildung 1.12 Schematischer Ablauf beim Ausdrucken

Ein Spool-Auftrag kann beliebig oft ausgedruckt werden, solange er im System vorhanden und noch nicht abgeschlossen ist. Dabei wird jedes Mal ein neuer Ausgabeauftrag erzeugt. Sobald einmal ein Ausgabeauftrag erzeugt wurde, oder anders ausgedrückt, sobald einmal ausgedruckt wurde, kann nicht mehr an den zugehörigen Spool-Auftrag angehängt werden. Der Spool-Auftrag ist beendet. Spool-Aufträge können durch eine weitere Option, ABSCHLIESSEN (siehe Abbildung 1.6), auch explizit beendet werden, ohne gedruckt zu werden. Auch dann ist kein Anhängen mehr möglich.

Das Anhängen von weiteren Daten an bestehende Spool-Aufträge verlangt strikte Bedingungen. Damit an einen bestehenden Spool-Auftrag angehängt werden kann, müssen folgende Vorbedingungen bei der Erzeugung des anzuhängenden Spool-Auftrages erfüllt sein:

- Die Option NEUER SPOOL-AUFTRAG (siehe Abbildung 1.6 und Abbildung 1.8) darf bei der Erzeugung des Spool-Auftrages nicht angegeben werden.
- Der Spool-Auftrag, an den angehängt werden soll, darf noch nicht abgeschlossen sein.
- Der Spool-Auftrag, an den angehängt werden soll, darf in diesem Moment nicht von einem anderen Spool-Workprozess bearbeitet werden, das heißt, er darf nicht zum Schreiben geöffnet sein.

Sind diese Bedingungen erfüllt, werden alle in Betracht kommenden Spool-Aufträge auf Gleichheit der folgenden Eigenschaften hin überprüft:

- Mandant
- Erzeuger
- Ausgabeformat
- Druckername
- Kopienzähler
- Löschdatum

Einige andere optionale Eigenschaften, wie zum Beispiel Titel, Name des Spool-Auftrages oder Titelseite, werden nur überprüft, falls sie explizit gesetzt wurden. Falls kein geeigneter Spool-Auftrag gefunden wird, wird nicht angehängt, sondern es wird automatisch ein neuer Spool-Auftrag erzeugt.

1.3 Druckerdefinitionen

Eine Druckerdefinition im SAP-System besteht aus einer Ansammlung von verschiedenen Attributen, die beschreiben, wie ein Ausgabeauftrag zum Druck aufbereitet wird, auf welchem Weg der Druckdatenstrom zum Drucker geschickt wird und schließlich, auf welchem physischen Gerät der Ausdruck ausgegeben werden soll. Wie diese Angaben zu machen sind, erfahren Sie in den folgenden Abschnitten.

1.3.1 Transaktion SPAD

Die Definition eines neuen Druckers, auch Ausgabegerät genannt, sowie viele weitere administrative Tätigkeiten erfolgen in Transaktion SPAD. Abbildung 1.13 zeigt das Einstiegsbild.

[*] **Tipp**

Abbildung 1.13 zeigt das SPAD-Einstiegsbild bei ausgewählter Option VOLLE ADMINISTRATION. Über die Drucktasten EINFACHE ADMIN. und ERWEITERTE ADMIN. können Sie die Anzahl der angezeigten Karteireiter zur Konfiguration bestimmen. Probieren Sie die für Sie am besten geeignete Variante aus. Die Drucktaste der jeweils ausgewählten Konfiguration wird ausgeblendet.

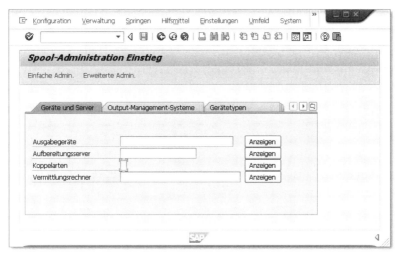

Abbildung 1.13 Transaktion SPAD – Einstiegsbild

Drücken Sie ohne Inhalt in den Eingabefeldern auf eine der ANZEIGEN-Drucktasten, erscheint im nachfolgenden Bildschirm eine Bildschirmliste der jeweiligen Objekte, wie zum Beispiel die Koppelarten in Abbildung 1.14. Die Anzahl der Koppelarten wird durch das unterschiedliche Anbinden der Drucker an das SAP-System bestimmt und ändert sich daher nur beim Hinzufügen einer neuen Methode seitens SAP. Dies geschieht allerdings sehr selten.

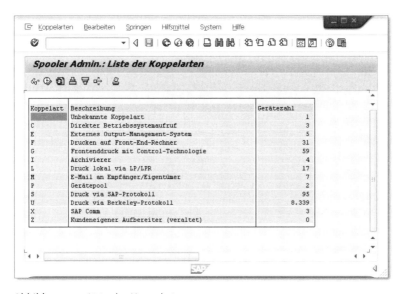

Abbildung 1.14 Liste der Koppelarten

Durch eine vorherige Eingabe in eines der Felder können Sie entweder die anzuzeigende Liste entsprechend filtern oder durch genaue Spezifikation direkt in die Anzeige eines bestimmten Objektes springen. Transaktion SPAD wird im Verlauf des Buches noch häufiger erscheinen.

1.3.2 Gerätetyp

Der Gerätetyp definiert, wie ein Ausgabeauftrag aufbereitet wird. Ein Gerätetyp spezifiziert die Druckersprache (Printer Definition Language, PDL), die der Drucker in der Lage ist zu verstehen. Beispiele für Druckersprachen sind PostScript oder PCL (Printer Command Language).

Der Gerätetyp wird in Transaktion SPAD bei der Definition eines Druckers auf der Karteikarte GERÄTE-ATTRIBUTE eingegeben, Abbildung 1.15 zeigt ein Beispiel; Sie werden im weiteren Verlauf des Buches noch viele dieser Beispiele sehen. Neben dem Namen des Gerätetyps ist häufig auch die PDL als Kürzel mit Sprachangabe und SAP-Hinweis angegeben.

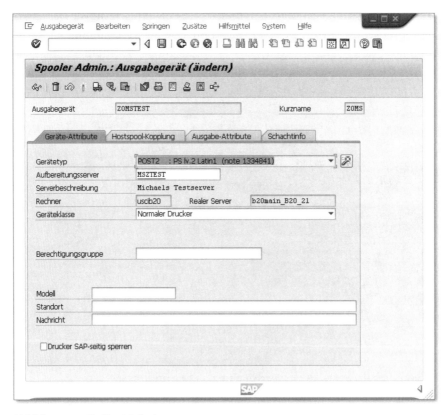

Abbildung 1.15 Geräte-Attribute

Eine Vielzahl von unterschiedlichen Druckern mit verschiedenen Druckersprachen ist verfügbar. Eine Voraussetzung, dass ein Drucker aus einem SAP-System heraus verwendet werden kann, ist das Vorhandensein eines Gerätetyps. Dies ist in etwa vergleichbar mit einem Windows-Arbeitsplatzrechner: Es kann nur gedruckt werden, wenn ein entsprechender Druckertreiber installiert ist. Der Unterschied zum PC ist, dass mit jedem Drucker ein Windows-Gerätetreiber mitgeliefert wird, aber kein adäquater SAP-Gerätetyp. Drucker, für die es keinen nativen Gerätetyp gibt, können aus dem SAP-System heraus nur mithilfe eines der generischen `SAPWIN`-Gerätetypen verwendet werden. Dies wird in Kapitel 3, »Drucken unter Microsoft Windows«, ausführlich behandelt.

Diese Einschränkung klingt schlimmer, als sie in Wirklichkeit ist. Die verschiedenen Drucker fast aller Hersteller unterscheiden sich meist nur im Detail voneinander, haben aber eine gemeinsame Druckersprache, die von allen verstanden wird. Da viele der spezifischen Eigenschaften eines Druckers aus dem SAP-System heraus sowieso nicht verwendet werden können, besteht eine gute Chance, dass ein Gerätetyp eines ähnlichen Modells desselben Herstellers funktioniert, falls es keinen Gerätetyp für genau das gesuchte Modell gibt.

Eine Übersicht über alle vorhandenen Gerätetypen und der entsprechenden Zuordnung zu einem Druckermodell erhalten Sie, wenn Sie die Drucktaste DEVICE TYPE SELECTION neben dem Eingabefeld GERÄTETYP in Abbildung 1.15 drücken.

Nachdem Sie einen Herstellernamen und eine Sprache ausgewählt haben, erhalten Sie durch Drücken der Drucktaste DRUCKER ANZ. eine Liste aller dem SAP-System bekannten Modelle dieses Herstellers, die die ausgewählte Sprache und den passenden Gerätetyp unterstützen (siehe Abbildung 1.16). Diese Liste wird im Rahmen des von SAP aufgelegten Printer-Vendor-Programms ständig erweitert. Im Rahmen dieses Programms, dem fast alle namhaften Druckerhersteller angeschlossen sind, werden neue Gerätetypen entwickelt oder Kompatibilitätsaussagen seitens der Hersteller getroffen. Da dieses Programm ständigen Änderungen unterworfen ist, wird hier für Details auf SAP-Hinweis 1130927 verwiesen.

Weitere Informationen

Der Zusammenhang zwischen Sprache und Gerätetyp wird ausführlich in Kapitel 5, »Drucken und Internationalisierung«, behandelt.

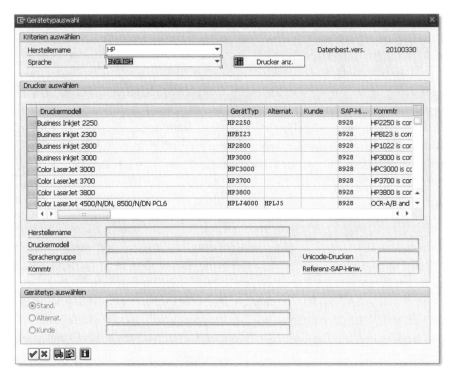

Abbildung 1.16 Gerätetyp-Wizard

1.3.3 Koppelart

Die Koppelart, auch Hostspool-Kopplung genannt, beschreibt die Art und Weise, wie die Druckdaten an den physischen Drucker gesendet werden. Die Koppelart wird auf der Karteikarte HOSTSPOOL-KOPPLUNG ausgewählt. Abbildung 1.17 zeigt ein Beispiel für die einfachste Konfiguration eines Frontend-Druckers mit Koppelart G. Auch dazu werden Sie im weiteren Verlauf des Buches noch mehrere Beispiele sehen.

[+] **Hinweis**

Die beiden Karteireiter AUSGABE-ATTRIBUTE und SCHACHTINFO enthalten spezielle Parameter, die allerdings nur in Ausnahmefällen verändert werden müssen.

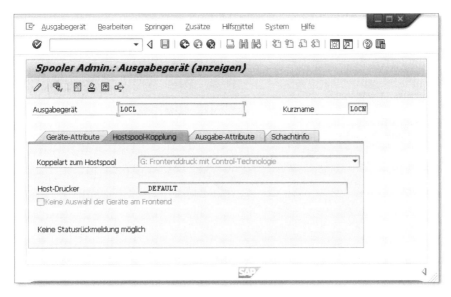

Abbildung 1.17 Hostspool-Kopplung

1.3.4 Spool-Server

Auf welchem Applikationsserver der Druckdatenstrom (Ausgabeauftrag) zu einem Spool-Auftrag generiert wird, wird durch den angegebenen Spool-Server definiert, auch Aufbereitungsserver genannt. Dadurch wird nur der Applikationsserver festgelegt. Es kann nicht gesteuert werden, in welchem Spool-Workprozess der Ausgabeauftrag bearbeitet wird, wenn mehr als ein Spool-Workprozess definiert ist.

Ein Applikationsserver, auf dem mindestens ein Spool-Workprozess läuft, wird als Spool-Server bezeichnet. Diese Definition wird erweitert durch die Unterscheidung zwischen realen und logischen Spool-Servern.

- Ein realer Spool-Server ist ein physischer Applikationsserver, wie zum Beispiel die Bezeichnung `us4296_U7A_77` in Abbildung 1.18.

- Ein logischer Server besteht aus der Angabe von zwei anderen Spool-Servern, auf die der logische Server abgebildet wird. Der primäre Server wird in dem in Abbildung 1.18 markierten Eingabefeld angegeben. Steht dieser zur Laufzeit nicht zur Verfügung, wird die Bearbeitung des Spool-Auftrages auf dem ALTERNATIV-SERVER durchgeführt. Steht auch dieser nicht zur Verfügung, kann der Spool-Auftrag nicht verarbeitet werden.

Durch die Verwendung von logischen Spool-Servern wird eine erhöhte Flexibilität und Ausfallsicherheit zur Laufzeit erreicht. Außerdem verringert es den Konfigurationsaufwand bei Änderungen.

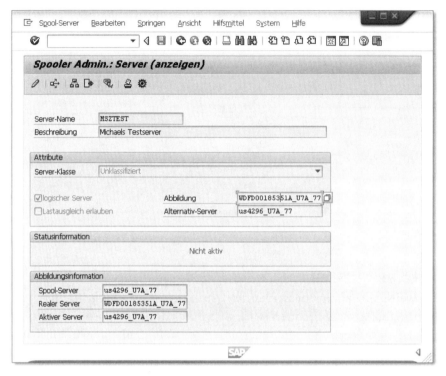

Abbildung 1.18 Logischer Spool-Server

[+] **Hinweis**

Als primärer oder alternativer Server kann jeweils auch erneut ein logischer Server eingetragen werden. Auf diese Weise wird eine Baumstruktur aus Serverdefinitionen aufgebaut. Die Übersicht geht dabei allerdings sehr schnell verloren. Eine zu tiefe Schachtelung von logischen Servern wird daher nicht empfohlen.

[*] **Tipp**

Wenn Sie in Ihrem Spool-System logische Server verwenden, können Sie die Konfiguration der Drucker einfacher ändern. Ordnen Sie dazu Ihre Drucker einem logischen Server zu, der auf einen realen Server abgebildet wird. Soll die Zuordnung aller Drucker verändert werden, müssen Sie dazu lediglich die Abbildung des logischen Servers ändern. Anderenfalls müssten Sie die Definition aller Drucker einzeln bearbeiten.

Ein Spool-Server wird als aktiv bezeichnet, sobald mindestens ein Spool-Workprozess auf der Instanz aktiv ist. Nach einem Neustart des Systems kann möglicherweise der Spool-Server inaktiv werden, wenn die Anzahl der Spool-Workprozesse per Profilparameteränderung auf 0 reduziert wurde oder bei der Angabe von logischen Servern die Abbildung und der Alternativ-Server nicht laufen. Spool-Aufträge für Drucker, deren Server inaktiv ist, werden nicht bearbeitet.

> **Hinweis** [+]
>
> Beim Sichern einer Druckerdefinition wird nicht automatisch geprüft, ob der angegebene Server aktiv ist. Solange der Server nicht aktiv ist, werden für solche Drucker keine Ausgabeaufträge erstellt. Spool-Aufträge ohne Ausdruck können sofort erzeugt werden. Das kann gewünscht sein, sollte aber bei der Definition der Drucker beachtet werden.

1.3.5 Einstellung persönlicher Daten

Über das Menü SYSTEM • BENUTZERVORGABEN • EIGENE DATEN aus einer beliebigen Transaktion (siehe Abbildung 1.19) kann unter anderem ein zu verwendender Druckername bevorzugt sowie die Auswahl eingestellt werden, ob ein Spool-Auftrag sofort ausgedruckt und nach erfolgreichem Ausdruck gelöscht werden soll. Die in Abbildung 1.20 eingestellten Werte erscheinen jeweils in der Druckerauswahlbox in Dialoganwendungen bzw. werden als Druckparameter bei Hintergrundanwendungen eingesetzt. Diese Benutzerstammdatenpflege kann auch über Transaktion SU01 erreicht werden.

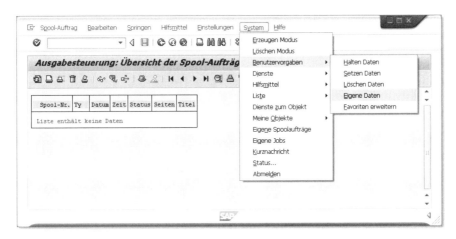

Abbildung 1.19 Einstellung persönlicher Parameter

1 | Einführung

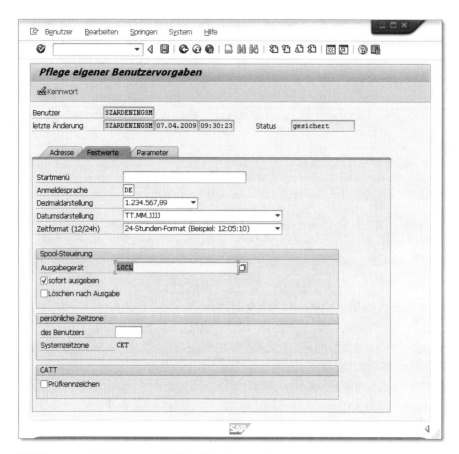

Abbildung 1.20 Festlegung persönlicher Druckparameter

Die Koppelart ist neben dem Gerätetyp das zweite entscheidende Kriterium beim Aufbau einer unternehmensweiten Drucklandschaft. Dieses Kapitel soll bei der Entscheidung helfen, die richtige Koppelart auszuwählen, indem die jeweils unterstützte Funktionalität praxisnah beschrieben wird.

2 Koppelarten

Unter einer Koppelart wird in der SAP-Terminologie die Art und Weise verstanden, wie ein vom SAP-System aufbereiteter Druckdatenstrom zum physischen Drucker transportiert wird. Meist ist dies kein direkter Weg, sondern er führt über unterschiedliche Komponenten, die möglicherweise auch den Datenstrom noch einmal modifizieren.

Nicht jede Koppelart kann für alle möglichen Szenarien eingesetzt werden. Viele Kriterien spielen bei der Entscheidungsfindung eine Rolle: das Betriebssystem, die Anzahl und der Typ der eingesetzten Drucker, die Art der Anwendung und die Verteilung von Unternehmensstandorten, um nur einige zu nennen. Die im weiteren Verlauf des Kapitels besprochenen Kriterien können aufgrund der Vielzahl möglicher Faktoren deshalb keinen Anspruch auf Vollständigkeit erheben; wenden Sie sich im Zweifel an einen kompetenten Berater oder den SAP-Support.

Generell finden Sie alle hier aufgeführten Koppelarten in Transaktion SPAD bei der Definition eines Druckers im SAP-System. Tabelle 2.1 gibt einen kurzen Überblick über die verschiedenen Koppelarten.

Koppelart	Beschreibung
C	Drucken durch direkten Betriebssystemaufruf. Die Druckdaten werden vom Spool-Workprozess direkt über eine Programmierschnittstelle an einen Drucker auf demselben Server geschickt. Nur auf Windows und IBM i.

Tabelle 2.1 Übersicht Koppelarten

Koppelart	Beschreibung
E	Externes Output-Management-System. Die Druckdaten werden über eine von SAP definierte Schnittstelle an ein Output-Management-System eines Drittherstellers geschickt.
F	Frontend-Druck alt. Wird nicht mehr unterstützt.
G	Frontend-Druck. Die Druckdaten werden vom Spool-Workprozess über die Frontend-Komponente an den Drucker geschickt.
L	Drucken über Kommandosätze. Der Spool-Workprozess ruft externe Kommandos zur Übertragung der Druckdaten und zur Statusabfrage auf.
M	Drucken über E-Mail. Die Druckdaten werden aus dem SAP-System per E-Mail verschickt.
P	Drucken über Gerätepool. Die Druckdaten können an mehrere Drucker geschickt werden.
S	Netzwerkdruck mit SAP-Protokoll. Die Druckdaten werden vom Spool-Workprozess über ein Netzwerk an einen entfernten Druckserver geschickt.
U	Netzwerkdruck mit Berkeley-Protokoll. Die Druckdaten werden vom Spool-Workprozess über ein Netzwerk an einen entfernten Druckserver geschickt.

Tabelle 2.1 Übersicht Koppelarten (Forts.)

Hinweis

Die Aufteilung der folgenden Abschnitte erfolgt rein alphabetisch nach der Bezeichnung der Koppelarten. Die Abschnitte können in beliebiger Reihenfolge gelesen werden und bauen nicht aufeinander auf. Manche enthalten jedoch Details, die auch für andere Koppelarten gültig sein können; diese werden dann nur einmal ausführlich beschrieben. Ein Verweis auf den entsprechenden Abschnitt ist in diesem Fall aufgeführt.

2.1 Koppelart C – Direkter Betriebssystemaufruf

Bei der Koppelart C wird der aufbereitete Druckdatenstrom vom Spool-Workprozess über eine plattformabhängige Programmierschnittstelle direkt an einen auf demselben Server definierten Drucker geschickt. Sie sehen eine Beispielkonfiguration für einen Koppelart-C-Drucker in Abbildung 2.1 (GERÄTE-ATTRIBUTE) und Abbildung 2.2 (HOSTSPOOL-KOPPLUNG).

2.1 Koppelart C – Direkter Betriebssystemaufruf

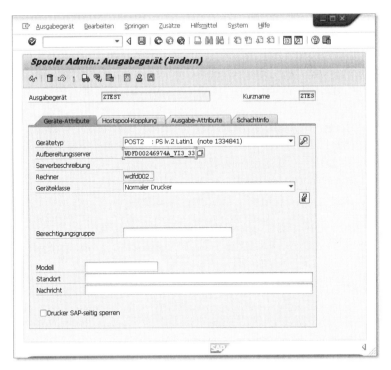

Abbildung 2.1 Koppelart C – Geräte-Attribute

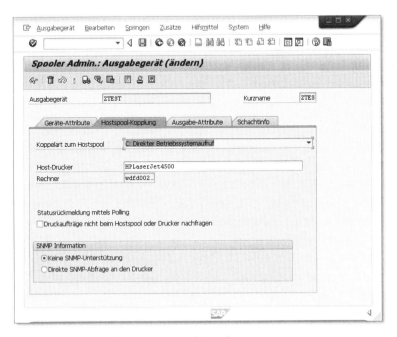

Abbildung 2.2 Koppelart C – Hostspool-Kopplung

In beiden Abbildungen sehen Sie einen bereits vollständig konfigurierten Drucker. Bei einer Neuerstellung wählen Sie als Erstes einen aktiven AUFBEREITUNGSSERVER. Der Host-Name des gewählten Servers wird automatisch in das Feld RECHNER eingetragen. Er erscheint ebenso auf der Karteikarte HOST-SPOOL-KOPPLUNG im Feld gleichen Namens (siehe Abbildung 2.2). Dies ist der entscheidende Punkt bei Koppelart C. Der Spool-Workprozess des gewählten Servers, der einen Spool-Auftrag für diesen Drucker bearbeitet, verwendet eine vom Betriebssystem bereitgestellte Programmierschnittstelle, um den Druckdatenstrom direkt an den Drucker zu schicken. Der Drucker muss auf Betriebssystemebene auf diesem Server definiert sein, und der Name des Druckers muss exakt in das Feld HOST-DRUCKER übertragen werden.

Als Gerätetyp für Koppelart C können Sie jeden beliebigen nativen Gerätetyp verwenden, dessen PDL vom konfigurierten Drucker verstanden wird.

[+] **Hinweis**

Der generische Gerätetyp SAPWIN kann, auch wenn Ihr Aufbereitungsserver unter Windows läuft, bei Koppelart C nicht verwendet werden. Theoretisch wäre das denkbar, indem der SAPWIN-Interpreter in den SAP-Kern integriert würde. Dies wird allerdings aufgrund der in Abschnitt 3.2.4, »Problemanalyse bei SAPSprint«, beschriebenen Problematik aus Sicht des Autors nicht geschehen. Die Gefahr ist zu groß, dass das gesamte System dadurch instabil würde.

Koppelart C wird nur auf den Betriebssystemplattformen Microsoft Windows und IBM i unterstützt, da nur auf diesen die entsprechende Programmierschnittstelle angeboten wird. Als Alternative auf nicht unterstützten Plattformen bieten sich die Koppelarten L oder U (siehe Abschnitt 2.5, 2.9 sowie 2.10) an.

Falls Ihr SAP-System aus verschiedenen Betriebssystemen zusammengesetzt ist, müssen Sie bei Koppelart C bei der Auswahl des Aufbereitungsservers darauf achten, dass dieser immer unter einer dieser beiden Plattformen läuft. Anderenfalls kann es insbesondere bei der Verwendung von logischen Servern zu Fehlern kommen, wenn der logische Server bei einer Neukonfiguration auf einen realen Server einer anderen Plattform abgebildet wird. Spool-Aufträge für auf diese Art falsch konfigurierten Drucker weisen dann den wenig aussagekräftigen Fehler aus Abbildung 2.3 auf. Stellen Sie bei der Verwendung von logischen Servern auch sicher, dass der Drucker auf allen realen Servern auf Betriebssystemebene definiert ist.

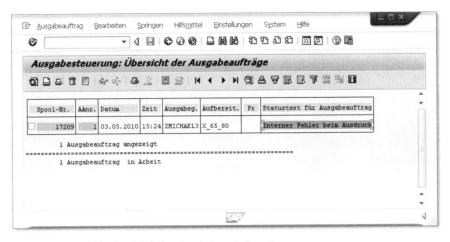

Abbildung 2.3 Fehler bei falsch konfiguriertem Aufbereitungsserver

Der Hauptnachteil bei Koppelart C liegt demnach in der nicht durchgängigen Plattformunterstützung. Können Sie die Koppelart jedoch verwenden, liegt der Vorteil insbesondere in der abgeschlossenen Umgebung:

- Sie können das gesamte SAP-System einschließlich der Druckumgebung auf einer einzigen Maschine installieren.
- Sie benötigen keinerlei weitere Software (zum Beispiel Druckserver, LPD-Daemon, externes Output-Management-System etc.), die Sie installieren und warten müssen.
- Zum Druckzeitpunkt ist keine Netzwerkverbindung notwendig.
- Bis auf die Einrichtung der Drucker im Betriebssystem ist alles bereits vorhanden. Dies kann insbesondere an Lokationen, an denen die Möglichkeiten zur Systemwartung und die vorhandene Netzwerkinfrastruktur nicht besonders gut ausgeprägt sind, ein großer Vorteil sein.

2.2 Koppelart E – Externes Output-Management-System

Koppelart E ist die komplexeste Methode, um Druckdaten an einen Drucker zu schicken. Die Konfiguration der einzelnen Drucker unterscheidet sich nicht wesentlich von anderen Koppelarten, allerdings muss zuvor das Output-Management-System (OMS) selbst eingerichtet werden. Dieser Abschnitt beschreibt daher im Wesentlichen die OMS-Konfiguration.

Für den Einsatz eines Output-Management-Systems gibt es hauptsächlich vier Gründe:

- Es wird eine erhöhte Zuverlässigkeit bei der Übermittlung der Druckaufträge und bei der Statusabfrage gefordert.
- Die Überwachung der Druckaufträge aus vielen SAP-Systemen soll an einer zentralen Stelle erfolgen.
- Neben den Druckaufträgen aus SAP-Systemen sollen auch Aufträge aus anderen Anwendungen überwacht werden.
- Außer den Ausdrucken werden noch andere Ausgabekanäle wie Fax oder E-Mail benötigt.

Es mag noch der eine oder andere Grund hinzukommen, im Wesentlichen sind aber die genannten vier Punkte der Hintergrund für die Einrichtung eines Output-Management-Systems. Daraus und aus der Tatsache, dass ein Output-Management-System zusätzlichen finanziellen Aufwand bedeutet, kann man auch ersehen, dass diese Koppelart eher bei größeren Firmen im Einsatz ist.

Bevor wir in die eigentliche Konfiguration einsteigen noch einige Worte zur Zuverlässigkeit: Wie Sie bei jeder besprochenen Koppelart sehen werden, gibt es immer wieder Schwierigkeiten sowohl bei der Übermittlung der Druckdaten als auch bei der Statusabfrage. Der Grund dafür lässt sich in einer einfachen Aussage zusammenfassen: Jede Kette ist nur so stark wie das schwächste Glied.

Vom Anwender in Deutschland bis zum Ausdruck auf Papier möglicherweise irgendwo anders auf der Welt ist es ein weiter Weg, der über die unterschiedlichsten Software- und Hardwarekomponenten führt. Hat am Ende der Kette ein Drucker kein Papier mehr und Sie korrigieren das über einen längeren Zeitraum nicht, tritt irgendwann an irgendeiner Stelle ein Problem auf, wenn weiterhin Druckaufträge an diesen Drucker geschickt werden. Die Frage in solchen Fällen ist, wo das Problem am wenigsten Schaden anrichten kann.

Das SAP-System ist ein Generalist. Das Versenden und die Überwachung von Druckaufträgen sind eigentlich nur Nebenaufgaben. Wenn diese Nebenaufgaben allerdings dazu führen, dass die Hauptaufgabe, nämlich die Anwendungsbearbeitung nicht mehr korrekt ausgeführt werden kann, ist es besser, dies einem Spezialisten zu übergeben. Genauso ein Spezialist ist ein Output-Management-System. Das SAP-System übergibt den Druckauftrag dem Output-Management-System und muss sich nicht mehr weiter darum kümmern. Im Extremfall können Probleme wie das fehlende Papier Auswirkungen auf den Betrieb des SAP-Systems haben. Das klingt unwahrscheinlich, kommt in der Praxis aber durchaus vor, da sich die Auswirkungen über verschiedene Komponenten fortsetzen.

> **Beispiel** [zB]
>
> Ein oder mehrere Drucker haben kein Papier mehr oder werden ausgeschaltet. Dies wird lange Zeit nicht bemerkt und korrigiert. Werden weiterhin permanent Druckaufträge an diese Drucker geschickt, können irgendwann auf Betriebssystemebene Probleme für das Spool-System entstehen. Dies kann zum Ausfall oder Hängen verschiedener zum Drucken benötigter Prozesse führen.
>
> Denn können diese keine weiteren Aufträge mehr annehmen, setzt sich der Rückstau in das SAP-System fort. Drucker werden gesperrt, da keine Druckaufträge mehr gesendet werden können. Ganze Arbeitsabläufe geraten möglicherweise durcheinander. Zeitüberschreitungen bei der Netzwerkkommunikation können wiederum zu Synchronisationsproblemen bei den Workprozessen führen. Im schlimmsten Fall blockieren sich die Workprozesse gegenseitig, sodass das gesamte System hängt oder zumindest stark verlangsamt wird.
>
> Dieses Beispiel wurde in der Beschreibung ein wenig vereinfacht, ist aber keine theoretische Konstruktion. Als Grundlage dienen immer wieder anzutreffende Problemmeldungen von Kunden. Genau an dieser Stelle soll das Output-Management-System einsetzen:
>
> - Das Output-Management-System dient als Puffer zwischen Betriebssystem und SAP-System, um die beschriebenen Probleme abzufangen.
> - Mit dem Output-Management-System gibt es eine zentrale Stelle, an der Schwierigkeiten beim Drucken erkannt werden können und nicht unterschiedliche Sichten in vielen verschiedenen SAP-Systemen.

2.2.1 Konfiguration des Output-Management-Systems

Die OMS-Konfiguration erfolgt in Transaktion SPAD über eine eigene Karteikarte (siehe Abbildung 2.4).

> **Hinweis** [+]
>
> Sollte die Registerkarte OUTPUT-MANAGEMENT-SYSTEME im Einstiegsbild von Transaktion SPAD nicht zu sehen sein, aktivieren Sie sie über die Drucktasten ERWEITERTE ADMIN. oder VOLLE ADMINISTRATION.

Die Konfiguration des Output-Management-Systems erfordert zwei Schritte:

1. Einrichtung des realen Output-Management-Systems (ROMS)
2. Einrichtung eines oder mehrerer logischer Output-Management-Systeme (LOMS)

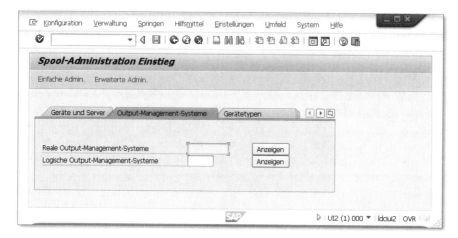

Abbildung 2.4 Einstiegsbild OMS-Konfiguration

Die Idee dahinter ist die folgende: Ein OMS-Hersteller stellt bei seinem Produkt unterschiedliche Funktionalitäten zur Verfügung. Diese möchten Sie möglicherweise je nach Einsatzgebiet auch unterschiedlich nutzen:

- Im ROMS wird der gesamte Funktionalitätsumfang des Output-Management-Systems angegeben.
- In jedem LOMS kann ein unterschiedlicher Teilumfang konfiguriert werden.

Damit dies nicht jedes Mal bei einer Änderung an jedem Drucker eine neue Konfiguration vorgenommen werden muss, wird bei der Druckerkonfiguration nur das verwendete LOMS angegeben. Jede Änderung dort wird sofort bei allen Druckern wirksam. Dies wird im weiteren Verlauf noch ausführlicher besprochen. Der einfachste Fall ist: Es gibt jeweils genau ein ROMS und ein LOMS.

Abbildung 2.5 zeigt den Konfigurationsbildschirm des ROMS. Diesen Bildschirm sehen Sie, wenn Sie in Abbildung 2.4 die Drucktaste ANZEIGEN für REALE OUTPUT-MANAGEMENT-SYSTEME drücken. Bei dessen Einrichtung vergeben Sie einen beliebigen Namen und eine BESCHREIBUNG. Anschließend markieren Sie den vom Hersteller angegebenen Funktionsumfang bei den OMS-EIGENSCHAFTEN. Dieser gliedert sich in drei Hauptkategorien:

- BEAUFTRAGUNG
  Damit ist die Art und Weise gemeint, in der ein Druckauftrag zum Output-Management-System gesendet wird.

▶ JOB-STATUS

Hier wird angegeben, wie die Statusnachfrage eines Druckauftrages ausgeführt wird.

▶ GERÄTE-STATUS

Zusätzlich zum Status eines Druckauftrages kann auch der Zustand des Druckers abgefragt werden. Die Art, in der das geschieht, wird hier spezifiziert.

Die vierte Kategorie AUSGABEARTEN wird hier nicht weiter behandelt. Damit wird nur angegeben, ob das Output-Management-System zusätzlich auch Faxaufträge versenden kann.

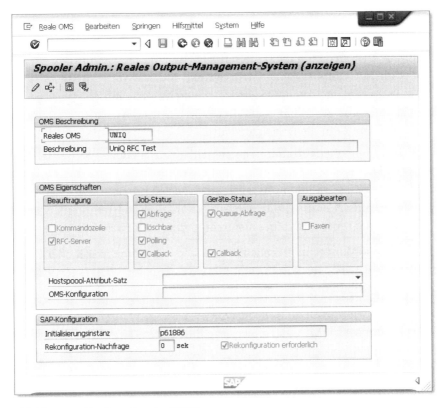

Abbildung 2.5 Konfiguration des ROMS

Wir werden im weiteren Verlauf dieses Abschnitts nur auf die prinzipiellen Unterschiede in den drei Hauptkategorien eingehen. Ein konkretes Beispiel kann hier nicht erfolgen, da dies stark von der Implementierung des OMS-Herstellers abhängt. Entnehmen Sie die genaue Konfiguration dem Handbuch Ihres Output-Management-Systems.

OMS-Konfiguration: Beauftragung
Bei der Übergabe der Druckaufträge an das Output-Management-System gibt es grundsätzlich zwei Methoden, wobei nicht beide von allen Output-Management-Systemen unterstützt werden.

- **Übergabe des Druckauftrages über einen Kommandozeilenbefehl**
  Dieser Fall entspricht den Kommandosätzen bei Koppelart L (siehe Abschnitt 2.5), mit dem Unterschied, dass hier die Kommandosätze Kommandogruppen genannt und vom OMS-Hersteller definiert werden.

- **RFC-Benachrichtigung an das Output-Management-System, dass ein Druckauftrag zur Abholung bereitliegt**
  Dieser Fall wird auch RFC-Callback genannt. Hierbei ist das Output-Management-System als RFC-Server implementiert. Das SAP-System ruft über einen Remote Function Call – das heißt durch einen Aufruf eines Funktionsbausteins, der in einem anderen System läuft als der Aufrufer – eine Funktion im Output-Management-System auf. Mit diesem Aufruf wird dem Output-Management-System mitgeteilt, dass ein aufbereiteter Druckdatenstrom zur Abholung bereitliegt. Das Output-Management-System holt sich daraufhin die Druckdaten ab.

  Möglich sind dabei Verbindungen zwischen verschiedenen SAP-Systemen oder zwischen einem SAP-System und einem Fremdsystem. In Fremdsystemen werden statt Funktionsbausteinen speziell programmierte Funktionen aufgerufen, deren Schnittstelle einen Funktionsbaustein simuliert. Ein Output-Management-System entspricht in dem Fall einem Fremdsystem.

Ob ein Output-Management-System den ersten oder zweiten Fall oder beide unterstützt, wird bei der ROMS-Definition in der Spalte BEAUFTRAGUNG festgelegt (siehe Abbildung 2.5).

Je nachdem, wie die Definition im ROMS aussieht, werden Ihnen bei der Konfiguration des LOMS unterschiedliche Bildschirme angezeigt. Abbildung 2.6 zeigt ein Beispiel mit Kommandogruppen für eine gemischte Konfiguration. Die Druckaufträge werden zwar per Kommando übergeben (Spalte BEAUFTRAGUNG), die Statusinformationen werden aber vom Output-Management-System per RFC zurückgemeldet. Dies wird in den Spalten GERÄTE und JOBS durch die Auswahl von CALLBACK angegeben. CALLBACK ist, falls unterstützt, immer zu bevorzugen, da die OMS-Statusinformationen bei Bedarf zurückgemeldet werden und keine unnötige Systembelastung durch periodische Nachfragen generiert wird.

Abbildung 2.7 zeigt ein RFC-Server-Beispiel. Die markierte Auswahlbox DATEN PER DATEI entspricht der Beschreibung bei der Übergabe der Druckdaten.

2.2 Koppelart E – Externes Output-Management-System

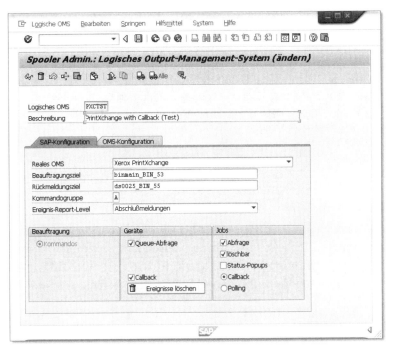

Abbildung 2.6 LOMS-Konfiguration mit Kommandogruppen

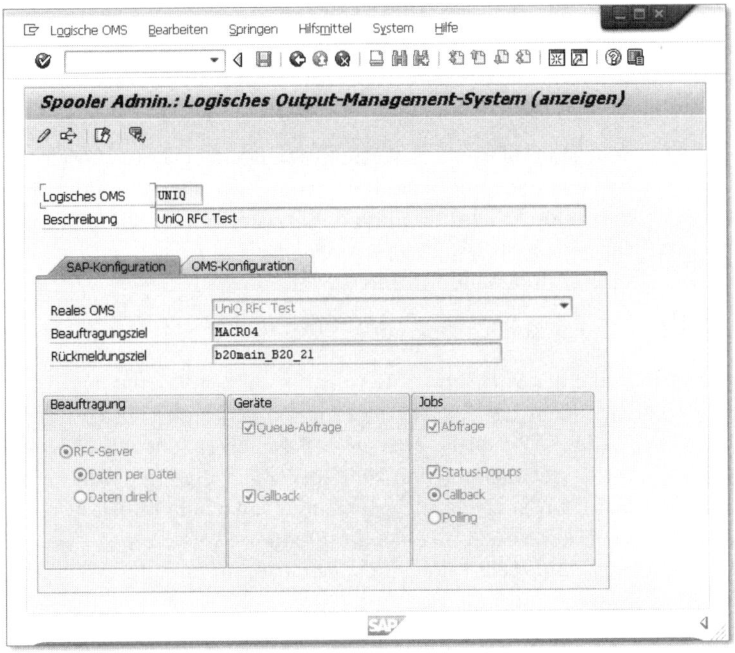

Abbildung 2.7 LOMS-Konfiguration als RFC-Server

2 | Koppelarten

[+] **Hinweis**

Die Auswahlbox DATEN DIREKT bei der BEAUFTRAGUNG (siehe Abbildung 2.7) wird nicht mehr von SAP unterstützt. Bei dieser Methode wurde auch der Druckdatenstrom über RFC an das OMS übergeben. Dieser Fall ist technisch nicht mehr unterstützt, da die RFC-Aufrufe aus dem SAP-Kern erfolgen. Diese Aufrufe führen bei der Übertragung von größeren Datenmengen fast immer zu nicht beherrschbaren Problemen. Den OMS-Herstellern ist diese Problematik bekannt, und neuere Systeme bieten diese Funktionalität auch gar nicht mehr an. Die Auswahlbox wurde nur beibehalten, um bestehende Installationen nicht in einen inkonsistenten Zustand zu versetzen.

OMS-Konfiguration: Geräte- und Jobstatus

Analog zur Beauftragung sehen Sie bei der LOMS-Konfiguration von Geräte- und Jobstatus unterschiedliche Bildschirme, je nachdem, welche Funktionalität bei der ROMS-Definition ausgewählt wurde. In Tabelle 2.2 finden Sie eine Übersicht der in Abbildung 2.6 und Abbildung 2.7 gezeigten Parameter.

Parametername	Bedeutung
CALLBACK	Statusrückmeldung des Output-Management-Systems per RFC-Aufruf in das SAP-System
POLLING	Statusrückmeldung über periodischen Aufruf des `Polling`-Kommandos
STATUS-POPUPS	Bei einer Statusrückmeldung wird zusätzlich noch ein Benachrichtigungs-Popup angezeigt.
LÖSCHBAR	Druckaufträge sind im Output-Management-System löschbar. Das bedeutet nicht, dass der Spool-Auftrag im SAP-System gelöscht wird, sondern nur, dass der an das Output-Management-System übergebene Druckauftrag über das `Cancel`-Kommando storniert wird.
KOMMANDOGRUPPE	ID einer Kommandogruppe
RÜCKMELDUNGSZIEL	Name des SAP-Servers, der den Befehl zum Starten des OMS-Callback-Clients ausgeben soll. Normalerweise erwartet das SAP-System, dass OMS-Befehle von jedem SAP-Server ausgegeben werden können. Möglicherweise fordert ein Output-Management-System jedoch, dass ein Initialisierungskommando an einen bestimmten Server ausgegeben wird. In diesem Fall können Sie der Anforderung mit diesem Feld entsprechen.

Tabelle 2.2 LOMS-Konfigurationsparameter

Koppelart E – Externes Output-Management-System | **2.2**

Parametername	Bedeutung
BEAUFTRAGUNGSZIEL	Dieser Server wird für die Ausgabe anonymer Kommandos verwendet, das heißt Kommandos, die nicht durch die Gerätedefinition an einen bestimmten Server gebunden sind. Anonyme Kommandos sind alle OMS-Kommandos außer `Submit` und `Polling`.

Tabelle 2.2 LOMS-Konfigurationsparameter (Forts.)

OMS-Konfiguration: Kommandogruppen

Ist die Beauftragung und/oder die Statusrückmeldung im LOMS als Kommando konfiguriert, muss nun noch die entsprechende Kommandogruppe definiert werden. Geben Sie dazu in das Feld KOMMANDOGRUPPE einen noch nicht verwendeten Buchstaben ein, wenn Sie eine neue Gruppe anlegen möchten, oder wählen Sie einen bereits vorhandenen aus. Drücken Sie anschließend die Drucktaste KOMMANDOS, wie im Tooltip in Abbildung 2.8 illustriert.

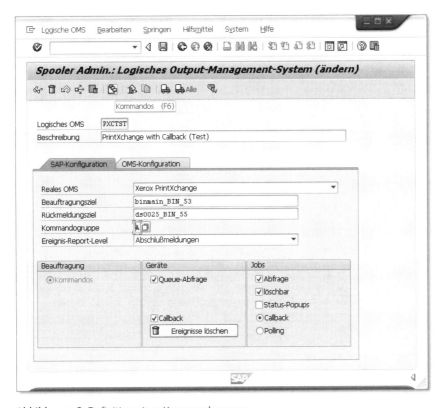

Abbildung 2.8 Definition einer Kommandogruppe

Sie sehen anschließend eine betriebssystemspezifische Auswahlliste (siehe Abbildung 2.9). Doppelklicken Sie auf die gewünschte Zeile. Im nachfolgenden Bildschirm können Sie die vom OMS-Hersteller vorgegebenen Kommandos zusammen mit den Parametern eingeben (siehe Abbildung 2.10).

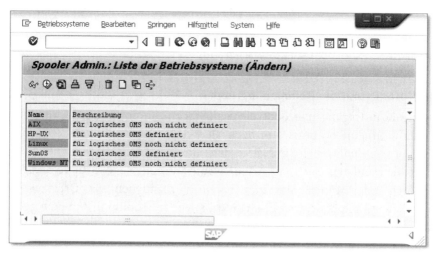

Abbildung 2.9 Betriebssystemspezifische Kommandogruppen

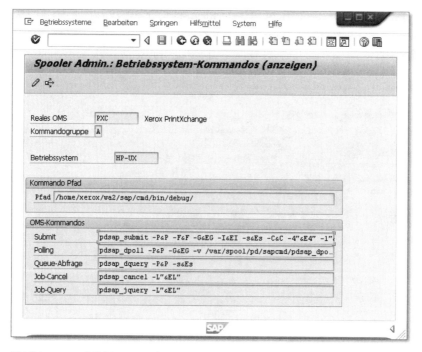

Abbildung 2.10 OMS-Kommandogruppe

> **Tipp** [*]
>
> Falls Sie wie in Abbildung 2.6 für die Statusrückmeldung CALLBACK markiert haben, müssen Sie kein Polling-Kommando für diese Kommandogruppe angeben. Gleiches gilt für andere Kommandos, die Sie aufgrund der angegebenen Konfiguration nicht verwenden. Zum Beispiel benötigen Sie auch kein Job-Query-Kommando, wenn Sie CALLBACK bei JOBS angegeben haben.

Das Kommando selbst wird vom OMS-Hersteller vorgegeben. Die Parameter der Kommandozeile können in beliebiger Reihenfolge eingegeben werden. Falls ein Eintrag im Eingabefeld PFAD eingefügt wird, muss berücksichtigt werden, dass dieser dem Kommandomuster vorangestellt wird. Falls nicht, kann das Muster auch mehrere Kommandos enthalten. Beachten Sie mögliche Einschränkungen des auf Betriebssystemebene verwendeten Kommando-Interpreters bzw. der Kommando-Shell.

Neben beliebigen Elementen der Shell-Kommando-Syntax können weitere SAP-spezifische Ersetzungszeichen verwendet werden, um Kommandoparameter zu spezifizieren. Diese werden durch ein &-Zeichen (kaufmännisches Und) eingeleitet. Soll das Kommando ein &-Zeichen enthalten, muss dieses als && geschrieben werden. Die Kommandoargumente werden vom Spool-Workprozess automatisch aus der Systemkonfiguration ermittelt und eingesetzt.

Zur korrekten Behandlung von Kommandoargumenten ist eine betriebssystemabhängige Maskierung von Sonderzeichen erforderlich. Dies gilt auch für die aktuell eingesetzten Werte der Parameter. Hierzu wird folgender Mechanismus verwendet:

- **Unix**
  Die Zeichen \, ', " und $ werden durch einen Backslash (\) maskiert. Ein separates \-Zeichen wird durch \\ repräsentiert. Parameter sollten daher mit "-Zeichen geklammert werden, um eine korrekte Sonderzeichenweitergabe einschließlich Leerzeichen zu erreichen.

- **Windows**
  Das "-Zeichen wird durch einen Backslash (\) maskiert. Alle \-Zeichen vor einem "-Zeichen werden maskiert. %-Zeichen werden durch #-Zeichen ersetzt.

Tabelle 2.3 zeigt die Kommandoparameter, die möglich sind. Unbedingt notwendige Parameter sind entsprechend gekennzeichnet. Vergleichen Sie die Kommandos und die Parameter auch mit denen bei Koppelart L (siehe

Abschnitt 2.5). Die beiden Koppelarten haben an dieser Stelle einen ähnlichen technischen Hintergrund.

Ersetzungszeichen/Parameter	Beschreibung
&C	Anzahl Kopien
&D	Abteilung des Adressaten
&F (notwendiger Parameter für Submit-Kommando)	Name der Datei mit den Druckdaten einschließlich Pfad
&f	Name der Datei ohne Pfad
&H/<x>/<y>/	<x>, falls Hostspool-Titelseite gewünscht, sonst <y>
&I	Jobname mit Datenbank-ID
&J	Jobname ohne Datenbank-ID
&L	Aufbereitungsart
&M	Mandant des Eigentümers des Spool-Auftrages
&m	Mandant des Eigentümers des Ausgabeauftrages
&N	Nummer des Spool-Auftrages
&n	Nummer des Ausgabeauftrages
&O	SAP-Name des Eigentümers des Spool-Auftrages
&o	SAP-Name des Eigentümers des Ausgabeauftrages
&P (notwendiger Parameter für Submit-Kommando; notwendiger Parameter für Polling-Kommando)	Name des Host-Druckers
&p	Pfadname der Druckdatei
&R	Name des Empfängers
&S	Name des SAP-Druckers
&T	Titel des Spool-Auftrages
&t	Faxnummer

Tabelle 2.3 Standardparameter für OMS-Kommandos

Ersetzungszeichen/Parameter	Beschreibung
&U/<X>/<N>/	Hostspool-Titelseite gewünscht (X = ja, N = nein)
&Y	SAP-Priorität des Spool-Auftrages (1-99), 1 ist die höchste Priorität.

Tabelle 2.3 Standardparameter für OMS-Kommandos (Forts.)

Neben den Standardparametern stehen für OMS-Kommandos noch die in Tabelle 2.4 gezeigten weiteren Parameter zur Verfügung. Die Werte der angegebenen Parameter werden zur Laufzeit vom Spool-Workprozess anstelle der Ersetzungszeichen eingefügt. Ziehen Sie auch hier für Details die Dokumentation Ihres Output-Management-Systems zurate.

Ersetzungszeichen/Parameter	Beschreibung
&EI (notwendiger Parameter für Submit-Kommando)	SAP-Spool-ID
&EG (notwendiger Parameter für Submit-Kommando; alternativer Parameter für Polling-Kommando, siehe auch folgenden Hinweiskasten)	Rückmeldungsgruppe
&EL (alternativer Parameter für Polling-Kommando, siehe auch folgenden Hinweiskasten)	Liste der OMS-Job-IDs, durch Leerzeichen getrennt
&ES	SAP-Instanzname für Callback
&ET	maximale Pufferzeit für Callback-Ereignisse
&EA	maximale Anzahl gepufferter Ereignisse
&EP	Faxempfänger
&E1	SAP-Flags des LOMS
&E2	OMS-Flags des LOMS
&E3	SAP-Flags des ROMS
&E4	OMS-Flags des ROMS

Tabelle 2.4 Erweiterte Parameter für OMS-Kommandos

> **Hinweis** [+]
>
> Ein wichtiger Bestandteil bei der Kommunikation zwischen SAP-System und Output-Management-System ist die sogenannte Rückmeldungsgruppe oder Reply Message Group (RMG). Dies ist nichts anderes als eine vom Spool-Workprozess aus Systemname und Applikationsserverkennung zusammengesetzte eindeutige Zeichenkette. Diese ermöglicht es dem Output-Management-System, eindeutig festzustellen, von welchem System und von welchem Applikationsserver ein bestimmter Druckauftrag erzeugt wurde. Der Parameter &EG ist daher beim Submit-Kommando zwingend erforderlich.
>
> Beim Polling-Kommando wird der Status einer möglicherweise großen Anzahl von Spool-Aufträgen beim Output-Management-System nachgefragt. Generell kann dazu entweder der Parameter &EL (Liste der Spool-Aufträge) oder wiederum &EG verwendet werden. Die Liste der Spool-Aufträge wird bei &EL durch Leerzeichen getrennt an die Kommando-Shell übergeben. Bei einer großen Anzahl von nachgefragten Spool-Aufträgen kann es dazu kommen, dass die maximale Anzahl an Zeichen überschritten wird, die die Kommando-Shell zulässt. Daher wird dringend empfohlen, grundsätzlich den &EG-Parameter zu verwenden.

Auf dem in Abbildung 2.11 gezeigten Bildschirm werden im Wesentlichen die Zeitintervalle angegeben, in denen das Output-Management-System Statusinformationen zurückmeldet, sowie die Anzahl der pro Rückmeldung maximal gelieferten Ereignisse. Der Bildschirm erscheint durch die Auswahl der Tabulatorseite OMS-KONFIGURATION, ausgehend von Abbildung 2.8. Im Eingabefeld OMS-KONFIGURATION können Sie zusätzliche Optionen oder Parameter angeben, die in zwei Fällen an das Output-Management-System zurückgegeben werden:

- Der Inhalt des Feldes wird beim Submit-Befehl an das Output-Management-System übergeben. Dazu müssen Sie die entsprechende Option in die Submit-Befehlsdefinition in den LOMS-Kommandogruppen aufnehmen.
- Der Inhalt des Feldes wird bei RFC-Callback an das Output-Management-System weitergegeben, wenn der OMS-RFC-Client startet und eine Rekonfiguration erfolgt.

Den möglichen Inhalt des Feldes entnehmen Sie der Dokumentation Ihres Output-Management-Systems.

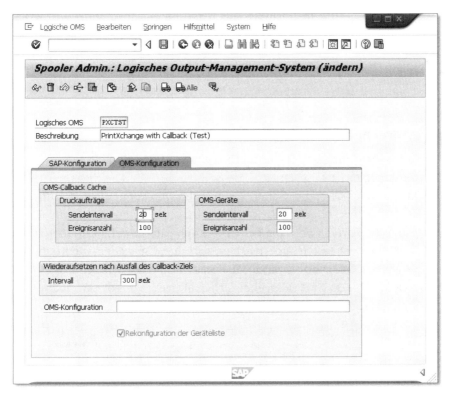

Abbildung 2.11 OMS-spezifische Konfiguration

2.2.2 OMS-Zertifizierung

Wenn Sie ein Output-Management-System einsetzen, sollten Sie darauf achten, dass der Hersteller sein Produkt bei SAP zertifiziert hat. Da oft falsche Vorstellungen darüber herrschen, was eine Zertifizierung ausmacht, soll das an dieser Stelle kurz erläutert werden. Eine Zertifizierung stellt Folgendes sicher:

- Das Produkt des Herstellers ist bei SAP bekannt.
- Der Hersteller verwendet die von SAP bereitgestellte Schnittstelle bei der Implementierung eines Produktes.
- Der Hersteller stellt einen Teil oder den gesamten Funktionsumfang der von SAP vorgesehenen Funktionalität zur Verfügung.
- Die korrekte Verwendung der von SAP bereitgestellten Schnittstelle wurde durch SAP geprüft.

Die Zertifizierung macht darüber hinaus keinerlei Qualitätsaussagen bezüglich Installation, Zuverlässigkeit, Skalierbarkeit oder Geschwindigkeit. Der

Sinn der Zertifizierung liegt hauptsächlich darin, dass ein Support durch SAP überhaupt gewährleistet werden kann. Das wäre bei einer beliebigen unkontrollierten Implementierung seitens des Herstellers nicht möglich. Dies wird erst durch die Beschränkung auf eine definierte Schnittstelle ermöglicht, deren Stabilität SAP garantiert.

2.2.3 Konfiguration eines Druckers

Haben Sie die Konfiguration bis hierher geschafft, ist die Einrichtung eines Druckers vergleichsweise einfach. Sie wählen auf der Karteikarte GERÄTE-ATTRIBUTE einen passenden Gerätetyp für Ihren Drucker und einen Aufbereitungsserver (siehe Abbildung 2.12). GERÄTE-ATTRIBUTE und HOSTSPOOL-KOPPLUNG sind die Karteikarten, die bei jeder Koppelart ausgefüllt werden müssen. Der Inhalt der Seiten ändert sich entsprechend, nachdem die Koppelart auf der Seite HOSTSPOOL-KOPPLUNG einmal festgelegt wurde. Die Felder RECHNER und REALER SERVER ergeben sich automatisch aus der Wahl des Aufbereitungsservers. Alle weiteren Angaben sind optional.

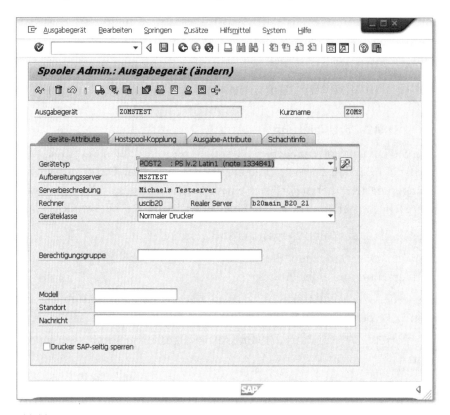

Abbildung 2.12 Koppelart E – Geräte-Attribute

Koppelart E – Externes Output-Management-System | 2.2

Hinweis [+]

Bei der Koppelart E sind nur native Gerätetypen möglich. SAPWIN-Gerätetypen können nicht verwendet werden, auch wenn das Output-Management-System unter Windows läuft.

Auf der Tabulatorseite HOSTSPOOL-KOPPLUNG stellen Sie die Koppelart E ein und tragen in das Feld HOST-DRUCKER den Namen des Druckers ein, so wie ihn auch das Output-Management-System kennt. Wählen Sie zum Schluss ein vorher konfiguriertes LOMS, und sichern Sie die Eingaben. Die Einrichtung eines Druckers ist damit abgeschlossen.

Achtung [!]

Die in Abbildung 2.13 gezeigte Meldung »ACHTUNG: Alternativ-Rechner möglich« erscheint deshalb, weil in Abbildung 2.12 ein logischer Aufbereitungsserver mit Namen MSZTEST ausgewählt wurde. Zur Laufzeit können unterschiedliche reale Server verwendet werden. Stellen Sie sicher, dass die vom Output-Management-System verwendeten Kommandoskripte auch auf jedem möglichen Server installiert sind.

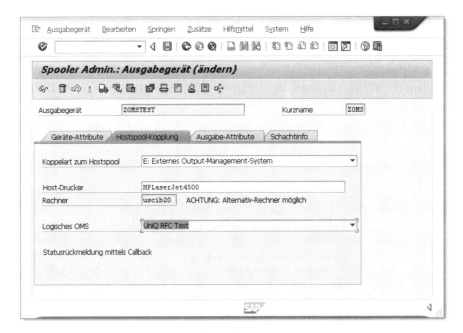

Abbildung 2.13 Koppelart E – Hostspool-Kopplung

2.3 Koppelart F – Frontend-Druck

Koppelart F ist eine alte, von SAP nicht mehr unterstützte Frontend-Druckmethode mit SAPLPD, dem Vorgänger von SAPSprint (siehe Abschnitt 2.8, »Koppelart S – Netzwerkdruck mit SAP-Protokoll«). Sie wird daher in diesem Buch nicht mehr beschrieben. Für den Frontend-Druck sollten Sie nur noch Koppelart G (siehe folgender Abschnitt 2.4) verwenden.

Zusammengefasst kann man sagen, dass F zu viele technische Limitierungen besaß und nicht mehr zeitgemäß war. Die Erwähnung hier dient nur der Vollständigkeit, weil aus Kompatibilitätsgründen die Koppelart F weiterhin in Transaktion SPAD in der Liste der zur Verfügung stehenden Koppelarten erscheint.

2.4 Koppelart G – Frontend-Druck

Unter Frontend-Druck versteht man das Ausdrucken auf einem persönlichen Drucker (zum Beispiel dem Windows-Standarddrucker) über eine SAP-Frontend-Komponente (zum Beispiel das SAP GUI). Die Koppelart G ist dabei der Nachfolger der nicht mehr unterstützten Koppelart F, die SAPLPD – dem Vorgänger von SAPSprint (siehe Abschnitt 2.8) – als Vermittlungsprogramm zum Drucker verwendet hat.

Der Grund, warum Koppelart G so attraktiv ist, liegt in der großen Flexibilität bei minimalem Konfigurationsaufwand. Im Idealfall muss im SAP-System nur ein Drucker konfiguriert werden. Allerdings gibt es auch einige Einschränkungen, die je nach verwendeter Frontend-Komponente immer größer werden. Dies werden wir in den nachfolgenden Abschnitten genauer untersuchen.

[»] **Weitere Informationen**

Koppelart G wird ab SAP-Basis-Release 4.6C unterstützt. In einigen älteren Releases ist ein bestimmtes Support Package erforderlich. Sollte Koppelart G in der Liste der verfügbaren Koppelarten in Transaktion SPAD nicht erscheinen, können Sie den Hilfs-Report RSPO0075 zur Aktivierung verwenden (siehe Abbildung 2.14). Erscheint Koppelart G auch nicht in Report RSPO0075, ist Ihr System für diese Koppelart nicht geeignet. Die genauen Release- und Support-Package-Nummern entnehmen Sie SAP-Hinweis 821519.

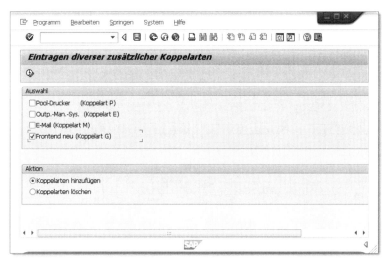

Abbildung 2.14 Report RSPO0075 – Eintragen von Koppelarten

2.4.1 Frontend-Druck mit SAP GUI for Windows

Das SAP GUI for Windows ist die im SAP-Umfeld am häufigsten eingesetzte Frontend-Komponente und bietet die größte Funktionalität. Eine typische Definition eines Frontend-Druckers im SAP-System sehen Sie in Abbildung 2.15 (GERÄTE-ATTRIBUTE) und Abbildung 2.16 (HOSTSPOOL-KOPPLUNG).

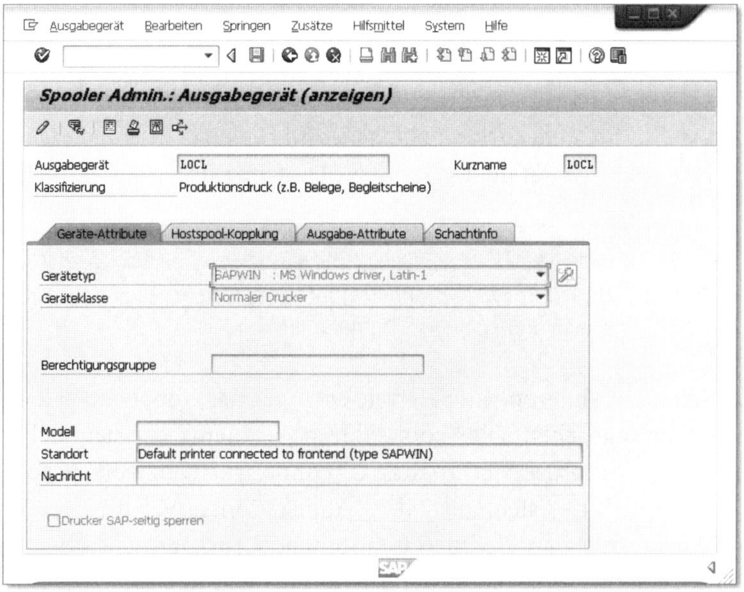

Abbildung 2.15 Frontend-Druck – Geräte-Attribute

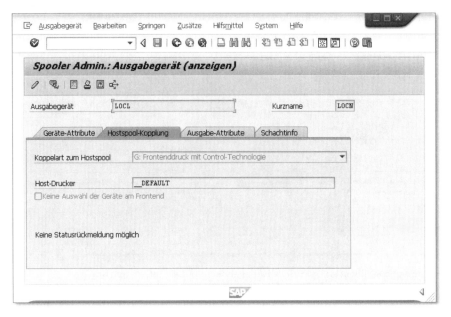

Abbildung 2.16 Frontend-Druck – Hostspool-Kopplung

Der frei wählbare Druckername (AUSGABEGERÄT) wird oft mit LOCL angegeben, und als GERÄTETYP wird SAPWIN oder eine entsprechende sprachabhängige Variante bei Nicht-Unicode-Systemen bzw. SWINCF bei Unicode-Systemen eingetragen. Der Name LOCL ist als Abkürzung für »Local Printer« weit verbreitet, Sie können aber jeden beliebigen Namen einsetzen. Wie die einzelnen SAPWIN-Gerätetypen mit der auszudruckenden Sprache zusammenhängen, wird in Kapitel 5, »Drucken und Internationalisierung«, noch genauer dargestellt. Im Feld HOST-DRUCKER wird __DEFAULT eingetragen. Dadurch wird automatisch auf dem Windows-Standarddrucker ausgedruckt.

[+] **Hinweis**

Die Zeichenkette __DEFAULT (mit zwei vorangestellten Unterstrichen) kann auch in den Schreibweisen __default und __Default verwendet werden.

Im Gegensatz zu allen anderen Koppelarten wird bei der Koppelart G kein fester Spool-Server angegeben. Die Spool-Aufträge werden von einem beliebigen freien Spool-Workprozess bearbeitet. Um unnötigen Netzwerkverkehr zu vermeiden, empfiehlt es sich, auf jedem Applikationsserver mindestens einen Spool-Workprozess zu definieren. Frontend-Druckaufträge werden dann von einem Spool-Workprozess verarbeitet, der auf demselben Server läuft wie der erzeugende Dialog-Workprozess.

> **Achtung** [!]
>
> Durch den Profilparameter `rdisp/wp_no_spo_Fro_max` kann die Anzahl der Spool-Workprozesse erhöht werden, die Frontend-Druckaufträge bearbeiten. Dies sollte allerdings nur in Ausnahmefällen geschehen, zum Beispiel wenn ausschließlich Frontend-Druck verwendet wird. Denn durch eine Erhöhung kann es zu unerwünschten Wechselwirkungen mit Druckern anderer Koppelarten kommen, da Frontend-Druckaufträge keinem festen Server zugeordnet sind. Zum Beispiel kann es sein, dass bei Druckaufträgen, die auf einem bestimmten Drucker in einer festen Reihenfolge ausgegeben werden sollen, Frontend-Druckaufträge dazwischengeschoben werden.
>
> Die Voreinstellung des Profilparameters ist 1 und sollte im Allgemeinen völlig ausreichen.

An dieser Stelle soll noch einmal auf den generellen Ablauf bei der Erstellung eines Druckauftrages eingegangen werden, da dies beim Frontend-Druck oft zu Problemen führt:

1. Der Benutzer ist über das SAP GUI mit dem SAP-System verbunden. Der Benutzerkontext läuft dabei in einem Dialog-Workprozess.

2. Soll aus dem Dialog-Workprozess heraus ein Druckauftrag gestartet werden, erfolgt die Erstellung des Spool-Auftrages ebenfalls im Dialog-Workprozess. Die gerätetypabhängige Aufbereitung des Ausgabeauftrages erfolgt allerdings asynchron im Spool-Workprozess.

3. Dieser schickt dann den aufbereiteten Datenstrom abhängig von der Koppelart an den Drucker. Bei Koppelart G geschieht dies wieder über das SAP GUI. Das heißt, der Spool-Workprozess benötigt die Information, an welchen Arbeitsplatzrechner er den Datenstrom schicken soll.

4. Diese sogenannte Terminalinfo wird vom Dialog-Workprozess an den Spool-Workprozess weitergereicht. Ist die Terminalinfo nicht vorhanden, kann der Druckauftrag nicht ausgeführt werden. Dies ist der Fall, wenn der Druckauftrag nicht von einem Dialog-Workprozess aus gestartet wird, sondern von einem Hintergrund-Workprozess. In diesem Fall gibt es überhaupt keine Terminalinfo, das heißt, Frontend-Drucker können aus Hintergrund-Workprozessen heraus nicht eingesetzt werden.

> **Hinweis** [+]
>
> Es kommt zu keinem Fehler, wenn bei der Verwendung von Frontend-Druckern im Hintergrundbetrieb während der Erstellung des Druckauftrages die Option SOFORT AUSGEBEN nicht verwendet wird. Dann wird nur ein Spool-Auftrag erzeugt. Der Ausdruck selbst kann nachträglich manuell über Transaktion SP01 gestartet werden.

> Dieses Vorgehen sollte allerdings nur sehr vorsichtig angewendet werden, da es leicht geschehen kann, dass bei der Definition des Hintergrundjobs der Parameter versehentlich falsch gesetzt wird. Spool-Aufträge erhalten dann den Status FRONTEND NICHT ERREICHBAR (siehe Abschnitt 2.4.5, »Statusinformationen beim Frontend-Druck«). Daher wird empfohlen, im Hintergrundbetrieb grundsätzlich keine Frontend-Drucker zu verwenden.

Der Ablauf eines Ausdrucks erfolgt bei Koppelart G mit dem SAP GUI for Windows fast genauso, wie man es von anderen Windows-Anwendungen gewöhnt ist. Solange die Option KEINE AUSWAHL DER GERÄTE AM FRONTEND (siehe Abbildung 2.16) nicht markiert ist, erscheint nach der Erstellung des Ausgabeauftrages durch den Spool-Workprozess und erfolgreicher Weiterleitung an das SAP GUI die Druckerauswahlbox (siehe Abbildung 2.17). Die genauen technischen Zusammenhänge können Sie in Abschnitt 3.3, »Frontend-Druck mit SAPFprint«, nachlesen. Ist die erwähnte Option gesetzt, erscheint die Druckerauswahlbox nicht und der Datenstrom wird sofort an den im Eingabefeld HOST-DRUCKER definierten Drucker gesendet.

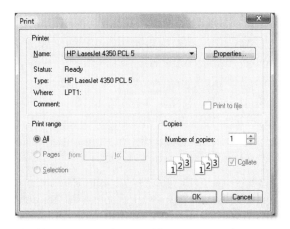

Abbildung 2.17 Druckerauswahlbox unter Windows

Über die Drucktaste PROPERTIES... können Sie, wie von anderen Windows-Anwendungen gewohnt, die Eigenschaften des ausgewählten Druckers konfigurieren. Das gilt insbesondere auch für druckerspezifische Eigenschaften, wie zum Beispiel die Eingabe einer PIN (siehe Abbildung 2.18). Dies ist insofern interessant, da es diese Möglichkeit im gesamten SAP-Umfeld bei keiner anderen Koppelart gibt. Es soll allerdings auch nicht verschwiegen werden, dass es hier bei manchen Windows-Druckertreibern Schwierigkeiten gibt.

Abbildung 2.18 Verwendung von druckerspezifischen Eigenschaften

Die programmtechnische Erstellung eines Druckauftrages im SAP-System entspricht nicht dem Ablauf eines Ausdrucks aus einer beliebigen Windows-Anwendung, da das zu druckende Dokument auf einem anderen Rechner erstellt wird, als der Ausdruck erfolgt. Daher können die Drucktasten PROPERTIES... und CANCEL über Optionen bei Bedarf deaktiviert werden. Details hierzu werden in Abschnitt 3.3.2, »Optionen für SAPFprint«, beschrieben.

> **Tipp** [*]
>
> Anstelle von __DEFAULT kann auch jeder andere auf dem Arbeitsplatzrechner definierte Druckername in das Eingabefeld HOST-DRUCKER im SAP-System eingetragen werden. Dieser wird dann, sofern er beim Ausdruck weiterhin vorhanden ist, anstelle des Standarddruckers in der beim Ausdruck erscheinenden Windows-Druckerauswahlbox markiert. Ist der Drucker nicht bekannt, wird immer der Standarddrucker markiert. Dies geschieht zum Beispiel oft bei mobilen Arbeitsplätzen, wenn an unterschiedlichen Standorten gearbeitet wird. Da in der Druckerauswahlbox der verwendete Drucker aber noch modifiziert werden kann, ist ein Festlegen auf einen bestimmten Drucker bei der Definition im SAP-System im Allgemeinen eine unnötige Einschränkung.

2.4.2 Frontend-Druck mit SAP GUI for Java

Das SAP GUI for Java ist die von SAP ausgelieferte Frontend-Komponente für Arbeitsplatzrechner mit unterschiedlichen Betriebssystemen. SAP GUI for Java gibt es für Windows, Linux und Mac OS.

SAP GUI for Java unter Windows

Bei der Verwendung von SAP GUI for Java unter Windows gibt es keinerlei Einschränkungen im Vergleich zum SAP GUI for Windows. Keinerlei Einschränkung bedeutet insbesondere, dass im SAP-System mit dem Gerätetyp SAPWIN konfigurierte Drucker uneingeschränkt verwendet werden können.

Anstelle des in Abschnitt 3.3, »Frontend-Druck mit SAPFprint«, beschriebenen Windows-Controls wird eine zusammen mit dem SAP GUI for Java installierte JavaBean aufgerufen, die über einen JNI-Aufruf (Java Native Interface) in der Datei *sapwin.dll* wieder die in Abbildung 2.17 gezeigte Druckerauswahlbox erzeugt. Die weitere Verarbeitung verläuft genau so, wie in Abschnitt 3.3 ausgeführt wird.

SAP GUI for Java unter Linux

Windows und Linux können aufgrund unterschiedlicher Konzepte beim Drucken nur schwer miteinander verglichen werden. Die unter Windows vorhandene GDI-Programmierschnittstelle (Graphics Device Interface) zur indirekten Kommunikation mit den Druckertreibern gibt es unter Linux nicht. Stattdessen gibt es das Common Unix Printing System (CUPS), das über konfigurierte Regeln bestimmte Eingabedatenströme in vom Drucker verstandene Ausgabedatenströme konvertiert. Konvertieren kann natürlich auch einfach durchschleusen bedeuten, wenn das Format des Eingabedatenstroms bereits der Druckersprache entspricht.

Welches Eingabeformat in welches Ausgabeformat konvertiert werden kann, hängt von den installierten Filtern und Linux-Druckertreibern ab. Eingabeformat bedeutet dabei das Format des vom Spool-Workprozess des SAP-Systems generierten Druckdatenstroms. Ausgabeformat ist die Seitenbeschreibungssprache (Page Description Language, PDL) des Druckers. Das heißt mit anderen Worten, Sie können beim Frontend-Druck unter Linux genau die nativen Gerätetypen verwenden, für die ein Eingangsfilter im CUPS Ihres Arbeitsplatzrechners existiert. PostScript ist dabei unter Linux der Standard, mit dem Sie in den meisten Fällen richtig liegen.

Da es eine Vielzahl von unterschiedlichen Linux- bzw. Unix-Installationen gibt, können in diesem Buch bei allen Fragen bezüglich der Konfiguration nur Beispiele genannt werden.

> **Hinweis** [+]
>
> Unter Linux gibt es grundsätzlich keinen Filter, der den SAPWIN-Datenstrom als Eingabeformat in irgendein anderes Ausgabeformat konvertieren könnte. Drucker mit dem Gerätetyp SAPWIN können daher unter Linux nicht verwendet werden. Bei gleichzeitiger Verwendung von Windows- und Linux-Arbeitsplatzrechnern müssen daher im SAP-System auf jeden Fall mindestens zwei unterschiedliche Frontend-Drucker definiert werden, sobald SAPWIN verwendet werden soll. Dies kann unter Umständen eine Einschränkung sein.

Auch die in Abbildung 2.17 gezeigte standardisierte Druckerauswahlbox gibt es unter Linux nicht. Stattdessen können unterschiedliche Programme in Abhängigkeit vom persönlichen Geschmack und des installierten Linux-Desktops diese Funktion übernehmen. Als Beispiele für solche Programme seien *kprinter*, *gtklp* und *lp* genannt. Abbildung 2.19 zeigt eine Druckerauswahlbox unter Linux mit *gtklp*. Bei der Installation des SAP GUI for Java wird das Vorhandensein dieser Programme in der genannten Reihenfolge überprüft und das Erste gefundene als Voreinstellung automatisch konfiguriert.

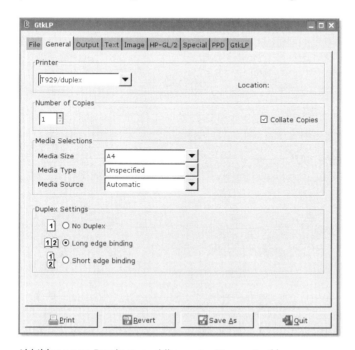

Abbildung 2.19 Druckerauswahlbox unter Linux mit gtklp

> **[+] Hinweis**
>
> Das Programm *lp* sollte in jeder Linux-Installation vorhanden sein. Fehlt es, ist wahrscheinlich kein Spool-System installiert, und Sie können nicht drucken. *lp* bietet keine Druckerauswahlbox. Druckaufträge werden direkt ohne Interaktion an den Drucker geschickt.

Sie können in den Einstellungen des SAP GUI for Java die automatische Voreinstellung nachträglich entsprechend Ihren Vorlieben korrigieren. Die Einstellungen erreichen Sie im SAP-Logon-Menü über OPTIONEN • EINSTELLUNGEN. Abbildung 2.20 zeigt die vorkonfigurierte Einstellung bei Verwendung von *gtklp* für die Auswahlbox aus Abbildung 2.19. Die Aufrufparameter für Ihr gewähltes Programm entnehmen Sie der jeweiligen Dokumentation.

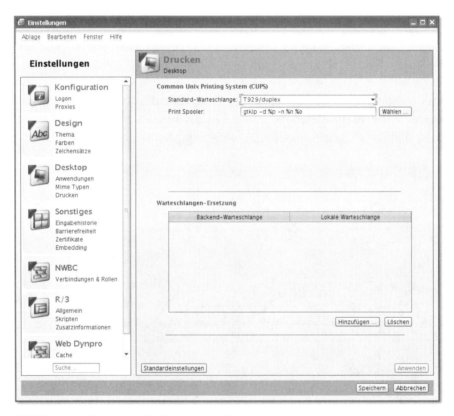

Abbildung 2.20 Einstellung der Druckerauswahlbox

Vom SAP-System werden Druckername und Anzahl der Kopien übergeben. Der Dateiname der Druckdatei wird lokal generiert. Verwenden Sie Parameter, die keinen gültigen Wert besitzen, werden diese ignoriert.

SAP GUI for Java unter Mac OS

Im Wesentlichen gilt bei der Verwendung von SAP GUI for Java unter Mac OS dasselbe wie bei der Verwendung unter Linux. Allerdings werden die Programme zur Darstellung der Druckerauswahlbox unter Mac OS nicht bereitgestellt. Das heißt, es gibt nur das Standardprogramm *lp* zu Weiterleitung von Druckaufträgen an den Drucker, das, wie erwähnt, keine Druckerauswahlbox anzeigt.

2.4.3 Frontend-Druck mit SAP GUI for HTML

Das SAP GUI for HTML ist eine browserbasierte Implementierung des SAP GUI, die optisch weitgehend mit den beiden anderen Implementierungen übereinstimmt. Erreicht wurde dies, indem die HTTP-Requests des Browsers über den im SAP-System enthaltenen Internet Communication Manager (ICM) an den Internet Transaction Server (ITS) geleitet werden. Dieser übernimmt den grafischen Aufbau der Seiten und kommuniziert mit dem SAP-System über dasselbe Protokoll (DIAG) wie die anderen SAP GUI-Implementierungen. Nur durch den Internet Transaction Server ist es möglich, den Frontend-Druck in modifizierter Form für ein browserbasiertes Frontend überhaupt anzubieten.

Beim SAP GUI for HTML wird kein Druckdatenstrom direkt an den Drucker geschickt. Stattdessen wird der auszudruckende Spool-Auftrag in eine PDF-Datei konvertiert. Diese Konvertierung erfolgt durch den Spool-Workprozess mithilfe der im SAP-System bereitgestellten PDF-Erstellung, die zum Beispiel auch beim Gerätetyp PDF1 verwendet wird. Die erstellte PDF-Datei wird im Browser angezeigt. Von dort kann sie über die Standarddrucktaste des Browsers ausgedruckt werden. Aus Sicht des SAP-Systems ist der Spool-Auftrag »ausgedruckt«, sobald die PDF-Datei angezeigt wurde. Dies entspricht durchaus dem Vorgehen vieler Anwendungen, die man aus dem Internet kennt. Dadurch wird die Wahl des Gerätetyps für Frontend-Drucker mit SAP GUI for HTML auf PDF-Gerätetypen beschränkt (siehe Abbildung 2.21).

Im SAP-Umfeld ist das Drucken mit PDF-Gerätetypen eher untypisch, zumal die Schwierigkeit hinzukommt, dass die Konvertierung des Spool-Auftrages asynchron geschieht. Der Dialog-Workprozess des Benutzers, der den Auftrag erstellt hat, ist daran nicht beteiligt.

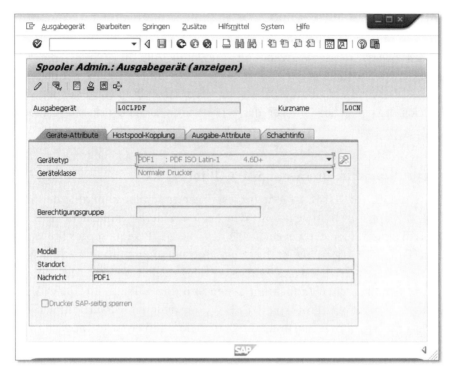

Abbildung 2.21 Gerätetyp bei SAP GUI for HTML

Wie bereits erläutert wurde, benötigt der Spool-Workprozess beim Frontend-Druck die Terminalinfo, damit er weiß, an welchen Arbeitsplatz er den aufbereiteten Datenstrom schicken soll. Unglücklicherweise darf er beim Einsatz von Webbrowsern den Datenstrom nicht schicken, der in dem Fall die PDF-Datei ist. Stattdessen muss der Browser die Datei selbst abholen. Da dieser aber nicht weiß, wann der Spool-Workprozess mit der Konvertierung der Datei beendet ist, muss er in regelmäßigen Abständen immer wieder nachfragen. Dieses Vorgehen wird als Polling bezeichnet. Dazu wird ein neues Fenster geöffnet, das als Business Server Page (BSP) implementiert ist (siehe Abbildung 2.22).

Der Spool-Workprozess vermerkt nach Fertigstellung der Datei, von welchem Arbeitsplatz aus der zugehörige Spool-Auftrag erzeugt wurde. Kommt von diesem Arbeitsplatz (genauer gesagt vom Polling-Fenster des Arbeitsplatzes) eine Nachfrage, wird eine positive Antwort gesendet. Anschließend wird vom Polling-Fenster eine Aufforderung zur Anzeige der PDF-Datei generiert und der Eintrag für diesen Auftrag im Spool-Workprozess gelöscht.

Abbildung 2.22 Polling-Fenster

Die generierte PDF-Datei wird in demselben Fenster in einem PDF-Plugin wie in Abbildung 2.23 angezeigt. Zur Zusammenfassung: Hier wurde eine Bildschirmliste ausgedruckt. Der Ausdruck der Bildschirmliste wurde in eine PDF-Datei konvertiert, die angezeigt wird. Von dort kann die Datei über die Standarddrucktaste des Plug-ins des Adobe Acrobat Readers ausgedruckt werden.

Abbildung 2.23 Anzeige einer erstellten PDF-Datei

> **Hinweis**
>
> Bei gleichzeitigem Einsatz von unterschiedlichen Frontend-Komponenten sind meistens mehrere Frontend-Drucker mit unterschiedlichen Gerätetypen anzulegen. Die Koppelart kann immer G sein, auch wenn die Bezeichnung FRONTEND-DRUCK MIT CONTROL-TECHNOLOGIE beim Einsatz von SAP GUI for HTML streng genommen nicht richtig ist.

Beispielsweise können beim Einsatz von SAP GUI for Windows und SAP GUI for HTML zwei Frontend-Drucker LOCL und LOCLPDF definiert werden, die jeweils Koppelart G haben, aber mit SAPWIN und PDF1 unterschiedliche Gerätetypen. Die Definitionen dazu sehen Sie für SAP GUI for Windows in Abbildung 2.15 und Abbildung 2.16, für SAP GUI for HTML in Abbildung 2.21 und Abbildung 2.24.

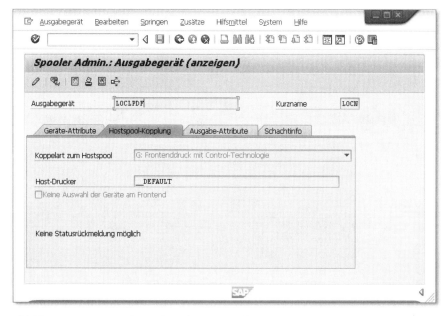

Abbildung 2.24 Hostspool-Kopplung für SAP GUI for HTML

Zusätzliche Berechtigungen beim Frontend-Druck mit SAP GUI for HTML

Zusätzlich zu den allgemeinen Spool-Berechtigungen, die in Kapitel 8, »Berechtigungen im Spool-Umfeld«, beschrieben werden, benötigen Benutzer noch die in Tabelle 2.5 und Tabelle 2.6 dargestellten Berechtigungen für den Frontend-Druck mit SAP GUI for HTML. Diese Berechtigungen sind erforderlich, da die PDF-Dateien von den genannten Programmen zwischengespeichert und verarbeitet werden müssen.

Berechtigungsobjekt	Programm	Aktivität	Dateiname
S_DATASET	SAPLLPRF	06, 33-34	*
S_DATASET	SAPLSPOF	06, 33-34	*

Tabelle 2.5 Zusätzliche Berechtigung S_DATASET

Berechtigungsobjekt	RFC_TYPE	RFC_NAME	Aktivität
S_RFC	FUGR	SPOF	16

Tabelle 2.6 Zusätzliche Berechtigung S_RFC

Einschränkungen beim Frontend-Druck mit SAP GUI for HTML

Der bisher beschriebene Ablauf beim Frontend-Druck mit SAP GUI for HTML erfordert, verglichen mit dem Ablauf beim Einsatz eines anderen SAP GUI, etwas mehr Benutzerinteraktion, dies ist aber durchaus üblich. Etwas anders sieht es aus, wenn der Frontend-Druck in einer Weise verwendet wird, die üblicherweise nur im SAP-Umfeld auftritt. Dazu gehört das gleichzeitige Ausdrucken von mehreren Spool-Aufträgen sowie die Verwendung von Frontend-Druckern beim Ausdrucken von SAP Interactive Forms by Adobe. Beides wird im Folgenden besprochen.

Gleichzeitiges Ausdrucken von mehreren Spool-Aufträgen

Das gleichzeitige Ausdrucken von mehreren Spool-Aufträgen kann beispielsweise über Transaktion SP01 erfolgen. Dies ist normalerweise kein Problem, die in SP01 selektierten Spool-Aufträge werden nacheinander durch den Spool-Workprozess verarbeitet und mithilfe der Terminalinfo an den richtigen Arbeitsplatzrechner geschickt.

Wie Sie aber gesehen haben, ist der Ablauf beim SAP GUI for HTML anders: Je nach Anzahl der ausgewählten Spool-Aufträge würde man in einer Flut von übereinander erscheinenden Polling-Fenstern ertrinken und höchstwahrscheinlich schnell den Überblick verlieren. Daher wird das Verfahren verändert, sobald mehr als ein Spool-Auftrag gleichzeitig von einem Arbeitsplatz aus erzeugt wird. Es erscheint nur ein Polling-Fenster sowie anstelle der sofortigen Anzeige des Dokumentes im PDF-Plugin eine Liste der bereitstehenden Spool-Aufträge, wie in Abbildung 2.25 zu sehen ist.

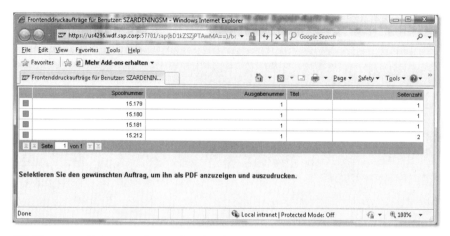

Abbildung 2.25 Liste von mehreren Spool-Aufträgen

Jeder Spool-Auftrag muss einzeln ausgewählt, angezeigt und gedruckt werden. Das verringert zwar nicht die absolute Zahl von Fenstern, die geöffnet und geschlossen werden, ist aber durchaus übersichtlicher als eine große Anzahl gleichzeitig sich öffnender Fenster.

Diese benutzerabhängige Liste von Frontend-Druckaufträgen kann über das Menü in Transaktion SP01 jederzeit erneut angezeigt werden, solange die Spool-Aufträge im System vorhanden sind. Der Menüpunkt HILFSMITTEL • LISTE DER SAP GUI FOR HTML-DRUCKAUFTRÄGE (siehe Abbildung 2.26) ist nur bei der Verwendung von SAP GUI for HTML aktiviert.

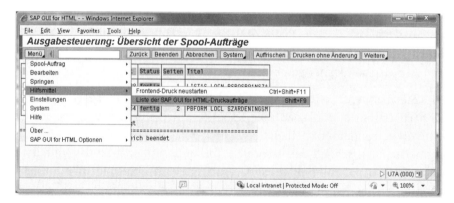

Abbildung 2.26 Liste der Frontend-Druckaufträge eines Benutzers

> **Tipp**
>
> Die zur Erzeugung der PDF-Datei durch den Spool-Workprozess benötigten Rohdaten müssen bei der Verwendung von SAP GUI for HTML im globalen Systemverzeichnis (*GLOBAL_DIR*) gespeichert werden, da beim Frontend-Druck kein fester Spool-Server angegeben wird. Dadurch kann es sein, dass der Spool-Auftrag von einem Spool-Workprozess eines anderen Applikationsservers bearbeitet wird als der erzeugende Dialog-Workprozess. Da die Rohdaten so lange aufbewahrt werden, wie der Spool-Auftrag im System existiert, ist darauf zu achten, dass das globale Systemverzeichnis nicht überläuft.
>
> Dazu kann beispielsweise die Option NACH AUSGABE SOFORT LÖSCHEN angegeben werden, wie in Abbildung 2.27 gezeigt wird. Da der Spool-Auftrag »ausgedruckt« ist, sobald die PDF-Datei angezeigt wurde, werden damit nach der Anzeige die Rohdaten zusammen mit dem Spool-Auftrag gelöscht.

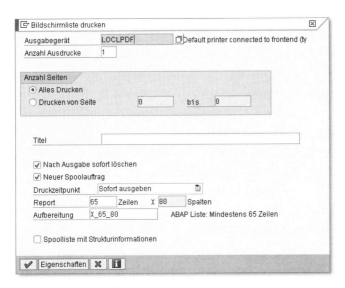

Abbildung 2.27 Druckoptionen

Drucken von SAP Interactive Forms by Adobe

Das Drucken von SAP Interactive Forms by Adobe wird in Kapitel 4 ausführlich behandelt. Dort werden Sie sehen, dass ein Interactive-Forms-Spool-Auftrag aus mehreren einzelnen PDF-Dateien (Parts) bestehen kann. Dies wurde notwendig, damit die Funktionalität des Anhängens an bestehende Spool-Aufträge auch für Interactive Forms unterstützt werden kann.

Die Folgen davon sind an mehreren Stellen zu spüren, wobei sie beim Frontend-Druck mit SAP GUI for HTML wirklich gravierend sind. Kurz gesagt: Ein Interactive-Forms-Spool-Auftrag mit mehr als einem Part kann nicht vollständig über Frontend-Druck mit SAP GUI for HTML angezeigt bzw. ausgedruckt werden. Der Grund dafür ist, dass pro Spool-Auftrag nur eine PDF-Datei angezeigt werden kann – dies ist die PDF-Datei des ersten Parts. Alle weiteren Dateien werden nicht erkannt.

Möchten Sie daher Interactive-Forms-Spool-Aufträge über Frontend-Druck mit SAP GUI for HTML drucken, müssen Sie sicherstellen, dass keine weiteren Druckdaten an bereits bestehende Spool-Aufträge angehängt werden. Es muss jedes Mal ein neuer Spool-Auftrag erzeugt werden. Im Dialogbetrieb wird dies durch das Markieren der Option NEUER SPOOL-AUFTRAG wie in Abbildung 2.27 erreicht.

2.4.4 Frontend-Druck mit anderen browserbasierten Komponenten

Frontend-Druck ist grundsätzlich nur mit den drei bereits beschriebenen Frontend-Komponenten möglich. Portalanwendungen zum Beispiel können keine Frontend-Drucker benutzen. Dies hat zwei Gründe:

- Es muss eine vom Spool-Workprozess unterstützte Terminalinfo existieren. Das ist nur möglich, wenn bei der Kommunikation zwischen Frontend und SAP-System ein vom Spool-Workprozess unterstütztes Protokoll verwendet wird.
- Es muss möglich sein, vom Spool-Workprozess asynchron Informationen an die Frontend-Komponente zu senden. Die Erzeugung des Spool-Auftrages im Dialog-Workprozess ist zeitlich getrennt von der Erzeugung des Ausgabeauftrages im Spool-Workprozess.

Der erste der beiden Punkte wäre theoretisch technisch zu lösen, der zweite jedoch ist bei der Verwendung eines Webbrowsers ohne aktive Elemente nicht möglich, da bei Webbrowsern eine Anfrage grundsätzlich vom Browser ausgeht, das heißt vom Frontend. Der fertige Spool-Auftrag beim Frontend-Druck sollte im Idealfall jedoch vom Spool-Workprozess aktiv an das Frontend gesendet werden.

Eine zweite Möglichkeit wäre das beim SAP GUI for HTML verwendete aktive Polling. Durch aktive Elemente auf dem Frontend erkauft man sich aber meist eine Plattform- oder Browser-Abhängigkeit, da in der Regel proprietäre Sprachelemente verwendet werden. Dies ist weder von SAP noch von vielen Kunden gewünscht. Die Implementierung beim SAP GUI for HTML war nur mithilfe des Pollings möglich. Aus Sicht des Autors wird die Unterstützung des Frontend-Drucks deshalb auf die drei beschriebenen SAP GUI-Versionen beschränkt bleiben.

2.4.5 Statusinformationen beim Frontend-Druck

Statusinformationen können beim Frontend-Druck grundsätzlich nur bis zum Zeitpunkt der Abgabe des Druckauftrages an die Frontend-Komponente verarbeitet werden. Mögliche Fehler, die beim Ausdruck selbst auftreten können, werden nicht erkannt. Die Ursache dafür ist, dass eine aufwendige nachträgliche Statusabfrage aufgrund der komplexen Verbindung vom Spool-Workprozess über die Terminalinfo zum Frontend nicht vernünftig programmiert werden kann.

Beispielsweise könnte ein Benutzer unmittelbar nach dem Ausdruck die Verbindung zum SAP-System unterbrechen. Die Terminalinfo, die anders als bei anderen Koppelarten benutzer- und sitzungsspezifisch ist und somit nicht identisch wieder aufgebaut werden kann, ist damit verloren. Verbindet sich der Benutzer später erneut mit dem SAP-System, ist die Terminalinfo eine andere. Im Verhältnis zum Nutzen wäre der Aufwand einer Implementierung zu groß, die diese Tatsache beim Frontend-Druck berücksichtigt. Es wird davon ausgegangen, dass der Benutzer beim Frontend-Druck einen Drucker verwendet, bei dem er diese Probleme selbst unmittelbar bemerkt und beheben kann. Ein erneuter Ausdruck des fehlgeschlagenen Spool-Auftrages ist problemlos möglich.

Das bedeutet, ein Spool-Auftrag bei Koppelart G hat den Status FERTIG, sobald er erfolgreich an die Frontend-Komponente übergeben wurde. Abgesehen von Fehlern, die bei der Erzeugung des Spool-Auftrages auftreten können, werden sich Fehlermeldungen auf den in Abbildung 2.28 gezeigten Text »Frontend nicht erreichbar« beschränken.

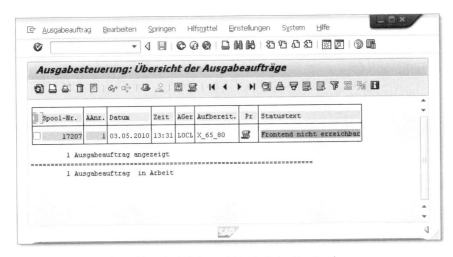

Abbildung 2.28 Fehlermeldung bei Nichterreichbarkeit des Frontends

Dieser Fall kann drei mögliche Ursachen haben:

- Sie verwenden einen Frontend-Drucker aus einer Hintergrundanwendung heraus. Dies ist nicht erlaubt. Verwenden Sie aus Hintergrundjobs grundsätzlich eine andere Koppelart. Die so gekennzeichneten Spool-Aufträge können aus Transaktion SP01 heraus nachgedruckt werden.
- Eine an sich korrekt installierte und konfigurierte Verbindung wurde vor der Übertragung der Druckdaten unterbrochen. Dies kann zum Beispiel durch die bereits erwähnte Unterbrechung der Verbindung zum SAP-System unmittelbar nach Erzeugung eines Spool-Auftrages geschehen. Auch diese Aufträge können aus Transaktion SP01 heraus nachgedruckt werden.
- Die Verbindung kann vom Spool-Workprozess nicht aufgebaut werden, da ein grundsätzliches Problem bei der Installation, Konfiguration oder zur Laufzeit besteht.

Der letzte Fall ist, wie Sie sich sicher denken können, der unangenehmste. Öffnen Sie am besten eine SAP-Problemmeldung; es gibt für diesen Fall keine allgemeingültige Antwort. Überprüfen Sie aber vorher, um unnötige Verzögerung zu vermeiden, ob ein Nachdrucken des Spool-Auftrages aus Transaktion SP01 heraus möglich ist. Falls ja, liegt der zuletzt genannte Fall nicht vor.

Bei manchen Anwendungen ist manchmal gar nicht auf den ersten Blick erkennbar, ob es sich nicht doch um Fall eins oder Fall zwei handelt. Beispielsweise kann aus einer Anwendungstransaktion heraus ein Hintergrundjob gestartet werden, der einen Ausdruck auf einem Frontend-Drucker erzeugt.

[*] **Tipp**

Den einfachsten Testausdruck erhalten Sie über das Menü SYSTEM • LISTE • DRUCKEN in Transaktion SP01. Ist dieser Ausdruck erfolgreich, haben Sie mit hoher Wahrscheinlichkeit kein grundsätzliches Problem mit dem Frontend-Druck. Die häufigste Ursache für den Fehler des nicht erreichbaren Frontends ist ein irrtümlich verwendeter Frontend-Drucker im Hintergrundbetrieb.

Falls Sie Fall eins und zwei ausgeschlossen haben, können Sie beim Einsatz von SAP GUI for Windows noch die korrekte Installation des zum Drucken verwendeten Controls überprüfen:

1. Gehen Sie über die Kommandozeile in das Installationsverzeichnis des SAP GUI (normalerweise *C:\Programme\SAP\FrontEnd\SAPgui*). Rufen Sie folgendes Kommando auf:

```
regsvr32 sapfprint.dll /u
```

2. Anschließend sollten Sie die Meldung aus Abbildung 2.29 in der eingestellten Sprache Ihres Betriebssystems sehen.

Abbildung 2.29 Meldung bei erfolgreicher Control-Deregistrierung

3. Mit dem Kommando wurde das Control zur Druckeransteuerung in Microsoft Windows deregistriert. Registrieren Sie das Control anschließend erneut mit folgendem Kommando:

```
regsvr32 sapfprint.dll
```

4. Sie sollten nun die Meldung aus Abbildung 2.30 sehen.

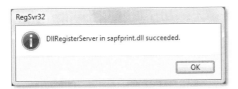

Abbildung 2.30 Meldung bei erfolgreicher Control-Registrierung

5. Veranlassen Sie anschließend einen erneuten Probedruck. Funktioniert dies immer noch nicht, erstellen Sie am besten eine SAP-Problemmeldung.

Die Registrierung sollte normalerweise bei der Installation des SAP GUI automatisch erfolgen. Sehen Sie beim Aufruf der beiden Kommandos andere Meldungen als die in den Abbildungen gezeigten, wurde das Control nicht korrekt installiert, oder Sie haben aus irgendeinem Grund einen Schiefstand auf dem Arbeitsplatzrechner. Sie sollten in diesem Fall zwar trotzdem eine Problemmeldung bei SAP erstellen, haben aber zumindest bereits einen Anhaltspunkt für die Ursache des Problems.

2.4.6 Zusammenfassung

Wie Sie gesehen haben, ist Frontend-Druck nicht gleich Frontend-Druck, sondern es gibt Abstufungen je nach Typ des verwendeten SAP GUI. Beim SAP GUI for Windows überwiegen eindeutig die Vorteile:

- Sie haben eine minimale Konfiguration im SAP-System.
- Sie verfügen über eine maximale Ausnutzung druckerspezifischer Optionen durch die Druckerauswahlbox, wie sie sonst bei keiner Koppelart zur Verfügung stehen.
- Sie haben die Möglichkeit, durch Abschalten der Druckerauswahlbox wie in Windows direkt ohne weitere Interaktion zu drucken. Dies erlaubt sogar relativ komfortabel das gleichzeitige Ausdrucken mehrerer Dokumente.
- Eine ausreichende Netzwerkbandbreite vorausgesetzt, sind auch große Spool-Aufträge bei Koppelart G mit SAP GUI for Windows kein Problem.

Frontend-Druck ist per Definition eine Druckart für den Dialogbetrieb. Aus Sicht des Autors ist daher die fehlende Unterstützung beim Hintergrundbetrieb keine Einschränkung, sondern im Fehlerfall eine falsche Verwendung. Zugegebenermaßen ist es im SAP-System nicht immer einfach festzustellen, woher der Name des in einer bestimmten Situation verwendeten Druckers genommen wird. Oft wird aus Versehen auch beim Hintergrundbetrieb ein Frontend-Druck verwendet. Als einzige wirkliche Einschränkung bei der Verwendung von SAP GUI for Windows bleibt die unzuverlässige Statusinformation.

Gleiches gilt im Grunde genommen für die Verwendung von SAP GUI for Java. Unter Windows ist das Verhalten sowieso identisch, unter Linux entspricht es auch weitgehend dem, was Sie als Benutzer eines Linux-Arbeitsplatzrechners gewöhnt sind. Einzig die fehlende Druckerauswahlbox unter Mac OS kann als Einschränkung gewertet werden.

Die am meisten gravierenden Einschränkungen gibt es bei der Verwendung von SAP GUI for HTML. Die Konzepte sind eigentlich überhaupt nicht vergleichbar, aber im Endeffekt überwiegen aus Sicht des Autors die Nachteile:

- Das gesamte Verfahren ist durch die unterschiedlichen Fenster, die jeweils auch Zeit zur Erstellung benötigen, sehr viel umständlicher.
- Große Druckaufträge sind nur bedingt handhabbar, da die PDF-Konvertierung mit wachsender Größe immer langsamer wird.
- Ein Konzept für das Ausdrucken mehrerer Spool-Aufträge ist zwar vorhanden, wird aber schnell lästig in der Bedienung.
- Interactive-Forms-Druckaufträge mit mehr als einem Part können nicht verarbeitet werden.

2.5 Koppelart L – Drucken über Kommandosätze

Das Drucken über Kommandosätze, Koppelart L, wird hauptsächlich im Unix- bzw. Linux-Umfeld verwendet. Traditionell verfügt jedes Unix-System über einen reichhaltigen Fundus an Kommandozeilenbefehlen, mit denen Sie über eine Vielzahl von Parametern das gesamte System steuern können. Einfache Kommandos können durch die typischerweise ebenfalls im Betriebssystem vorhandene Skriptfunktionalität zu komplexeren Befehlen zusammengebaut werden. Diese gesamte Funktionalität steht bei Koppelart L zur Verfügung. Aufgrund der Vielfältigkeit können hier auch wieder nur exemplarisch Beispiele für eine mögliche Druckerkonfiguration im SAP-System gezeigt werden.

Generell ist Koppelart L nicht auf Unix beschränkt. Sie können sie auf jeder Betriebssystemplattform verwenden, die Kommandozeilenbefehle prinzipiell zulässt. Allerdings sind die Befehle zum Drucken auf Windows funktionell eher eingeschränkt. Es gibt zwar Implementierungen zahlreicher Unix-Kommandos auch unter Windows, dies sind aber Tool-Pakete, die Sie entweder käuflich erwerben müssen oder als Freeware oft nicht kommerziell einsetzen dürfen. Dieselbe Aussage gilt für die Skriptfunktionalität unter Windows. Mit anderen Worten: Sie können ein Windows-System zwar durch Aufrüstung funktionell auf denselben Stand bringen, in der Praxis sieht man das allerdings weniger häufig. Koppelart L wird hauptsächlich auf reinen Unix- bzw. Linux-Systemen eingesetzt.

Abbildung 2.31 zeigt das Einstiegsbild für die Konfiguration der Koppelart L. In das Feld HOST-DRUCKER muss wie üblich der Druckername eingetragen werden, wie er auf Betriebssystemebene definiert wurde. Das Feld RECHNER wird automatisch gefüllt, nachdem auf der Karteikarte GERÄTE-ATTRIBUTE der Spool-Server ausgewählt wurde. Diese Seite unterscheidet sich dabei in der Konfiguration nicht von Koppelart C (siehe Abbildung 2.1). Auch hier müssen Sie bei der Verwendung von logischen Servern darauf achten, dass der im Feld HOST-DRUCKER eingetragene Druckername auf allen realen Servern definiert ist.

> **Hinweis** [+]
>
> Da bei Koppelart L kein SAPWIN-Interpreter verwendet wird, können auch nur native Gerätetypen eingesetzt werden. Generische SAPWIN-Gerätetypen sind nicht möglich, auch wenn Sie Koppelart L unter Windows betreiben.

Wo aber sind jetzt die Kommandosätze? Die Bedienung ist in der Tat ein wenig gewöhnungsbedürftig. Rufen Sie bei ausgewählter Karteikarte HOST-SPOOL-KOPPLUNG das Menü BEARBEITEN • KOMMANDOSATZ auf, wie in Abbildung 2.32 zu sehen ist.

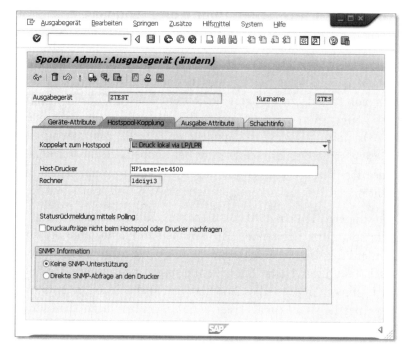

Abbildung 2.31 Drucken über Kommandosätze – Hostspool-Kopplung

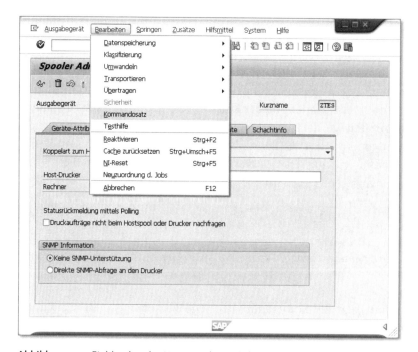

Abbildung 2.32 Einblenden der Kommandosatzdefinition

Dadurch verändert sich der Bildschirm. Das Feld KOMMANDOSATZ-KENNUNG wird eingeblendet, wie Abbildung 2.33 zeigt.

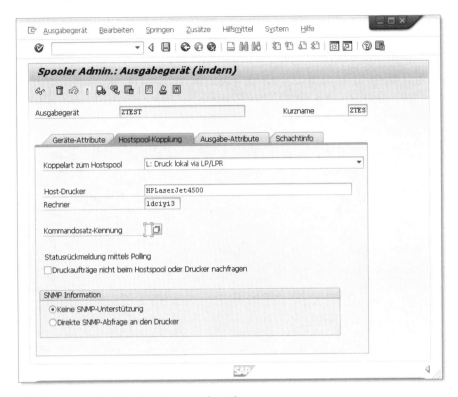

Abbildung 2.33 Eingeblendete Kommandosatzkennung

Nun können verschiedene Kommandosätze definiert werden. Ein Kommandosatz besteht jeweils aus zwei Kommandos und wird über einen Buchstaben identifiziert. Das erste Kommando dient zum Abschicken eines neuen Druckauftrages, das zweite zur periodischen Statusabfrage ähnlich wie bei Koppelart S (siehe Abschnitt 2.8) oder Koppelart U (siehe Abschnitt 2.9). Einmal definierte Kommandos können bei unterschiedlichen Druckern eingesetzt werden.

> **Tipp** [*]
>
> Wenn Sie die Auswahlbox DRUCKAUFTRÄGE NICHT BEIM HOSTSPOOL ODER DRUCKER NACHFRAGEN markieren, müssen Sie anschließend kein Kommando zur Statusabfrage angeben.

Falls Sie bereits einen verwendbaren Kommandosatz definiert haben, geben Sie den Kennbuchstaben des Satzes in das Feld KOMMANDOSATZ-KENNUNG ein. Wenn Sie einen neuen Kommandosatz definieren möchten, tragen Sie in dasselbe Feld einen noch nicht verwendeten Buchstaben zur Benennung des Satzes ein. Anschließend klicken Sie doppelt auf das Feld. Im nächsten Dialogfenster (siehe Abbildung 2.34) können Sie die mit dem Gerät zu verwendenden Kommandos mit zugehörigen Parametern eingeben. Auftragsspezifische Parameter, die erst zur Laufzeit bestimmt werden können, werden dabei durch Platzhalter angegeben.

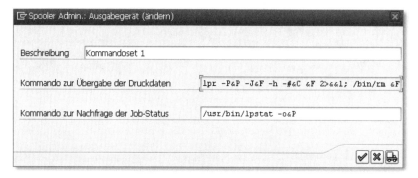

Abbildung 2.34 Kommandosatzdefinition

> **[+] Hinweis**
>
> Falls Sie keinen Kommandosatz erstellt haben, werden zur Laufzeit die Werte der Profilparameter `rspo/host_spool/print` und `rspo/host_spool/query` als voreingestellte Kommandos für die Druckdatenübergabe bzw. Statusabfrage verwendet. Dabei werden Standardkommandos angewendet, die in den meisten Fällen funktionieren. Der Profilparameter `rspo/to_host/datafile` definiert den Namen für die Datei, die pro Ausgabeauftrag vom Spool-Workprozess an den Hostspooler übergeben wird. Der gewählte Name muss eine Folge von acht Pluszeichen (+) enthalten. Der Spool-Workprozess ersetzt diese Zeichen zur Laufzeit durch einen eindeutigen Dateinamen. Normalerweise muss der Parameter nur verändert werden, wenn Sie den Pfad für die Dateien in ein anderes Verzeichnis legen möchten.

Der Spool-Workprozess ersetzt vor dem Aufruf des Kommandos die definierten Platzhalter mit den Werten des aktuellen Spool-Auftrages. Dafür stehen die in Tabelle 2.7 gezeigten Platzhalter für beide Kommandos zur Verfügung.

Parameter	Bedeutung
&P	Name des Host-Druckers
&p	Pfad der auszugebenden Datei
&F	Name der auszugebenden Datei (mit Pfadangabe). Der Name wird im Profilparameter `rspo/to_host/datafile` angegeben.
&f	Name der auszugebenden Datei (ohne Pfadangabe)
&C	Kopienzähler
&&	einzelnes &-Zeichen
&I	Auftragsname des SAP-Spool-Systems
&J	Auftragsname des SAP-Spool-Systems mit Datenbanknamen
&L	Format (Layout)
&O	Eigentümer des Spool-Auftrages
&M	Mandant des Eigentümers
&o	Benutzer des Spool-Auftrages
&m	Mandant des Benutzers
&T	Titel des Spool-Auftrages
&R	Empfänger (Deckblatt)
&D	Abteilung (Deckblatt)
&S	SAP-Druckername
&Y	Priorität
&U	Unix-Deckblatt (N = nein, X = ja, D = Standard)
&N	Nummer des Spool-Auftrages
&n	Nummer des Ausgabeauftrages
&c	Seitenzahl des Auftrages

Tabelle 2.7 Kommandozeilenparameter bei Koppelart L

Als Beispiel seien hier zwei Standardkommandos genannt, die auf jeder Unix-Plattform vorhanden sein sollten.

- **Beispielkommando zur Übergabe der Druckdatei**

    `/usr/bin/lpr -P&P -J&F -h -#&C &F 2>&&1; /bin/rm &F`

    `-P`, `-J`, `-h` und `-#` sind dabei Parameter des Kommandos lpr, das das Standardkommando zur Druckjobübergabe auf Unix-Systemen ist. Weitere mögliche Parameter entnehmen Sie dem Handbuch Ihres Systems.

    - `-P<Name des Host-Druckers>`
      Druckername des Betriebssystems
    - `-J<Name der auszugebenden Datei>`
      Name des Druckauftrages im Drucker analog zum Dateinamen
    - `-h`
      ohne SAP-Variable = kein Deckblatt
    - `-#<Kopienzähler>`
      Anzahl der auszugebenden Kopien
    - `&F`
      Name der auszugebenden Datei
    - `2>&&1`
      Umleitung der Antwort des Kommandos
    - `/bin/rm &F`
      Löschen der ausgegebenen Datei nach der Übergabe

- **Beispielkommando zur Statusabfrage**

    `/usr/bin/lpstat -o&P`

    `-o` ist dabei ein Parameter des Kommandos lpstat, das das Standardkommando zur Statusnachfrage auf Unix-Systemen ist.

    - `-o<Name des Host-Druckers>`
      Druckername des Betriebssystems

Die durch & maskierten Parameter werden vom Spool-Workprozess durch die entsprechenden aktuellen Werte ersetzt. Sie können zur Fehleranalyse die Kommandos mit ersetzten Aufrufparametern in der Workprozess-Trace-Datei protokollieren. Aktivieren Sie dazu zuerst die Karteikarte TESTHILFE über das Menü BEARBEITEN • TESTHILFE, wie in Abbildung 2.35 gezeigt.

Aktivieren Sie danach wie in Abbildung 2.36 die Auswahlbox DRUCK-KOMMANDO PROTOKOLLIEREN.

Koppelart L – Drucken über Kommandosätze | 2.5

Abbildung 2.35 Aktivierung der Testhilfe

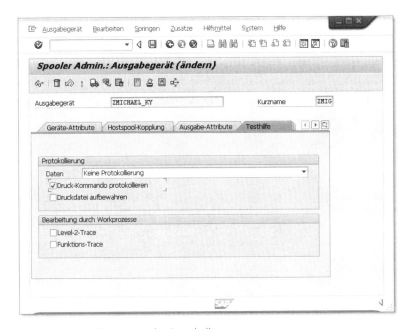

Abbildung 2.36 Aktivierung der Protokollierung

2.6 Koppelart M – Drucken über E-Mail

Das Drucken über E-Mail wurde ursprünglich als Ersatz für den Frontend-Druck aus browserbasierten Frontends eingeführt. Zu dieser Zeit gab es SAP GUI for HTML noch nicht in der jetzigen Form, und das Verfahren aus Abschnitt 2.4.3, »Frontend-Druck mit SAP GUI for HTML«, war auch noch nicht entwickelt. Kurz zusammengefasst, wird bei Koppelart M der Spool-Auftrag in eine PDF-Datei konvertiert und als Anhang einer E-Mail verschickt. Dieser kann dann mit einem PDF-Anzeigeprogramm angesehen und gegebenenfalls ausgedruckt werden. Dieser etwas umständlich zu erstellende Ausdruck war dann der erwähnte Ersatz für den nicht vorhandenen Frontend-Druck.

Abbildung 2.37 zeigt den Konfigurationsbildschirm für Koppelart M. Die Empfängeradresse eines Spool-Auftrages wird in folgender Reihenfolge ermittelt:

1. Ist eine E-Mail-Adresse in der Druckerauswahlbox des SAP-Systems (siehe Feld MAIL-ADRESSE in Abbildung 2.38) bei der Erstellung eines Spool-Auftrages angegeben, wird diese genommen.

2. Ist eine feste E-Mail-Adresse bei der Druckerkonfiguration (siehe Eingabefeld E-MAIL-ADRESSE in Abbildung 2.37) hinterlegt, wird diese genommen. Wird die Auswahlbox NUR DIESE MAIL-ADRESSE VERWENDEN markiert, wird in der Druckerauswahlbox kein Feld zur Eingabe derselben eingeblendet. Anderenfalls kann die in der Druckerkonfiguration hinterlegte Adresse durch die Adresse aus der Druckerauswahlbox übersteuert werden.

3. Wird weder in der Druckerauswahlbox noch beim Drucker eine Adresse gefunden, wird als Empfänger die Adresse des Druckempfängers aus den Benutzerstammdaten herangezogen. Als Voreinstellung dafür ist immer automatisch der Mail-Erzeuger eingetragen.

[+] **Hinweis**

Es wird vorausgesetzt, dass SAP-Benutzer, die E-Mails über Koppelart-M-Drucker versenden, eine gültige E-Mail-Adresse in ihrem Benutzerstamm eingetragen haben. Diese Adresse wird als Absenderadresse beim Versenden herangezogen. Dadurch ist gewährleistet, dass an die Absenderadresse auch mit der Antwortfunktion aus E-Mail-Programmen geantwortet werden kann.

Ist im Benutzerstamm keine Adresse gepflegt, wird automatisch eine Dummy-Adresse generiert, damit die E-Mail überhaupt verschickt werden kann. Eine Antwort kann dann allerdings nicht gesendet werden. Diese Dummy-Adresse setzt sich aus dem Benutzernamen und der in Transaktion SCOT im Menü EINSTELLUNGEN • DEFAULT DOMAIN gepflegten Domain zusammen.

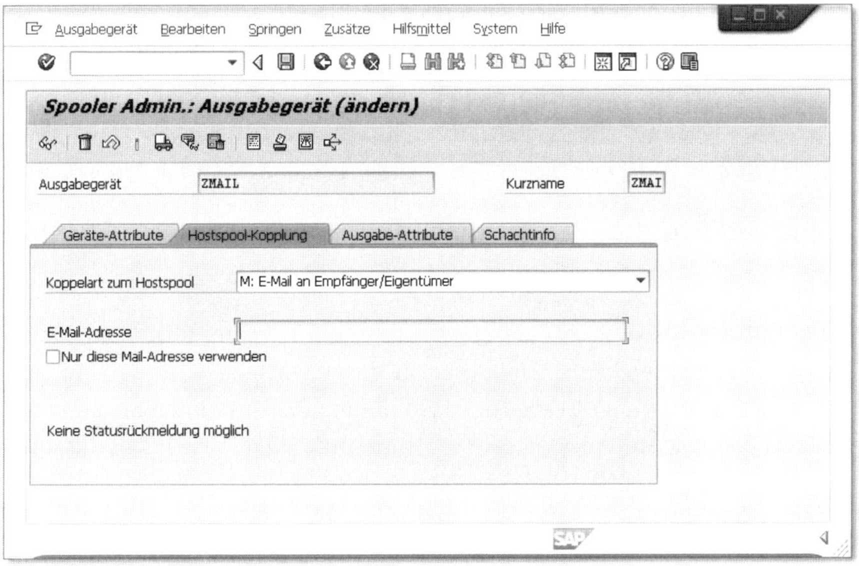

2.6 Koppelart M – Drucken über E-Mail

Abbildung 2.37 Drucken über E-Mail – Hostspool-Kopplung

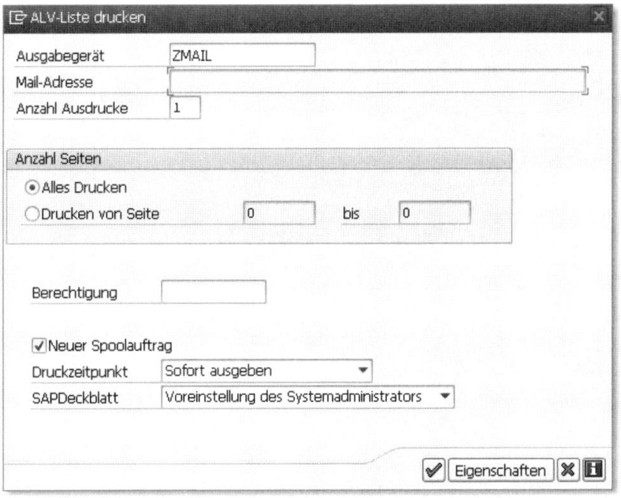

Abbildung 2.38 Druckerauswahlbox Koppelart M

Der Spool-Auftrag soll, wie bereits erwähnt, in eine PDF-Datei konvertiert werden. Dazu sollte bei Nicht-Unicode-Systemen der Gerätetyp PDF1 (oder ein entsprechender sprachabhängiger PDF-Gerätetyp) für den Drucker verwendet werden. Bei Unicode-Systemen sollten Sie den Gerätetyp `PDFUC` einsetzen. Die konvertierte PDF-Datei wird als Anhang an eine E-Mail verwendet.

> **Hinweis**
>
> Theoretisch kann auch jeder andere Gerätetyp verwendet werden. Die Frage ist, wie der Empfänger die Datei weiterverarbeiten soll. PDF ist an dieser Stelle wohl die flexibelste Möglichkeit. Anzeigeprogramme für Druckersprachen sind nicht besonders weit verbreitet.

Die E-Mail selbst besteht nur aus einem einfachen Text, der über Transaktion SPTP gepflegt werden kann. Selektieren Sie die gewünschte Sprache, und markieren Sie Systemlokale Texte (siehe Abbildung 2.39). Wählen Sie anschließend aus den beiden Drucktasten den Bearbeiten- oder Ansichtsmodus aus.

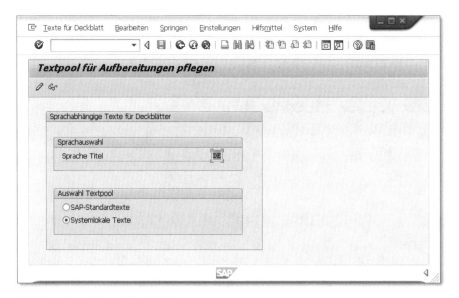

Abbildung 2.39 Transaktion SPTP

Zur Laufzeit wird der sprachabhängige Text gemäß der beim Drucker hinterlegten Sprache des Deckblattes ausgewählt. Diese Angabe wird auf der Karteikarte Ausgabe-Attribute angegeben, wie Sie in Abbildung 2.40 sehen können.

Das Versenden der E-Mail entspricht bei Koppelart M dem Ausdrucken bei anderen Koppelarten. Damit die E-Mail aus dem SAP-System verschickt werden kann, muss in Transaktion SCOT ein entsprechender SMTP-Knoten gepflegt sein.

2.6 Koppelart M – Drucken über E-Mail

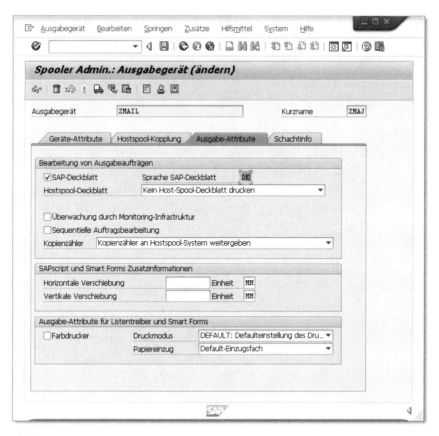

Abbildung 2.40 Attribut – Sprache SAP-Deckblatt

> **Hinweis** [+]
>
> Das Versenden der E-Mail geschieht nicht sofort, sondern periodisch gemäß den SAPCONNECT-Einstellungen in Transaktion SCOT. Das bedeutet, ein Spool-Auftrag über Koppelart M wird mit einer gewissen zeitlichen Verzögerung »ausgedruckt«.

Abbildung 2.41 zeigt ein Beispiel. Die beim Spool-Auftrag verwendete E-Mail-Adresse muss in den Adressbereich des Knotens fallen, damit das Versenden funktioniert. Die Konfiguration der AUSGABEFORMATE FÜR SAP-DOKUMENTE in Abbildung 2.41 ist für E-Mail-Drucker unerheblich, da diese sich auf den E-Mail-Text und nicht den Anhang der E-Mail bezieht.

Der E-Mail-Drucker verfügt über keine weitergehende komplexere Funktionalität, wie man sie aus E-Mail-Programmen kennt. Es können beispielsweise keine Verteilerlisten anstelle der einzelnen Adresse verwendet werden. Diese Koppelart wird von SAP auch nicht mehr weiterentwickelt.

Abbildung 2.41 Transaktion SCOT

2.7 Koppelart P – Drucken über Gerätepool

Ein Drucker mit der Koppelart P ist keine Druckerdefinition wie alle anderen Koppelarten, sondern eine Sammlung (Pool) von zwei oder mehreren anderen, unter einem Namen zusammengefassten Druckern. Dies kann zum Beispiel dazu verwendet werden, einen Ausdruck an zwei verschiedenen Lokationen gleichzeitig auf zwei verschiedenen physischen Druckern auszugeben.

Wählen Sie zur Definition eines Pooldruckers auf der Karteikarte GERÄTE-ATTRIBUTE die GERÄTEKLASSE Gerätepool (siehe Abbildung 2.42). Welche Drucker unter dem eingegebenen Namen als Gerätepool zusammengefasst werden, können Sie auf der Karteikarte GERÄTEPOOL definieren. Diese Seite erscheint, sobald Sie als GERÄTEKLASSE Gerätepool gewählt haben. Mit den beiden Drucktasten in der Bildmitte können Sie bereits im System definierte Drucker hinzufügen bzw. wieder aus der Geräteliste entfernen. Ein Beispiel dazu zeigt Abbildung 2.43.

2.7 Koppelart P – Drucken über Gerätepool

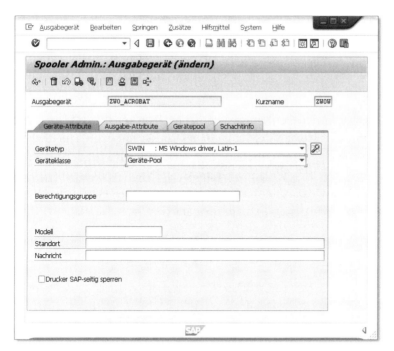

Abbildung 2.42 Koppelart P – Geräte-Attribute

Abbildung 2.43 Gerätepool-Definition

Auf derselben Seite können Sie auch das Druckverhalten angeben. Ein Druckauftrag wird entweder an ein beliebiges Gerät oder an alle Geräte der Liste geschickt. Wird der Druckauftrag an alle Geräte geschickt, wird pro Gerät ein Ausgabeauftrag erzeugt. Diese können auch unterschiedliche Zustände annehmen.

Der Gerätetyp der in den Pool aufgenommenen Drucker muss dabei nicht wie in Abbildung 2.43 gleich sein. Sie können Drucker mit unterschiedlichen Gerätetypen und Koppelarten einsetzen. Der Ausdruck wird bei der Verwendung unterschiedlicher Gerätetypen aber im Allgemeinen nicht identisch aussehen. Es kann auch wie in Abbildung 2.44 geschehen, dass ein Ausdruck auf dem einen Drucker erfolgreich und auf dem anderen fehlerhaft ist.

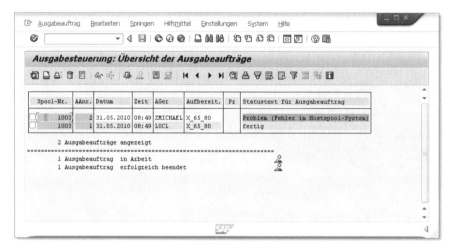

Abbildung 2.44 Druckjobstatus bei Pooldruckern

2.8 Koppelart S – Netzwerkdruck mit SAP-Protokoll

Koppelart S ist im Gegensatz zum offenen Berkeley-Protokoll der Koppelart U ein SAP-proprietäres Netzwerkprotokoll, das ausschließlich zur Übertragung von Daten zwischen Spool-Workprozess und SAPSprint verwendet werden kann. Wenn Sie SAPSprint einsetzen, sollten Sie auch Koppelart S verwenden. Die Zusammenhänge werden in Abschnitt 3.2, »Serverbasiertes Drucken mit SAPSprint«, ausführlich behandelt. Daher wird die Koppelart S hier nur der Vollständigkeit halber aufgeführt.

Generell gelten dieselben Aussagen wie für Koppelart U (siehe folgender Abschnitt 2.9), da aus technischer Sicht hinsichtlich der Datenübertragung zwischen Koppelart S und Koppelart U kein Unterschied besteht. Beide Koppelarten basieren auf Netzwerkkommunikation über TCP/IP mit denselben Vor- und Nachteilen.

2.9 Koppelart U – Netzwerkdruck mit Berkeley-Protokoll

Neben Koppelart L ist Koppelart U die zweite klassische Methode für Massendruck aus dem SAP-System. Im Gegensatz zu Koppelart L wird bei Koppelart U vom Spool-Workprozess kein Kommando auf dem jeweiligen Applikationsserver abgesetzt, sondern eine TCP/IP-Verbindung zu einem externen Druckserver aufgebaut, um die Spool-Aufträge zu übertragen bzw. Statusinformationen abzufragen. Die Konfiguration entspricht auf der Karteikarte GERÄTE-ATTRIBUTE zunächst einmal den Koppelarten C (siehe Abschnitt 2.1) und L (siehe Abschnitt 2.5). Sie wählen einen beliebigen Gerätetyp und einen Aufbereitungsserver.

[+]

Hinweis

Der generische Gerätetyp SAPWIN kann unabhängig von der Plattform des Applikationsservers immer gewählt werden, solange der externe Druckserver ein Windows-Server mit SAPSprint ist (siehe Abschnitt 3.2).

Die Karteikarte HOSTSPOOL-KOPPLUNG (siehe Abbildung 2.45) ist im Vergleich zu Koppelart L recht einfach zu konfigurieren. Es gibt keine Kommandosätze, stattdessen muss der Name oder die IP-Adresse des externen Druckservers in das Feld VERMITTLUNGSRECHNER eingetragen werden. Im Feld HOST-DRUCKER steht wie bei Koppelart L der Druckername. Nur muss dieser nicht auf dem Applikationsserver, sondern auf dem externen Druckserver definiert werden.

Dies hat zwei Vorteile im Vergleich zu Koppelart L bzw. Koppelart C:

▶ Der Drucker muss nur einmal auf Betriebssystemebene definiert werden.
▶ Eine Gefahr der Fehlkonfiguration bei Verwendung von logischen Servern besteht nicht, da jeder reale Server automatisch immer auf denselben externen Druckserver verweist.

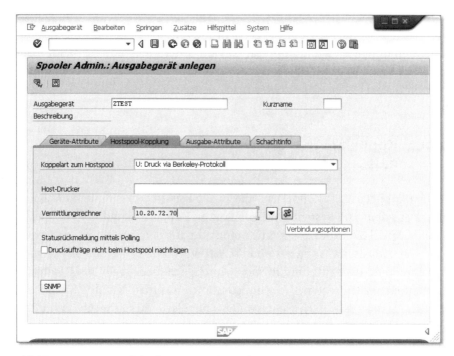

Abbildung 2.45 Netzwerkdruck – Hostspool-Kopplung

[*] **Tipp**

In das Feld VERMITTLUNGSRECHNER kann neben Rechnername oder IP-Adresse auch ein SAProuter-String eingetragen werden. Dadurch kann der Druckserver auch in Netzwerken stehen, zu denen normalerweise kein direkter Zugriff besteht. Der Eintrag muss gemäß folgendem Muster erfolgen:

/H/saprouter-server/H/Druckserver/S/515

Koppelart U verwendet zur Kommunikation zwischen Spool-Workprozess und externem Druckserver das Standard-Berkeley-Protokoll. Dieses ist im RFC 1179 (Line Printer Daemon Protocol) der Network Printing Working Group beschrieben. Über den TCP/IP-Port 515 werden zwischen Spool-Workprozess und einem LPD (Line Printer Daemon) auf dem Druckserver Daten ausgetauscht. Der LPD kann eine beliebige Software sein, die das Berkeley-Protokoll versteht.

Unter Windows gibt es den Standard-TCP/IP-Druckdienst oder den von SAP ausgelieferten SAPSprint (siehe Abschnitt 3.2). Jedes Unix- bzw. Linux-System enthält ebenfalls einen LPD. Die notwendigen Informationen dazu finden Sie in der Dokumentation Ihres Betriebssystems. Ein LPD sollte auch in jedem netzwerkfähigen Drucker selbst installiert sein. In diesem Fall entfällt der Vermittlungsrechner. Dies ist dann der Drucker selbst, das heißt, im Eingabefeld VERMITTLUNGSRECHNER muss dann die IP-Adresse des Druckers eingetragen werden.

> **Hinweis** [+]
>
> Der voreingestellte TCP/IP-Port 515 für die Kommunikation kann im SAP-System verändert werden, wenn Sie wie in Abbildung 2.45 die Drucktaste VERBINDUNGSOPTIONEN drücken. Der Bildschirm verändert sich, wie in Abbildung 2.46 gezeigt. Tragen Sie die gewünschte Zahl in das Feld PORT-NUMMER ein. Natürlich muss dann auch der Empfangs-Port des LPD auf dem Druckserver entsprechend geändert werden. Dazu sei wieder auf die Dokumentation Ihres Betriebssystems bzw. Druckers verwiesen.

Abbildung 2.46 Port-Änderung bei Netzwerkdruck

Das Berkeley-Protokoll besteht im Wesentlichen aus zwei Kommandos zum Absetzen von Druckaufträgen und zur Statusabfrage. Die Statusabfrage ist dabei ziemlich einfach: Es wird nur in der im Kommando spezifizierten Druckerwarteschlange nach dem ebenfalls angegebenen Druckauftrag gesucht. Wird dieser nicht gefunden, wird davon ausgegangen, dass der Auftrag bereits gedruckt worden ist.

Man kann auf diese Weise nicht feststellen, ob der Druckauftrag die Warteschlange überhaupt jemals erreicht hat oder eventuell auf andere Art und Weise wieder daraus verschwunden ist. Dies mag ein wenig paranoid klingen, ist aber bei der heutzutage üblichen Softwarekomplexität gar nicht so abwegig. Hinter einer Druckerwarteschlange muss nicht immer nur ein physischer Drucker stehen, es kann auch nur eine weitere Softwarekomponente sein, die die Aufträge weiterverarbeitet. Auf jeden Fall ist dadurch die Statusinformation bei Koppelart U nicht unbedingt zuverlässig.

2.10 Vergleich von Koppelart L und Koppelart U

Bei der Entscheidung, welche Koppelart eingesetzt werden soll, wird wahrscheinlich irgendwann die Diskussion L oder U aufkommen. Beide Koppelarten stellen eine klassische Methode für den Massendruck aus dem SAP-System dar. Beide haben keine prinzipiellen Einschränkungen bezüglich unterstützter Plattform (wie Koppelart C) oder Anwendungsgebiet (wie Koppelart G). Zusätzliche teure Software (wie bei Koppelart E) ist nicht erforderlich. Exotische Methoden wie Koppelart M stehen an dieser Stelle sowieso nicht zur Diskussion.

Viele Kunden hätten gerne eine offizielle Empfehlung seitens SAP. Diese kann es allerdings nicht geben, da die Entscheidung – wie überall – von den Anforderungen abhängt. Es gibt keine ultimative Lösung. Jede Koppelart hat ihre Vorteile genauso wie ihre Schwachstellen. Als Entscheidungshilfe kann es an dieser Stelle daher nur einige allgemeine Bemerkungen geben.

Normalerweise wird ein SAP-System nicht ohne Vorbedingungen auf der grünen Wiese geplant. Sie haben üblicherweise bereits eine Firmeninfrastruktur, in die die SAP-Systemlandschaft integriert werden muss. Normalerweise steht die Betriebssystemplattform bereits fest. Damit ist zugleich auch der Kenntnisstand der Administratoren fixiert.

- Besteht eine reine Unix-Landschaft, haben Sie die freie Wahl zwischen Koppelart L und Koppelart U.
  - Koppelart L verlangt die Konfiguration von Druckerwarteschlangen auf jedem SAP-Applikationsserver. Ist das System über verschiedene Stand-

orte verteilt, sollten entsprechende Administratoren auch an jedem Standort vorhanden sein. Die Definition der Kommandosätze im SAP-System ist nicht unbedingt einfach.

▸ Bei Koppelart U hingegen kann die Druckerkonfiguration auf Betriebssystemebene zentral erfolgen. Vorbedingung ist hingegen ein jederzeit stabiles Netzwerk. Die Konfiguration im SAP-System ist vergleichsweise einfach. Ausreichende Kenntnisse bei der Konfiguration des Betriebssystems sind in beiden Fällen notwendig. Dies betrifft insbesondere das Einrichten der Drucker. Dies ist bei beiden Koppelarten notwendig, wobei Koppelart U auch an dieser Stelle einfacher ist, da jeder Drucker nur einmal auf dem Druckserver eingerichtet werden muss, und nicht auf jedem Applikationsserver des SAP-Systems. Auch die Gefahr einer Fehlkonfiguration bei der Verwendung von logischen Servern oder gemischten Plattformen gibt es bei Koppelart U nicht.

▶ Die Statusabfrage ist, wenn bei Koppelart L das Standardkommando *lpstat* verwendet wird, bei beiden Koppelarten nicht besonders zuverlässig. Es wird jeweils nur die angegebene Druckerwarteschlange nach dem Druckauftrag durchsucht. Wenn Sie keine selbst geschriebenen Skripte als Kommando verwenden, sondern immer den Standard einsetzen, unterscheiden sich beide Koppelarten eigentlich nur bei der Übertragung der Daten.

▶ Wird im Unternehmen eher Windows eingesetzt, geht die Tendenz wohl eher zu Koppelart U bzw. Koppelart S beim Einsatz von SAPSprint. Dies nicht nur aufgrund der Tatsache, dass Kommandozeilenbefehle eher eine Unix-Domäne sind, sondern auch bedingt dadurch, dass im Windows-Umfeld wohl auch die Möglichkeiten der `SAPWIN`-Gerätetypen ausgenutzt werden sollen.

▶ Oft sind aber auch gemischte Landschaften im Unternehmen vorhanden, oder es gibt bestimmte Bereiche mit besonderen Anforderungen, sodass die spezifischen Möglichkeiten der einzelnen Koppelarten ausgenutzt werden müssen. Dadurch ergibt sich automatisch auch eine Kombination aus mehreren Koppelarten.

2.11 Zusammenfassung und Überblick

Als schnelle Übersicht soll die Art und Weise der Datenübertragung mit Vor- und Nachteilen für jede Koppelart an dieser Stelle in Stichworten zusammengefasst werden.

2.11.1 Direkter Betriebssystemaufruf (Koppelart C)

Bei Koppelart C wird vom Spool-Workprozess der aufbereitete Druckdatenstrom über eine plattformabhängige Programmierschnittstelle direkt an einen auf demselben Server definierten Drucker geschickt.

- **Vorteile**
    - abgeschlossene Umgebung
    - keine Drittsoftware zum Drucken notwendig
    - keine Netzwerkkommunikation zum Drucken notwendig
    - minimaler Wartungsaufwand
- **Nachteile**
    - nur unter Windows und IBM i verfügbar
    - unter Windows nur native Gerätetypen (kein `SAPWIN`) verwendbar
    - Gefahr der Fehlkonfiguration bei gemischten Plattformen
    - Gefahr der Fehlkonfiguration bei logischen Spool-Servern

2.11.2 Externes Output-Management-System (Koppelart E)

Die Übertragung des Druckdatenstroms erfolgt an ein externes Output-Management-System eines Drittherstellers, das dann für den Ausdruck und die Statusinformationen verantwortlich ist.

- **Vorteile**
    - zuverlässige Art der Druckjobübergabe
    - bei RFC-Callback keine Systembelastung durch Statusnachfragen
    - Statusüberwachung für viele Systeme an zentraler Stelle möglich
    - Integration von Druckaufträgen aus SAP-Systemen und anderen Systemen an zentraler Stelle möglich
    - Zusätzliche Ausgabekanäle wie Fax oder E-Mail sind in einem Output-Management-System oft enthalten.
    - Zusätzliche Funktionalität, wie zum Beispiel eine Service-Desk-Anbindung zur automatischen Erstellung von Problemmeldungen, ist ebenfalls oft enthalten.
- **Nachteile**
    - teuer in der Anschaffung
    - komplexe Installation und Konfiguration
    - möglicherweise nicht alle Drucker unterstützt

2.11.3 Frontend-Druck (Koppelart G)

Unter Frontend-Druck versteht man das Drucken auf dem persönlichen Drucker (zum Beispiel dem Windows-Standarddrucker) über eine SAP-Frontend-Komponente (SAP GUI).

- **Vorteile**
  - einfache Konfiguration im SAP-System
  - Unterstützung von nahezu allen, auch herstellerspezifischen Druckeroptionen bei Verwendung von SAP GUI for Windows
- **Nachteile**
  - Verwendung im Hintergrundbetrieb nicht möglich
  - eingeschränkte Statusinformationen
  - Einschränkungen beim Massendruck
  - Einschränkungen bei sehr großen Druckaufträgen
  - eventuelle Einschränkungen bei Nicht-Windows-Arbeitsplätzen durch unterschiedliche Konzeptionen
  - Unterstützung von browserbasierten Frontends nur für SAP GUI for HTML
  - weitreichende Einschränkungen beim Einsatz von SAP GUI for HTML
  - Bei gleichzeitigem Einsatz von unterschiedlichen Frontend-Komponenten sind meist mehrere Frontend-Drucker im SAP-System erforderlich.

2.11.4 Drucken über Kommandosätze (Koppelart L)

Die Übertragung des Druckdatenstroms erfolgt über Betriebssystemkommandos des jeweiligen Applikationsservers.

- **Vorteile**
  - typische Koppelart für Unix-Systemlandschaften
  - Steuerung über mächtige, aber komplexe Kommandozeilenbefehle
  - im Gegensatz zu Koppelart U kein Netzwerk erforderlich, dadurch sehr robust
  - keine prinzipielle Einschränkung bezüglich Massendruck und Größe der Druckaufträge
- **Nachteile**
  - Die verwendeten Druckerwarteschlangen müssen auf jedem Applikationsserver mit Spool-Workprozess definiert werden.

- Gefahr der Fehlkonfiguration bei gemischten Plattformen
- Gefahr der Fehlkonfiguration bei logischen Spool-Servern

2.11.5 Drucken über E-Mail (Koppelart M)

Der Druckdatenstrom wird im Allgemeinen in eine PDF-Datei konvertiert, die als E-Mail an den Benutzer geschickt wird. Über ein entsprechendes Anzeigeprogramm kann die Datei anschließend gedruckt werden.

- **Vorteile**
  - einfache Konfiguration im SAP-System, falls `SAPCONNECT` schon konfiguriert ist
  - einfache Möglichkeit aus verschiedenen Anwendungen des SAP-Systems heraus E-Mails zu verschicken ohne komplexe Konfiguration oder Programmierung der `SAPCONNECT`-Schnittstelle
  - im Gegensatz zum Frontend-Druck auch aus der Hintergrundverarbeitung heraus einsetzbar
- **Nachteile**
  - nur bedingt geeignet für Massendruck, da manuelles Ausdrucken erforderlich
  - Einschränkungen bei sehr großen Druckaufträgen durch eine üblicherweise eingesetzte Größenbeschränkung bei E-Mail-Anhängen
  - zeitlich verzögertes Versenden der E-Mail und damit des Ausdrucks
  - im Allgemeinen nur mit PDF-Gerätetypen verwendbar

2.11.6 Drucken über Gerätepool (Koppelart P)

Der Druckdatenstrom kann an mehrere Drucker gleichzeitig geschickt werden.

- **Vorteile**
  - Zusammenfassung verschiedener Drucker unter einem Namen
  - Ausdruck an verschiedenen Lokationen gleichzeitig möglich
- **Nachteile**
  - Wird in der Praxis selten eingesetzt.
  - Das Aussehen der jeweiligen Ausdrucke kann durch Verwendung verschiedener Gerätetypen unterschiedlich sein.

2.11.7 Netzwerkdruck (Koppelart S und U)

Der Druckdatenstrom wird über ein proprietäres (S-) bzw. offenes (U-)Netzwerkprotokoll an einen entfernten Druckserver geschickt, das die Weiterleitung an den Drucker übernimmt.

- **Vorteile**
  - Standardmethode für den Massendruck aus SAP-Systemen
  - einfache Konfiguration
  - keine prinzipielle Einschränkung bezüglich Massendruck und Größe der Druckaufträge
  - Fehlkonfiguration bei gemischten Plattformen oder logischen Servern nicht möglich
- **Nachteile**
  - Benötigt ein stabiles Netzwerk zwischen SAP-System und externem Druckserver.
  - schlecht bei langsamen Netzwerkverbindungen

Microsoft Windows ist in bestimmten Situationen unabdingbar, um im SAP-Umfeld zum gewünschten Druckergebnis zu gelangen. In diesem Kapitel lernen Sie die Einsatzgebiete mit allen Vor- und Nachteilen im Detail kennen.

3 Drucken unter Microsoft Windows

Microsoft Windows ist die weltweit wohl am weitesten verbreitete Betriebssystemplattform. Nahezu jeder Drucker besitzt einen Windows-Gerätetreiber. Diese Eigenschaft wird beim Drucken aus dem SAP-System an verschiedenen Stellen verwendet. Aus diesem Grund beschäftigt sich dieses Kapitel mit den drei Themen serverbasiertes Drucken, Frontend-Druck und Drucken unter Windows als Applikationsserver.

3.1 Serverbasiertes Drucken mit dem TCP/IP-Druckdienst

Serverbasiertes Drucken aus dem SAP-System heraus bedeutet Drucken auf einem externen Druckserver. Für diesen Abschnitt wird angenommen, dass dieser Druckserver unter Microsoft Windows läuft. Die Verbindung vom SAP-System zum Druckserver geht dabei immer über das Netzwerk.

Grundsätzlich wird zum serverbasierten Drucken ein Programm benötigt, das die Druckdaten annimmt und zum Drucker weitersendet. Unter Windows kann dazu der Standard-TCP/IP-Druckdienst oder der von SAP ausgelieferte SAPSprint-Dienst verwendet werden. SAPSprint ist der als Windows-Dienst implementierte Nachfolger von SAPLPD.

> **Hinweis** [+]
>
> SAPLPD wird von SAP nicht mehr unterstützt und weiterentwickelt, daher wird er in diesem Buch auch nicht explizit behandelt. Für Informationen über SAPLPD sei auf die offizielle SAP-Dokumentation im SAP Help Portal (*http://help.sap.com*) verwiesen.

Das Drucken mit dem TCP/IP-Druckdienst ist nur geeignet, falls Sie aus dem SAP-System heraus einen Drucker verwenden, der einen nativen Gerätetyp besitzt. Native Gerätetypen (zum Beispiel POST2) sind Gerätetypen, die einen für den Drucker direkt verständlichen Datenstrom generieren. Des Weiteren kann bei Verwendung des TCP/IP-Druckdienstes nur die Koppelart U verwendet werden, die auf dem sehr alten Berkeley-Kommunikationsprotokoll basiert. Dieses Protokoll ist stark limitiert, insbesondere hinsichtlich einer zuverlässigen Statusabfrage.

Der TCP/IP-Druckdienst ist bei einem als Server konfigurierten Windows-System normalerweise bereits installiert. Starten Sie ihn, falls nötig, über die Windows-Dienste. Dies erfolgt analog zum Starten des SAPSprint-Dienstes und ist ausführlich in Abschnitt 3.2.1, »Installation von SAPSprint«, beschrieben. Nach dem Start läuft der Dienst auf dem Standard-LPD-Port 515. Weitere Einstellungen sind für den TCP/IP-Druckdienst nicht erforderlich. Die Konfiguration eines Druckers im SAP-System entspricht der für SAPSprint und wird im folgenden Abschnitt erläutert.

3.2 Serverbasiertes Drucken mit SAPSprint

SAPSprint ist der Nachfolger des ebenfalls von SAP ausgelieferten SAPLPD. SAPLPD wurde als Druckserverprogramm und beim Frontend-Druck eingesetzt. Im Lauf der Zeit traten die Nachteile von SAPLPD immer deutlicher hervor. Dieser hatte beispielsweise eine limitierte interne Jobwarteschlange, die beim Verarbeiten einer größeren Anzahl von Druckaufträgen oft Schwierigkeiten bereitete. Des Weiteren war SAPLPD nicht multithreaded, wodurch es ebenso beim Verarbeiten von vielen Druckaufträgen auf einer großen Anzahl von unterschiedlichen Druckern zu Problemen kam. Deshalb wurde SAPSprint vollständig neu als Windows-Dienst konzipiert.

Im Folgenden wird SAPSprint detailliert vorgestellt. Sie lernen zunächst die Installation und die Basiskonfiguration kennen, gefolgt vom internen Aufbau und der Beschreibung von speziellen Anwendungsszenarien. Abschließend erfolgt eine vollständige Beschreibung aller möglichen Konfigurationsoptionen, insbesondere im Zusammenhang mit der Verwendung des generischen Gerätetyps SAPWIN.

[»] **Weitere Informationen**

Im Lauf des gesamten Kapitels wird an geeigneter Stelle immer wieder auf eine bestimmte SAPSprint-Konfigurationsoption hingewiesen. Einen Überblick über alle möglichen Optionen und wie diese zu setzen sind, finden Sie in Abschnitt 3.2.5, »SAPSprint-Optionen«.

3.2.1 Installation von SAPsprint

Vor der Installation von SAPsprint muss ein eventuell vorhandener SAPLPD-Dienst entfernt werden. Normalerweise genügt es, das SAPLPD-Installationsverzeichnis zu löschen. Falls SAPLPD mithilfe des Microsoft-Programms SRVANY als Windows-Dienst gestartet wurde, müssen Sie das Installationsverzeichnis löschen, bevor Sie den SAPLPD-Dienst aus der Windows-Diensteliste entfernen.

> **Weitere Informationen**
>
> Das Programm SRVANY ist im Microsoft-Knowledgebase-Artikel 137890 (*http://support.microsoft.com/kb/137890*) beschrieben.

Führen Sie folgende Einzelschritte zur Installation durch:

1. Rufen Sie, falls notwendig, zum Löschen des SAPLPD-Dienstes folgenden Befehl in der Kommandozeile auf:

   ```
   instsrv SAPLPD remove
   ```

2. Als Nächstes laden Sie SAPsprint als selbst entpackendes Installationsarchiv vom SAP Service Marketplace (*http://service.sap.com/patches*) herunter. Folgen Sie auf dieser Seite dem Pfad ENTRY BY APPLICATION GROUP • SAP FRONTEND COMPONENTS • SAPSPRINT • SAPSPRINT <RELEASE> • WIN32.

3. Starten Sie anschließend das heruntergeladene Installationsprogramm *xSprint.exe*. Nach dem Begrüßungsbildschirm und der Auswahl der einzigen zu installierenden Komponente erfolgt die Angabe des Installationspfades. Übernehmen Sie, wenn möglich, die Voreinstellung (*C:\Program Files\SAP\SAPsprint*).

4. Als einzigen weiteren Parameter müssen Sie während der Installation den LPD-Port angeben, auf den SAPsprint hören soll (siehe Abbildung 3.1). Es wird auch hier empfohlen, die Voreinstellung 515 zu übernehmen. Ändern Sie den LPD-Port nur, wenn Sie zum Beispiel gleichzeitig den TCP/IP-Druckdienst oder ein äquivalentes Programm verwenden möchten. Wird der LPD-Port verändert, muss die entsprechende Nummer ebenfalls später bei der Definition des Druckers im SAP-System angegeben werden.

5. Nach der Bestätigung dieses und des nachfolgenden Abschlussbildschirms ist die Installation abgeschlossen. Der SAPsprint-Dienst läuft bereits und wird auch automatisch beim Neustart des Rechners aktiviert.

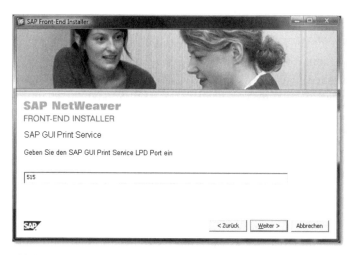

Abbildung 3.1 Voreinstellung des LPD-Ports

Nach der Installation muss nun noch ein entsprechender Domänenbenutzer als Anmeldebenutzer des SAPSprint-Dienstes angegeben werden.

1. Die Dienste finden Sie beispielsweise bei Windows Vista unter dem Pfad Systemsteuerung • System und Wartung • Verwaltung (siehe Abbildung 3.2).

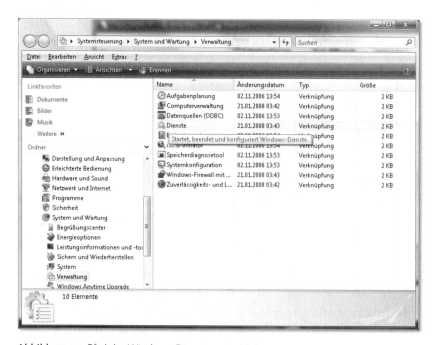

Abbildung 3.2 Pfad der Windows-Dienste unter Vista

2. Suchen Sie SAPSprint in der Liste der Dienste, und öffnen Sie über das Kontextmenü die Eigenschaften des SAPSprint-Dienstes.

3. Tragen Sie einen Domänenbenutzer und dessen Kennwort auf der Karteikarte ANMELDEN des Fensters ein (siehe Abbildung 3.3). Der Benutzer muss die Berechtigung haben, auf allen Druckern auszudrucken, die über SAPSprint angesteuert werden sollen.

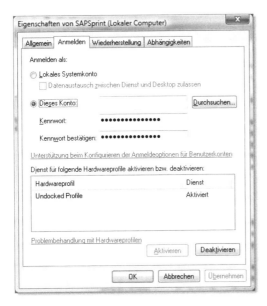

Abbildung 3.3 SAPSprint-Anmeldekonto

Achtung [!]

Es wird nicht empfohlen, den Dienst unter dem voreingestellten lokalen Systemkonto laufen zu lassen. Das lokale Systemkonto hat keinen Zugriff auf entfernte Drucker. Darüber hinaus funktionieren die am Drucker eingestellten Voreinstellungen nicht richtig.

4. Bestätigen Sie nach der Eingabe des Benutzers die Änderungen, und starten Sie den Dienst neu. Der SAPSprint-Dienst läuft nun mit den von SAP empfohlenen Einstellungen.

3.2.2 Konfiguration eines SAPSprint-Druckers im SAP-System

Um im SAP-System einen für SAPSprint geeigneten Drucker zu konfigurieren, rufen Sie die Transaktion SPAD auf. Wir gehen davon aus, dass bisher noch kein Drucker definiert wurde.

3 | Drucken unter Microsoft Windows

1. Geben Sie einen beliebigen Namen in das Eingabefeld neben der Schaltfläche AUSGABEGERÄTE ein, und klicken Sie auf diese. Da der Drucker mit dem eingegebenen Namen noch nicht vorhanden ist, sehen Sie einen leeren Bildschirm mit entsprechender Meldung.
2. Drücken Sie [F8] auf der Tastatur oder alternativ das Änderungspiktogramm, um in den Änderungsmodus zu wechseln. Klicken Sie anschließend auf das Erstellen-Icon.
3. Sie sehen nun den Eingabebildschirm mit mehreren Registerkarten für die verschiedenen Attribute des neu zu definierenden Druckers. Auf die Bedeutung der einzelnen Attribute wird in diesem Abschnitt nicht eingegangen. Wir wählen daher für unser Beispiel auf der Registerkarte GERÄTE-ATTRIBUTE (siehe Abbildung 3.4) den für SAPsprint typischen generischen GERÄTETYP SAPWIN und einen beliebigen aktiven AUFBEREITUNGSSERVER.

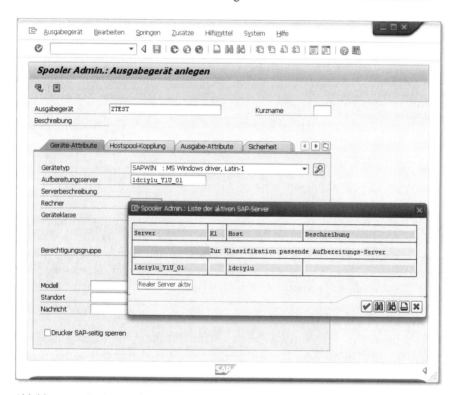

Abbildung 3.4 Geräte-Attribute

4. Wechseln Sie anschließend auf die Registerkarte HOSTSPOOL-KOPPLUNG:
   ▸ Wählen Sie im Eingabefeld KOPPELART ZUM HOSTSPOOL den Eintrag S: DRUCK VIA SAP-PROTOKOLL (siehe Abbildung 3.5). Die Möglichkeit Kop-

pelart U: Druck via Berkeley-Protokoll ist ebenfalls möglich, wird aber aufgrund der etwas ungenaueren Druckjobstatusnachfrage für SAPSprint nicht empfohlen.

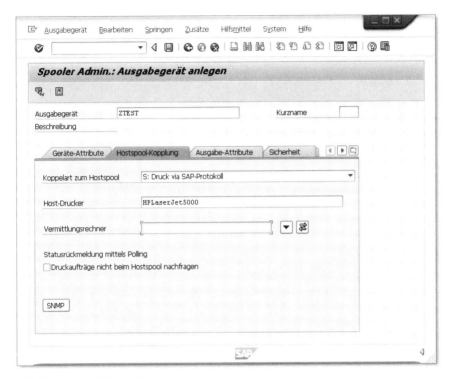

Abbildung 3.5 SAPSprint-Koppelart

- In das Eingabefeld Host-Drucker geben Sie den Druckernamen exakt so ein, wie er auf Betriebssystemebene des SAPSprint-Druckservers definiert wurde. Der Name sollte keine Leerstellen enthalten. Aus der Sicht des Vermittlungsrechners entfernte Drucker müssen dabei in folgender Notation eingegeben werden:
\\<Servername>\<Druckername>
- In das Feld Vermittlungsrechner tragen Sie entweder die IP-Adresse oder den Namen des Rechners ein, auf dem der SAPSprint-Dienst installiert wurde und läuft. Falls Sie bei der Installation des SAPSprints die Nummer des LPD-Ports verändert haben, klicken Sie auf Verbindungsoptionen, und ändern Sie die Nummer dort entsprechend ab. Klicken Sie anschließend auf das Sicherungs-Icon in der Symbolleiste des Fensters.

Wurden alle erwähnten Attribute korrekt eingegeben, erscheint eine Erfolgsmeldung in der Statuszeile. Der Drucker ist damit konfiguriert. Alle weiteren Attribute sind nicht zwingend erforderlich und werden in diesem Kapitel nicht behandelt.

[+] **Hinweis**

Wird in Abbildung 3.5 die Option DRUCKAUFTRÄGE NICHT BEIM HOSTSPOOL NACHFRAGEN markiert, muss bei SAPSprint parallel für diesen Drucker die Option `NoStatus` eingestellt werden. Anderenfalls führt dies bei SAPSprint zu einer stetig wachsenden Liste von Druckaufträgen, deren Status nie abgefragt wird.

5. Um einen einfachen Testausdruck durchzuführen, rufen Sie Transaktion SP02 auf und wählen im Menü den Pfad SYSTEM • LISTE • DRUCKEN. Geben Sie den Namen des soeben erstellten Druckers im SAP-Druckdialogfenster ein, und stellen Sie sicher, dass die Option SOFORT AUSGEBEN aktiviert wurde. Bestätigen Sie alle eventuell erscheinenden Meldungen sowie den Dialog. Ist der Drucker richtig konfiguriert und der SAPSprint-Dienst aktiv, sollte der Bildschirminhalt ausgedruckt werden.

3.2.3 Interne Implementierung des SAPSprint-Service

SAPSprint besteht im Wesentlichen aus zwei Modulen und einigen Dateien für spezielle Druckaufträge. Sämtliche Dateien befinden sich im SAPSprint-Installationsverzeichnis.

- Das Hauptmodul, das die Anfragen aus dem SAP-System annimmt, ist in der Datei *sapsprint.exe* implementiert.
- Das Verarbeitungsmodul übernimmt die Verarbeitung der Druckaufträge. Es besteht aus der Datei *sapwin.dll*.
- Zusätzlich gibt es gibt es noch die beiden Dateien *SAPbtmp.dll* und *swinbitm.txt*. Die DLL-Datei beinhaltet die SAP-Piktogramme und wird beim Drucken von ABAP-Listen mit Icons verwendet. Die Datei *swinbitm.txt* enthält eine Tabelle mit der Codenummer für das jeweilige Icon.
- Der ab SAPSprint 7.20 ausgelieferte Optionseditor ist in der Datei *SAPSprintOptEdit.exe* implementiert. Diese befindet sich ebenfalls im Installationsverzeichnis. Der Editor kann aber bequem über einen Windows-Startmenüeintrag gestartet werden.

SAPSprint-Versionen

Die in diesem Buch beschriebene Funktionalität bezieht sich auf die zum Zeitpunkt der Veröffentlichung neueste SAPSprint-Version 7200.0.10413.10. In älteren Versionen sind möglicherweise nicht alle beschriebenen Optionen implementiert. Sie können die Version von SAPSprint abfragen, indem Sie auf der Kommandozeile im Installationsverzeichnis von SAPSprint den folgenden Befehl eingeben (siehe auch Abbildung 3.6):

```
sapsprint -v
```

Abbildung 3.6 SAPSprint-Version

Bei der ersten vierstelligen Zahl handelt es sich um die Release-Version, bei den weiteren Ziffern um die Dateiversion von *SAPSprint.exe*. Bei der Dateiversion ist für Endbenutzer zur Unterscheidung nur die letzte Zahl relevant. Eine neuere Dateiversion hat immer eine höhere Nummer in der letzten Zahl. Die Version ist unabhängig vom Release des SAP-Systems. Sie können jede beliebige Version von SAPSprint mit jedem beliebigen Release des SAP-Systems kombinieren.

Ein Wechsel in der Release-Version von SAPSprint erfolgt nur bei Ereignissen wie der Verwendung eines neuen Compilers oder dem Wechsel auf ein neues Windows-Release. Die Funktionalität wird bei einem Release-Wechsel übertragen. Daher ist es nicht notwendig, mehrere Versionen nebeneinander anzubieten. Üblicherweise wird daher von SAP nach einer relativ kurzen Übergangsfrist das ältere Release zurückgezogen. Die Dateiversionen werden auch nach dem Release-Wechsel einfach weiter hoch gezählt. Funktionale Änderungen oder Fehlerkorrekturen sind daher immer mit der Erhöhung der Dateiversion verbunden.

> **Hinweis** [+]
>
> Verwenden Sie immer die neueste Version von SAPSprint. Nur so ist sichergestellt, dass die komplette Funktionalität zur Verfügung steht.

> Mit der hier vorgestellten Version hat sich das Nummerierungsschema geändert, es wurde den Konventionen des SAP GUI angepasst. Ältere Versionen hatten ein anderes Nummerierungsschema, die generellen Aussagen gelten aber ebenso.

Einen groben Überblick über funktionale Änderungen und Fehlerkorrekturen erhalten Sie, wenn Sie den folgenden Befehl in die Konsole eingeben (siehe auch Abbildung 3.7):

```
sapsprint -h
```

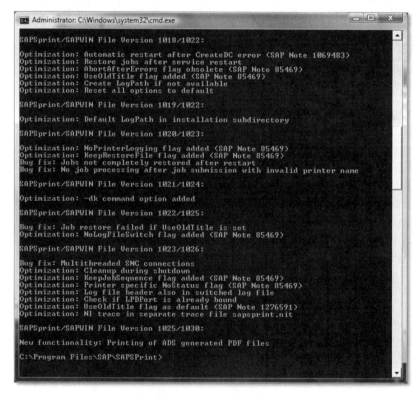

Abbildung 3.7 SAPSprint-Historie

SAPSprint-Anfragen

Nachdem der SAPSprint-Dienst gestartet wurde, wartet er auf dem LPD-Port 515 bzw. dem Port, der bei der Installation angegeben wurde, auf Anfragen aus SAP-Systemen, die einen entsprechenden Drucker konfiguriert haben. Sobald eine Anfrage hereinkommt, wird diese an einen separaten Thread weitergegeben. Dadurch ist der Haupt-Thread jederzeit für weitere Anfragen frei.

> **Hinweis** [+]
>
> Diese Weitergabe an einen separaten Thread kann durch die Option `ConnectionMode` verändert werden. Ein Verändern wird allerdings nur nach Rücksprache mit dem SAP-Support empfohlen, falls der Multi-Thread-Modus Probleme bereitet. Im Einzel-Thread-Modus wird bei großen Druckaufträgen die Verbindung möglicherweise länger blockiert. Andere Druckaufträge können in der Zeit nicht übertragen werden, was zu Verbindungsfehlern im SAP-System führen kann.

Anfragen sind entweder Druckaufträge oder Statusabfragen. Dies gilt für beide Koppelarten S und U. Koppelart U ist aus Kompatibilitätsgründen unterstützt. Aus folgenden Gründen wird mit SAPSprint aber immer die Koppelart S empfohlen:

- **Bessere Identifizierung von Log- und Jobdateien**
  Die Dateinamen bei Koppelart S beinhalten Systemname, Spool-Auftragsnummer und Ausgabeauftragsnummer anstelle eines willkürlichen Namens bei Koppelart U.

- **Bessere Fehlererkennung bei der Verarbeitung von Druckaufträgen**
  Bei Koppelart S ist eine zweistufige Statusabfrage implementiert. Dies wird im Detail noch besprochen.

- **Flexible Erweiterungsmöglichkeiten des Übertragungsprotokolls**
  Da Koppelart S auf einem SAP-eigenen Protokoll basiert, ist es offen für zukünftige funktionelle Erweiterungen, die im Standardprotokoll von Koppelart U nicht implementiert werden können.

Druckaufträge

Druckaufträge bestehen aus den eigentlichen Druckdaten und Metadaten wie den Windows-Druckernamen sowie der Anzahl der Kopien des Auftrages. Nachdem SAPSprint den Druckauftrag vollständig empfangen hat, werden die Druckdaten in einer temporären Datei im Log-Verzeichnis von SAPSprint abgelegt. Das Log-Verzeichnis ist ein Unterverzeichnis *Logs* des Installationsverzeichnisses, solange es nicht durch die Option `LogPath` in ein anderes Verzeichnis verlegt wurde.

> **Achtung** [!]
>
> Falls das Log-Verzeichnis verändert wird, ist darauf zu achten, dass der bei der Installation von SAPSprint eingetragene Benutzer eine Schreibberechtigung für dieses Verzeichnis hat.

Es sollte auch nicht in einen Pfad gelegt werden, aus dem es versehentlich gelöscht werden kann. Besteht kein Zugriff auf das Log-Verzeichnis, können Aufträge nicht ausgedruckt werden. Die Fehleranalyse wird dabei zusätzlich erschwert, da auch keine Trace-Dateien erstellt werden können.

Der Name der temporären Datei, die die Druckdaten enthält, ist abhängig von der gewählten Koppelart:

- **Koppelart S**
  `<SID><Spool-ID>_<Ausgabe-ID>`, zum Beispiel `ABC0000004711_1`
- **Koppelart U**
  `dfA<3 Ziffern><Name des SAP-Servers>`, zum Beispiel `dfA001lambik01`

Der Name dieser Datei wird dabei verwendet, um den Druckauftrag später bei der Statusnachfrage eindeutig identifizieren zu können. Dabei kann man schon erkennen, dass die Zuordnung zwischen Datei und Druckauftrag im SAP-System für einen menschlichen Benutzer bei Koppelart S leichter ist. Bei Koppelart U wird der Dateiname zufällig generiert.

Pro verwendetem Druckernamen wird nach Empfang des ersten Auftrages ein Arbeits-Thread gestartet, der eine Warteschlange für die eingehenden Aufträge enthält. Dieser Arbeits-Thread bearbeitet die eingehenden Aufträge nach dem FIFO-Prinzip (First In, First Out). Die Arbeits-Threads laufen ab dem Zeitpunkt so lange, bis SAPSprint beendet wird.

[+] **Hinweis**

Die Verwendung eines Arbeits-Threads pro Druckername kann durch die Option `ProcessingMode` verändert werden. Eine Veränderung hat zur Folge, dass pro eingehenden Druckauftrag ein Thread gestartet wird, der nach der Verarbeitung sofort wieder beendet wird. Durch das Fehlen der Warteschlange kann daher die Reihenfolge der eingehenden Druckaufträge verändert werden.

Zu empfehlen ist diese Option nur, wenn die Reihenfolge keine Rolle spielt. Ein geringfügiger Vorteil dieser Option ist die geringere Belastung durch permanent laufende Threads.

Die Verarbeitung des Druckauftrages erfolgt in der Datei *sapwin.dll*. Die folgenden unterschiedlichen Druckaufträge können verarbeitet werden:

- **SAPWIN**
  Der Gerätetyp `SAPWIN` erzeugt einen generischen Datenstrom, der durch den `SAPWIN`-Interpreter in der Datei *sapwin.dll* in Aufrufe in das Windows-GDI-Interface umgesetzt wird. Über dieses Interface kann jeder beliebige

Drucker mit einem Windows-Gerätetreiber Druckaufträge aus dem SAP-System entgegennehmen. Es gibt verschiedene sprachabhängige SAPWIN-Gerätetypen, die in Kapitel 5, »Drucken und Internationalisierung«, vorgestellt werden.

- **PDF**
  PDF-Druckaufträge aus SAP Interactive Forms by Adobe, die von den Adobe Document Services (ADS) erstellt wurden, können nach der Installation des separaten Produktes PDFPRINT über SAPSprint ausgedruckt werden. Diese Funktionalität gibt es erst ab SAPSprint-Version 7.20.

  Details zu PDF-Druckaufträgen werden in Kapitel 4, »Drucken von SAP Interactive Forms by Adobe«, beschrieben. Im Moment sei nur gesagt, dass PDF-Druckaufträge als PDF erstellt wurden. Das PDF kann ohne PDFPRINT nur von wenigen Druckern ausgegeben werden. PDFPRINT verhält sich dabei ähnlich wie SAPWIN, indem es den konvertierten PDF-Datenstrom über das Windows-GDI-Interface an jeden beliebigen Drucker sendet.

- **RAW**
  Alle anderen Druckaufträge werden als RAW-Druckaufträge bezeichnet. Die zugehörigen Datenströme sind bereits in der vom jeweiligen Drucker verstandenen druckerspezifischen Sprache formuliert (zum Beispiel PostScript oder PCL). Diese Datenströme werden vom SAP-System im Spool-Workprozess in Abhängigkeit vom gewählten druckerspezifischen nativen Gerätetyp generiert. Sie werden einfach ohne weitere Verarbeitung an den Drucker geschickt.

Abbildung 3.8 gibt einen Überblick über den Ablauf der Verarbeitung eines Druckauftrages. Der Druckdatenstrom wird in einem Spool-Workprozess des SAP-Systems generiert. Zusammen mit dem Namen des Druckers und der Anzahl der Kopien wird er über den eingestellten LPD-Port an SAPSprint geschickt. SAPSprint speichert den Datenstrom in einer temporären Datei. Gleichzeitig wird ein Eintrag in der zum Drucker gehörenden Warteschlange vorgenommen. Wird der Drucker zum ersten Mal angesprochen, wird die Warteschlange in einem neuen Thread erstellt. Abhängig vom Typ des Druckauftrages, wird entweder der SAPWIN-Interpreter oder PDFPRINT zur weiteren Verarbeitung aufgerufen oder der Datenstrom direkt an den Drucker weitergeleitet. Verarbeitung und Weiterleitung der Daten erfolgen in der Datei *sapwin.dll*.

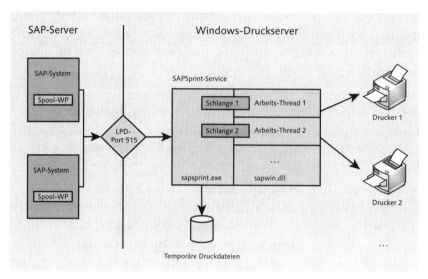

Abbildung 3.8 Übersicht Druck-Workflow mit SAPSprint

Allgemeine Statusabfrage

Das SAP-System generiert für jeden erstellten Druckauftrag in periodischen Abständen Statusabfragen, solange der Druckauftrag keinen finalen Zustand besitzt. Ein finaler Zustand ist entweder FERTIG oder FEHLER. Bei Koppelart U wird eine einstufige Abfrage auf die Windows-Druckerwarteschlange durchgeführt. SAPSprint ermittelt dabei die Anzahl der Aufträge in der Warteschlange und den Zustand der Warteschlange.

[+] **Hinweis**

Der Druckauftrag befindet sich, wie beschrieben, unmittelbar nach dem Empfang aus dem SAP-System in der SAPSprint-Warteschlange. In der Windows-Warteschlange taucht der Auftrag erst auf, nachdem er durch die Datei *sapwin.dll* verarbeitet und weiterverschickt wurde.

Bei der Rückmeldung an das SAP-System wird die Liste aller Aufträge in die Windows-Druckerwarteschlange des jeweiligen Druckers übertragen. Diese Liste wird vom Spool-Workprozess interpretiert. Bei Koppelart S erfolgt eine zweistufige Abfrage: Wird der entsprechende Druckauftrag nicht in der zurückgegebenen Liste gefunden, erfolgt eine weitere explizite Abfrage auf den Auftrag. Dabei wird nur die SAPSprint-eigene Fehlererkennung verwendet. Auf diese Weise können Probleme bei der Verarbeitung von SAPWIN-Aufträgen erkannt werden. Da bei RAW-Aufträgen keine Verarbeitung stattfindet, würde die Abfrage hierbei keine weiteren Informationen ergeben.

Der ermittelte Zustand eines Druckauftrages wird in Transaktion SP01 angezeigt. Dabei beschreiben folgende Zustände den Status eines Druckauftrages vor dem Versenden an SAPSprint:

- **Wartet auf Ausgabeaufbereiter**
  Dies ist der Zustand eines Druckauftrages unmittelbar nach dem Erteilen einer Ausdruckanweisung. Der Spool-Workprozess hat noch nicht mit der Generierung des Datenstroms begonnen.
- **In Arbeit**
  Der Spool-Workprozess hat die Verarbeitung begonnen, den Auftrag aber noch nicht an SAPSprint übergeben.
- **Wartet**
  Der Spool-Workprozess hat die Verarbeitung beendet, kann den Auftrag aber nicht an SAPSprint übergeben, da der Dienst nicht läuft.

Folgende Zustände kann ein Druckauftrag annehmen, nachdem der Spool-Workprozess die Rückmeldung einer SAPSprint-Statusabfrage interpretiert hat:

- **Fertig**
  Dies ist der gewünschte finale Zustand eines Druckauftrages. Der Auftrag wird in der Windows-Warteschlange nicht mehr gefunden. SAPSprint nimmt an, dass der Auftrag erfolgreich gedruckt wurde, und es werden keine weiteren Statusabfragen vom SAP-System abgesetzt.
- **Druckt**
  Der Auftrag befindet sich an erster Stelle in der Windows-Warteschlange. Es kann kein Fehler festgestellt werden.
- **Wartet im Hostspooler**
  Der Auftrag befindet sich an einer beliebigen Stelle (nicht an der ersten Stelle) in der Windows-Warteschlange.
- **Problem**
  In der Windows-Warteschlange selbst oder bei dem an erster Stelle stehenden Druckauftrag kann ein Problem festgestellt werden. Bei Koppelart S kann dieser Zustand auch bei der expliziten zweiten Abfrage gesetzt werden, die SAPWIN-Verarbeitungsfehler (siehe »Probleme bei der Auftragsverarbeitung« in Abschnitt 3.2.4) ermittelt. Eventuell werden zusätzliche Informationen zum aufgetretenen Fehler im Statusfeld des Ausgabeauftrages in Transaktion SP01 angezeigt.
  Dieser Zustand ist nicht final, das heißt, es werden weiterhin Statusabfragen vom SAP-System generiert. Wird das Problem zwischenzeitlich beho-

ben, kann der Druckauftrag möglicherweise immer noch erfolgreich ausgedruckt werden.

Der folgende Zustand wird angezeigt, sobald ein Fehler bemerkt wurde, der nicht zu korrigieren ist.

- **Fehler**
  Der Zustand wird gesetzt, wenn bei der Übertragung der Druckdaten vom SAP-System zu SAPsprint die Verbindung unterbrochen wird. Er kann außerdem erscheinen, wenn ein nicht vorgesehenes Problem bei der Bearbeitung des Druckauftrages im Spool-Workprozess auftritt. Dieser Zustand ist ebenfalls final, das heißt, es werden keine weiteren Statusabfragen für diesen Auftrag abgesetzt.

Allgemein lässt sich sagen, dass die Statusabfrage bei beiden Koppelarten des serverbasierten Druckens nicht sehr zuverlässig arbeitet. Die einstufige Statusabfrage bei Koppelart U überprüft nur, ob sich ein Druckauftrag in der Windows-Warteschlange befindet. Wird er dort nicht gefunden, geht man davon aus, dass der Auftrag ordnungsgemäß ausgedruckt wurde. Es kann nicht festgestellt werden, ob der Auftrag überhaupt jemals in der Warteschlange angekommen ist bzw. ob er auf andere Art und Weise wieder daraus verschwunden ist. Die zweistufige Abfrage bei Koppelart S kann zwar durch die SAPsprint-eigene Implementierung Fehler bei der Verarbeitung des Auftrages erkennen, allerdings gilt das nur für SAPWIN- und in eingeschränktem Maß für PDF-Druckaufträge. Bei RAW-Druckaufträgen gibt es keine Verarbeitung.

Außerdem deuten Verarbeitungsfehler auf eine grundsätzlichere Problematik hin. Dies wird in Abschnitt 3.2.4, »Problemanalyse bei SAPsprint«, genauer besprochen. Die während des täglichen Betriebs in der Regel auftretenden Schwierigkeiten werden oft nicht zuverlässig erkannt, wie beispielsweise:

- Drucker ist angehalten.
- Drucker ist ausgeschaltet.
- Papierschacht ist offen.
- Toner ist leer.
- Papierstau

Bei der Abfrage auf die Warteschlange wird die Liste der zurückgemeldeten Druckaufträge immer größer, da alle erwähnten Probleme im Allgemeinen zu einem Stau in der Warteschlange führen. Es kann grundsätzlich nicht zwischen hohem Druckaufkommen und Stau aufgrund eines Problems unterschieden werden. Bleibt dieser Zustand zu lange unbeachtet, kann durch ständig neue Druckaufträge und die damit verbundenen permanenten Statusabfragen der Prozess zum Hängen gebracht werden. Dadurch wird auch der Neustartmechanismus des Dienstes unwirksam. Die Situation kann nur durch manuelles Eingreifen des Administrators behoben werden. Selbst wenn es nicht zum Hängen des Prozesses kommt und der Dienst manuell neu gestartet wird (siehe auch den folgenden Abschnitt »Neustart von SAPSprint«), führt eine sehr große Liste von ausstehenden Druckaufträgen zu einer längeren Ausfallzeit von SAPSprint.

> **Tipp** [*]
>
> Durch die nicht sehr zuverlässig arbeitende Statusrückmeldung eignet sich serverbasiertes Drucken über Netzwerk-Koppelarten nur bedingt für Druckaufträge, die eine absolut zuverlässige Statusrückmeldungen benötigen. Die Umgebung auf dem Druckserver sollte regelmäßig von einem Administrator überprüft werden.

Neustart von SAPSprint

Ist SAPSprint als Dienst implementiert, bedeutet das unter anderem, dass der Prozess bei entsprechender Einstellung automatisch neu gestartet wird, sobald festgestellt wird, dass er nicht mehr läuft. Diese Einstellung wurde bei der Installation von SAPSprint automatisch gewählt (siehe Abbildung 3.9).

Abbildung 3.9 Neustarteinstellung des SAPSprint-Dienstes

Wurde der Prozess kontrolliert beendet, das heißt entweder durch Stoppen des Dienstes über das Dienste-Snap-In oder durch automatisches Herunterfahren durch SAPSprint selbst, gehen beim Neustart keine bereits empfangenen Druckaufträge und Statusinformationen verloren. Diese Informationen werden beim kontrollierten Herunterfahren in Dateien im Log-Verzeichnis gesichert. Beim Neustart werden die Dateien wieder eingelesen und die entsprechenden Threads mit den internen Warteschlangen erstellt. Der Zustand des Prozesses entspricht dem vor dem Herunterfahren.

Folgende Dateien werden beim kontrollierten Herunterfahren geschrieben:

- **stal.dbd**
  Diese Datei beinhaltet Informationen über alle bereits verarbeiteten Druckaufträge, für die noch kein finaler Status an das SAP-System zurückgemeldet wurde. Es wird genau eine Datei mit diesem Namen geschrieben.

- **prnl<5 Ziffern>.dbd**
  Die Dateien enthalten Informationen über Druckaufträge, die empfangen, aber noch nicht bearbeitet bzw. weitergeleitet wurden. Es wird eine Datei pro Druckername geschrieben.

Die Dateien werden nach dem Neustart wieder gelöscht, sobald sie eingelesen worden sind. Während des Lesens dieser Dateien kann von SAPSprint kein neuer Druckauftrag empfangen werden. Das bedeutet auch, je größer diese Dateien sind, desto länger steht SAPSprint nicht zur Verfügung.

Bei einem unkontrollierten Absturz des Prozesses werden diese Dateien nicht geschrieben. Die bereits empfangenen, aber noch nicht weiter verarbeiteten Druckaufträge sind verloren, ebenso wie die Statusinformationen für die noch nicht nachgefragten Druckaufträge. Das führt dazu, dass bei der nächsten Statusabfrage des SAP-Systems all diese Druckaufträge für SAPSprint unbekannt sind. Je nach Einstellung der Option `report_unknown_status` werden diese Aufträge entweder als FEHLER oder FERTIG zurückgemeldet.

Es kann zum Verlust einzelner Aufträge kommen, falls während des Schreibens der Sicherungsdateien ein Übertragungsfehler bei einem gerade noch empfangenen Druckauftrag auftritt.

[+] **Hinweis**

Der Neustartmechanismus basiert auf einer korrekten Synchronisation zwischen SAP-System und SAPSprint. Wird bei der Druckerkonfiguration im SAP-System die Option DRUCKAUFTRÄGE NICHT BEIM HOSTSPOOL NACHFRAGEN markiert, muss bei SAPSprint parallel die druckerspezifische Option `NoStatus` eingestellt werden.

Anderenfalls führt dies bei SAPSprint zu einer stetig wachsenden Liste von Druckaufträgen, deren Status nie abgefragt wird.

3.2.4 Problemanalyse bei SAPSprint

Die Flexibilität, die vor allem die Verwendung von `SAPWIN`-Gerätetypen bietet, wird leider mit der schon erwähnten Unzuverlässigkeit bei der Statusabfrage und einer potenziellen Instabilität bei der Auftragsverarbeitung erkauft. Die Hintergründe dafür werden in diesem Abschnitt erläutert. Es werden auch Strategien zur Vermeidung der Problematiken beschrieben. Der Abschnitt wendet sich hauptsächlich an Administratoren, die für den reibungslosen Betrieb von SAPSprint innerhalb einer SAP-Systemlandschaft verantwortlich sind.

Die möglichen Schwierigkeiten sollen dabei im Folgenden in drei Kategorien aufgeteilt werden:

- Verbindungsprobleme zwischen SAP-System und SAPSprint
- Probleme bei der Druckauftragsverarbeitung
- Probleme am Drucker

Aufgrund der Architektur des SAP-Systems führen alle drei Kategorien zu unterschiedlichen Fehlerbildern und Folgekomplikationen. Diese sind im Allgemeinen schwerwiegender als beim fehlerhaften Ausdrucken von Dokumenten am Arbeitsplatzrechner.

Log-Dateien

Zur Analyse aller im Folgenden diskutierten Fehlerkategorien sind grundsätzlich die SAPSprint-Log-Dateien zu Hilfe zu nehmen. Sie können diese optional zur eigenen Fehleranalyse und unbedingt bei Fehlermeldungen an SAP verwenden. SAPSprint erzeugt ab einem `LogLevel` von 1 eine allgemeine Log-Datei *sapsprint.dbg* sowie pro Druckauftrag eine auftragsspezifische Datei *sapwin_<Auftragsname>.log* im Verzeichnis, das durch die Option `LogPath` angegeben wird. Ist die Option `WinAPILog` gesetzt, wird noch eine zusätzliche Datei *sapsprintwinapi.dbg* erzeugt, die alle Aufrufe an die Windows-API protokolliert. Der *<Auftragsname>* bei den auftragsspezifischen Dateien folgt dabei den bereits erwähnten Namenskonventionen:

- **Koppelart S**
  `<SID><Spool-ID>_<Ausgabe-ID>`, zum Beispiel `ABC0000004711_1`
- **Koppelart U**
  `dfA<3 Ziffern><Name des SAP-Servers>`, zum Beispiel `dfA001lambik01`

Die Voreinstellung für LogPath ist ein Unterverzeichnis *Logs* des Installationsverzeichnisses. Die auftragsspezifische Log-Datei wird zusammen mit der eigentlichen Druckdatei nach erfolgreicher Verarbeitung des Druckauftrages wieder gelöscht. Sie bleiben nur stehen, falls ein Problem erkannt wurde.

[+] **Hinweis**

Das Löschen der Dateien kann mit der Option KeepFile verhindert werden. Dies sollte allerdings nur zu Fehleranalyse in besonderen Fällen geschehen, das Log-Verzeichnis würde sonst stetig anwachsen.

[*] **Tipp**

Bei normalem Betrieb sollte die Voreinstellung 1 von LogLevel nicht verändert werden, sonst werden nur unnötige Zusatzinformationen geschrieben. Fehler werden auch bei der Voreinstellung herausgeschrieben. Die so geschriebenen Informationen reichen in den meisten Fällen für eine Fehleranalyse aus.

Abbildung 3.10 zeigt den Inhalt der Log-Datei *sapsprint.dbg* unmittelbar nach dem Start des Dienstes, wenn alle Protokolloptionen (siehe Tabelle 3.2 in Abschnitt 3.2.5) den Voreinstellungswert haben. Sie sehen hier die SAPSprint-Version, die Version des Betriebssystems, die Optionen, die nicht den Voreinstellungswert haben, den LPD-Port, die installierten Drucker, falls nicht durch NoPrinterLogging ausgeschaltet, sowie die IP-Adresse des Rechners. Generell stehen am Anfang jeder Zeile die Nummer des Threads, der die Zeile geschrieben hat, sowie ein Zeitstempel.

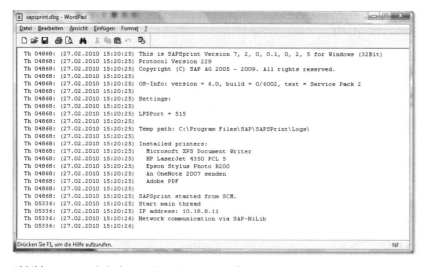

Abbildung 3.10 Inhalt der Log-Datei »sapsprint.dbg«

> **Hinweis** [+]
>
> Die Druckernamen in Abbildung 3.10 entsprechen nicht den Namenskonventionen, da sie Leerzeichen im Namen enthalten. Auf keinem dieser Drucker könnte man aus einem SAP-System heraus erfolgreich drucken.

Im weiteren Verlauf enthält die allgemeine Log-Datei *sapsprint.dbg* den Namen und den Drucker für jeden empfangenen Druckauftrag. Beim Neustart des SAPSprint-Dienstes wird eine neue Datei erzeugt. Die alte wird durch einen Zeitstempel gekennzeichnet im Log-Verzeichnis archiviert. Der Inhalt des Log-Verzeichnisses gibt einen ersten Anhaltspunkt für die Zuverlässigkeit von SAPSprint. Im Idealfall beinhaltet es, solange kein Druckauftrag verarbeitet wird, nur die aktuelle Datei *sapsprint.dbg* und eventuell archivierte ältere Log-Dateien (siehe Abbildung 3.11).

Abbildung 3.11 SAPSprint-Log-Verzeichnis

Netzwerkprobleme

Netzwerkprobleme sind sehr einfach festzustellen, aber leider sehr schwierig zu analysieren. Typischerweise findet man den Nachweis einer unterbrochenen Netzwerkverbindung in der Log-Datei *sapsprint.dbg*, wie in Abbildung 3.12 zu sehen ist. Die Abbildung zeigt einen Abbruch in der Funktion NiRawWrite.

Es können auch andere Funktionen betroffen sein, die alle mit »Ni« (Netzwerk-Interface) beginnen. Dies ist aber nur der Nachweis einer Seite der Kommunikation. Zur Minimalanalyse sollte mindestens noch die Workprozess-Trace-Datei des zugehörigen Spool-Workprozesses hinzugezogen werden, der den Druckauftrag bzw. die Statusnachfrage abgesetzt hat.

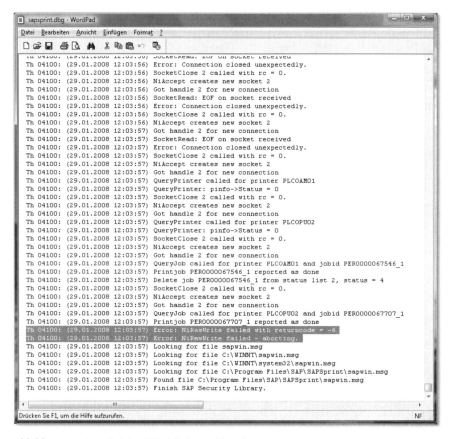

Abbildung 3.12 Log-Datei mit Verbindungsabbruch

Die zugehörige Datei findet man, wenn man in der Druckerdefinition des verwendeten Druckers zuerst den richtigen Aufbereitungsserver heraussucht (siehe Abbildung 3.4) und anschließend die Trace-Dateien aller Spool-Workprozesse auf diesem Server nach zugehörigen Ni-Fehlern durchsucht. Meist sieht man aber auch dann nur, dass einer der beiden Partner die Verbindung unterbrochen hat, aber nicht warum.

[*] **Tipp**

Workprozess-Trace-Dateien lassen sich in Transaktion SM51 über das Menü SPRINGEN • SERVER • INFORMATIONEN • TRACE-SUCHE nach bestimmten Mustern durchsuchen. Selektieren Sie wie in Abbildung 3.13 einen Server, und geben Sie das zu suchende Muster ein. Durch Drücken der SUCHEN-Drucktaste erfolgt eine Suche über alle Workprozess-Trace-Dateien.

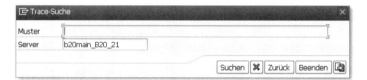

Abbildung 3.13 Mustereingabe bei der Trace-Suche

Die Ursache für diese Verbindungsabbrüche bei laufendem Betrieb ist meistens nicht ganz einfach zu identifizieren. Den einfachsten Fall, dass der Prozess einer der beiden Kommunikationspartner entweder manuell oder durch einen Fehler abgebrochen wurde, kann man leicht anhand des Zeitstempels der Log-Datei erkennen. Normalerweise wird der Neustart eines Prozesses protokolliert. Fällt der Verbindungsabbruch auf der einen Seite mit einem Prozessneustart auf der anderen Seite zusammen, ist die Ursache für den Verbindungsaufbau geklärt.

Schwieriger wird es, wenn beide Prozesse anscheinend weiterlaufen, die Kommunikation aber trotzdem blockiert ist. In dem Fall hilft nur eine Netzwerkanalyse auf TCP/IP-Ebene. Dazu muss eine spezielle Analysesoftware installiert werden, mit der festgestellt werden kann, warum einzelne Datenpakete nicht transportiert werden.

> **Achtung** [!]
>
> In SAP-Hinweis 20924 werden einige Profilparameter beschrieben, mit denen Sie verschiedene Zeitintervalle bei der Kommunikation zwischen SAP-System und Druckserver beeinflussen können. Kontaktieren Sie den SAP-Support, bevor Sie die Voreinstellung verändern. Eine Änderung der Parameter hat meist Auswirkungen auf das gesamte System. Die Parameter stammen aus einer Zeit, in der Netzwerke noch nicht die heutige Leistungsfähigkeit erreicht hatten. Die Ursache für Netzwerkprobleme kann durch eine Veränderung dieser Parameter aber meist nicht behoben werden.

Als mögliche Ursachen wurden in der Praxis beispielsweise eine zu geringe Netzwerkbandbreite in Zeiten hohen Druckaufkommens sowie die Installation von bestimmter Firewall-Schutzsoftware identifiziert.

- Die geringe Netzwerkbandbreite hatte zur Folge, dass zu bestimmten Zeiten ein häufigeres Abbrechen der Verbindung beobachtet werden konnte. Dies waren immer Zeiten, in denen sehr viel ausgedruckt wurde. Eine Erhöhung der Bandbreite war die Lösung für das Problem. Diese Möglichkeit sollte immer in Betracht gezogen werden, wenn diese Schwierigkeit sporadisch ohne weitere erkennbare Ursachen auftritt.

- Ähnlich gelagert ist der Fall mit der Firewall-Software. Diese erkannte fälschlicherweise im Datenstrom des Druckauftrages einen Angriff und blockierte die Verbindung.
- Bedenken Sie auch, dass eine Netzwerkverbindung von Punkt A zu Punkt B nur so zuverlässig ist wie das schwächste Glied in der Kette. Ein Hochgeschwindigkeitsnetzwerk an einem Standort nutzt nichts, wenn der Druckserver schließlich an einer anderen Lokation steht, deren LAN-Verbindung unterdimensioniert ist.

Kann eine Verbindung erst gar nicht aufgebaut werden, sollten die folgenden naheliegenden Fragen beantwortet werden:

- Ist der Druckserver verfügbar?
- Läuft der SAPSprint-Dienst auf dem Druckserver?
- Entspricht der im SAP-System bei der Druckerdefinition konfigurierte Port (siehe Abbildung 3.5) der SAPSprint-Option `LPDPort`?

Manchmal sind diese Fragen jedoch gar nicht so einfach zu beantworten, zum Beispiel wenn der Druckserver am anderen Ende der Welt steht. Oft sind es tatsächlich Vorkommnisse, wie beispielsweise dass jemand über Nacht einen Drucker oder einen Rechner abgeschaltet hat, die am nächsten Tag zu erheblichen Problemen führen.

Die Fragen eins und zwei lassen sich am leichtesten über Transaktion SPAD in der Detailansicht einer Druckerdefinition über das Menü AUSGABEGERÄT • VERBINDUNG PRÜFEN beantworten (siehe Abbildung 3.14).

Ist die Verbindungsprüfung erfolgreich, ist auf jeden Fall der eingetragene Druckserver verfügbar, und auf dem konfigurierten Port läuft auch ein Programm. Ob es der SAPSprint-Dienst ist, lässt sich so jedoch nicht feststellen. Die Voreinstellung 515 für den TCP/IP-Port gilt ebenso für den TCP/IP-Druckdienst (siehe Abschnitt 3.1). Laufen beide Dienste fälschlicherweise auf demselben Port, wird der Verbindungstest erfolgreich verlaufen, was allerdings beim Drucken oder bei der Statusnachfrage geschieht, ist nicht definiert. Die TCP/IP-Kommunikationspakete können willkürlich von beiden Prozessen abgefangen werden. Stellen Sie in jedem Fall sicher, dass ein Port nicht doppelt belegt ist.

Abbildung 3.14 Transaktion SPAD – Verbindungsprüfung

Probleme bei der Auftragsverarbeitung

Probleme bei der Auftragsverarbeitung entstehen praktisch nur bei der Verwendung von SAPWIN-Gerätetypen und eventuell bei der Verarbeitung von PDF-Druckaufträgen unter Verwendung von PDFPRINT (siehe Abschnitt 4.5). PDFPRINT ist allerdings noch zu neu, um detaillierte Aussagen treffen zu können. Im Folgenden wird daher nur auf die Problematik bei der Verwendung von SAPWIN-Gerätetypen eingegangen. Bei RAW-Gerätetypen könnte theoretisch auch ein Verarbeitungsfehler auftreten, praktisch kommt dies aber so gut wie nie vor, da es bei RAW-Gerätetypen eigentlich auch gar nicht zu einer Verarbeitung auf dem Druckserver kommt, sondern die Druckaufträge nur an den Drucker weitergereicht werden. Das geschieht in der Regel ohne Probleme.

> **Tipp** [*]
>
> Das einzig bekannte Problem, das man bei RAW-Gerätetypen ab und zu sieht, ist die Verwendung von ungültigen Druckernamen. Das geschieht meistens, wenn vergessen wird, einen auf dem Druckserver gelöschten oder umbenannten Drucker auch bei der Definition im SAP-System anzupassen.

Die Auftragsverarbeitung bei SAPWIN-Aufträgen bzw. die Weiterleitung an den Drucker bei RAW-Aufträgen oder der Aufruf von PDFPRINT-Funktionen erfolgt immer in der Datei *sapwin.dll*. Daher werden diese Fehler auch grundsätzlich in einer auftragsspezifischen Log-Datei protokolliert. Bei der Verwendung von Koppelart S kann durch die erwähnten Namenskonventionen (siehe »Log-Dateien« in diesem Abschnitt), der Auftrag im SAP-System eindeutig identifiziert werden.

Die auftragsspezifische Log-Datei enthält beim Auftreten eines Verarbeitungsfehlers normalerweise den Namen der fehlgeschlagenen Funktion aus dem Windows-GDI und einen mehr oder weniger sinnvollen Text, der den Fehler beschreiben soll. Der Grund für die meist wenig fundierte Aussage ist, dass der Fehlertext über einen weiteren Windows-GDI-Aufruf ermittelt wird. Dieser Aufruf kann aber nur in dem Fall einen sinnvollen Text zurückliefern, wenn beim Auftreten des Fehlers dieser auch vom Druckertreiber vernünftig protokolliert wurde. Dies ist häufig nicht der Fall. Die am häufigsten auftretenden Funktionen mit Verarbeitungsfehler sind CreateDC, StartPage und EndPage.

Dieses Phänomen wurde von SAP in einem Labortest untersucht. Das Testszenario sah dabei folgendermaßen aus: Auf einem neu installierten Windows-System mit aktuellem Service-Pack wurde genau ein Druckertreiber pro Test installiert. Nach Beendigung des Tests wurde der Treiber wieder deinstalliert. Zudem lief außer dem Test keine andere Anwendung, damit sollten mögliche unbekannte Wechselwirkungen zwischen Druckertreibern oder Anwendungen ausgeschlossen werden. Beim Test wurden 5.000 bzw. 10.000 Druckaufträge, bestehend aus einem halbseitigen Text ohne Grafiken, in schneller Folge hintereinander über SAPSprint an den Drucker geschickt.

- Bei circa 80 % aller untersuchten Druckertreiber entstand im Lauf des Tests ein Problem mit einem der erwähnten Funktionsaufrufe. Die Folgen waren unterschiedlich. Manchmal war der eingebaute Neustartmechanismus erfolgreich, der bei der Erkennung eines Fehlers durch den Aufruf von CreateDC den Dienst neu startet. Die weiteren Aufträge nach dem Erkennen des Fehlers konnten nach einem Neustart erfolgreich gedruckt werden. Manchmal hing der Prozess aber auch, in diesem Fall war ein manueller Neustart erforderlich.

- Die restlichen 20 % der Druckertreiber bestanden den Test erfolgreich. Es gab keinerlei Schwierigkeiten, der SAPSprint-Dienst lief auch nach den 5.000 bzw. 10.000 Druckaufträgen weiter. Meist waren dies Druckertreiber, die mit Windows zusammen ausgeliefert wurden.

Leider lassen sich aus diesem Ergebnis nur allgemeine Schlussfolgerungen ziehen, zumal das Problem herstellerunabhängig aufgetreten ist. Alle Tests wurden mehrfach durchgeführt, die Ergebnisse waren jedes Mal nachvollziehbar. Ein Zufall wurde daher auch ausgeschlossen.

- Es wird vermutet, dass es sich um ein Ressourcenproblem handelt, da bei fast allen Druckertreibern, bei denen dies auftrat, der Speicherverbrauch des Prozesses im Lauf des Tests stetig zunahm. Normal wäre ein schwankender Speicherverbrauch, da nach Beendigung eines Druckauftrages benutzter Speicher wieder freigegeben werden sollte. Dies war bei den Druckertreibern der Fall, die den Test erfolgreich bestanden hatten.
- Möglicherweise hängt es auch mit Zusatzfunktionen zusammen, wie zum Beispiel der Druckerüberwachung oder ähnlichen, die häufig bei Installationspaketen der Hersteller mit installiert werden, bei den Treibern aus dem Betriebssystem jedoch fehlen. Dieser Rückschluss wurde aus der Tatsache gezogen, dass der Test oft für einen bestimmten Drucker bei der Wahl des Treibers aus dem Betriebssystem erfolgreich verlief, es aber Schwierigkeiten gab, wenn das Treiberpaket des Herstellers aus dem Internet genommen wurde.

Die Schlussfolgerung, die sich aus alldem ergibt, ist, dass die Druckertreiber im Allgemeinen nicht für die Verwendung mit lange laufenden Prozessen bzw. Diensten geeignet sind. Diese Problematik wurde noch nie von anderen Anwendungen berichtet, auch nicht vom Frontend-Druck mit Koppelart G, der sogar dieselbe Datei *sapwin.dll* wie SAPSprint zur Verarbeitung von Druckaufträgen verwendet. Eine endgültige Lösung ist nicht in Sicht.

In den meisten Fällen hat das folgende Vorgehen dazu geführt, die Schwierigkeiten im täglichen Betrieb zu minimieren:

- Der SAPSprint-Dienst sollte regelmäßig und so oft wie möglich neu gestartet werden. Durch den Neustart werden alle Ressourcen wieder freigegeben, die der Prozess angefordert hatte.
- Im SAP-System sollten die folgenden Profilparameter über Transaktion RZ11 gesetzt werden (siehe Abbildung 3.15):
    - `rspo/tcp/retrytime = 1`
    - `rspo/host_spool/check_retries = 5`
    - `rspo/lpq/temp_disable_time = 1`

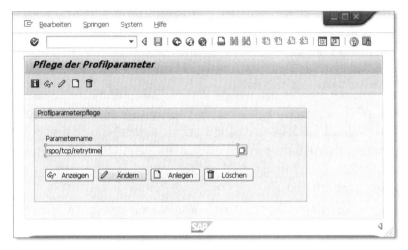

Abbildung 3.15 Transaktion RZ11 – Pflege der Profilparameter

Bei einem Neustart von SAPSprint ist der Dienst kurzfristig (circa eine Sekunde) nicht verfügbar. Versucht das SAP-System in dieser Zeit, einen Druckauftrag an den Dienst zu schicken, schlägt die Verbindung fehl. Normalerweise werden danach alle Drucker, die vom SAP-System auf den betroffenen Druckserver verweisen, für circa fünf Minuten gesperrt. Dies soll verhindern, dass permanent Druckaufträge an einen nicht vorhandenen Server geschickt werden. Durch die nur sehr kurze Nichtverfügbarkeit ist das in diesem Fall nicht notwendig. Durch das Setzen der Profilparameter wird die Sperrzeit auf eine Sekunde heruntergesetzt, das heißt praktisch ausgeschaltet. Im Einzelnen bewirken die Parameter das Folgende:

- Es wird fünf Mal hintereinander versucht, eine Verbindung zu SAPSprint aufzubauen (`rspo/host_spool/check_retries`).
- Auf TCP/IP-Ebene wird pro Versuch eine Millisekunde gewartet (`rspo/tcp/retrytime`).
- Kommt keine Verbindung zustande, wird der Drucker im SAP-System für eine Sekunde gesperrt (`rspo/lpq/temp_disable_time`).

[*] **Tipp**

Setzen Sie diese Profilparameter nur im Fall von SAPSprint. Erfolgt kein automatischer Neustart, kann der Empfänger für Druckaufträge möglicherweise langfristig nicht verfügbar sein. In diesem Fall sollte die Voreinstellung der Druckersperre im SAP-System verwendet werden, um keine permanente Netzwerkbelastung durch vergebliche Versuche zu erzeugen, eine Verbindung zu einem nicht verfügbaren Dienst herzustellen.

Vereinzelt finden sich auch andere Fehlermeldungen in der auftragsspezifischen Log-Datei. Diese sollten individuell durch den SAP-Support untersucht werden. Hauptsächlich besteht das Problem aber aus dem dargestellten Szenario.

Probleme mit der Druckerhardware

Neben den in den beiden letzten Abschnitten beschriebenen Szenarien kann es darüber hinaus zu Problemen unterschiedlichster Art mit dem Drucker selbst kommen. Dazu zählen alle Arten von Fehlern, die mit der Hardware selbst bzw. den Verbrauchsmaterialien des Druckers zusammenhängen. Als Beispiele seien genannt:

- Der Drucker ist ausgeschaltet.
- Der Drucker kann durch Auswahl des Netzwerkes oder des Druckservers nicht erreicht werden.
- Es gibt einen Papierstau im Drucker.
- Der Papierschacht im Drucker ist geöffnet.
- Der Drucker hat kein Papier mehr.
- Dem Drucker fehlt Toner oder Tinte.
- Der Drucker wartet auf eine manuelle Eingabe.

Für sich genommen hat jeder dieser Zustände zunächst einmal nur geringe Auswirkungen. Schwierigkeiten ergeben sich durch die unter »Allgemeine Statusabfrage« in Abschnitt 3.2.3 erwähnte Unzuverlässigkeit beim Erkennen dieser Zustände. Ob ein Zustand erkannt wird oder nicht, hängt stark von der Betriebssystem- und Treiberversion des Druckers ab. Wie schwerwiegend die weiteren Folgen sind, ist dagegen davon abhängig, wie schnell auf das Problem reagiert wird.

Beispiel	[zB]

Diese Aussage soll anhand eines Beispiels aus der Praxis näher untersucht werden. Das Beispiel ist ein Szenario, das immer wieder an den SAP-Support gemeldet wird.

- Abbildung 3.16 zeigt die Druckerwarteschlange eines ausgeschalteten Druckers, an den insgesamt drei Dokumente geschickt wurden. Im Betriebssystem selbst werden alle Zustände nur zeitlich verzögert erkannt. Der Zustand des Druckers ist ausgeschaltet, die Druckaufträge selbst haben noch keinen Status. Eine Statusabfrage des SAP-Systems zu diesem Zeitpunkt würde kein Problem erkennen. Alle Aufträge hätten den Status »Wartet im Hostspooler«.

Abbildung 3.16 Phase 1 – Drucker ist ausgeschaltet

▶ In Abbildung 3.17 wurde der Drucker inzwischen eingeschaltet, allerdings ist der Papierschacht offen. Bei den Druckaufträgen ist immer noch keine Schwierigkeit zu erkennen. Eine Statusabfrage zu diesem Zeitpunkt würde den ersten Druckauftrag als »Druckt« erkennen, die anderen hätten weiterhin den Zustand »Wartet im Hostspooler«. Das Problem mit dem offenen Papierschacht würde nicht erkannt werden.

Abbildung 3.17 Phase 2 – Drucker hat kein Papier

▶ In Abbildung 3.18 schließlich würde eine Statusabfrage den ersten Druckauftrag mit »Problem« markieren, alle anderen hätten nach wie vor den Zustand »Wartet im Hostspooler«. Ob eine nähere Beschreibung der Problematik gemeldet wird, hängt vom Druckertreiber ab. Nicht immer ist die Zustandsbeschreibung des Druckers so korrekt wie in den Abbildungen.

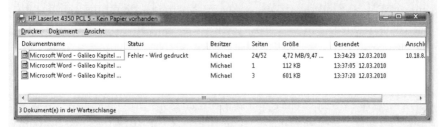

Abbildung 3.18 Phase 3 – Fehler wird erkannt

Unabhängig von der Genauigkeit des Druckertreibers, bleibt immer die Tatsache bestehen, dass nur der gerade bearbeitete Auftrag einen Zustand in der Windows-Warteschlange besitzt. Das potenzielle Problem, das durch den offenen Papierschacht auch alle weiteren Aufträge nicht gedruckt werden können, solange der Schacht nicht geschlossen wird, wird nicht erkannt.

Obiges Beispiel besteht aus nur drei Druckaufträgen. Angenommen, der Schacht wird recht schnell wieder geschlossen, dann werden die Druckaufträge ausgedruckt und anschließend bei der nächsten Statusabfrage als »Fertig« markiert. In diesem Fall wäre das Verhalten in Ordnung.

Das Szenario kann sich allerdings auch recht schnell zu einer größeren Komplikation ausweiten: Angenommen, der Papierschacht wird nicht geschlossen, oder der Drucker wird über Nacht ausgeschaltet und ein Hintergrundjob im SAP-System produziert über Nacht Tausende von Druckaufträgen. In diesem Fall würden die Statusabfragen des SAP-Systems immer wieder dieselben Zustände zurückmelden. Da kein Druckauftrag ausgedruckt wird, wird die Liste der bei der Abfrage übertragenen Druckaufträge immer größer.

- Im Zusammenspiel mit der Erstellung der Druckaufträge selbst führt das als Erstes zu einer erhöhten Netzwerkbelastung.
- Wie erläutert, steigt bei der Verwendung von SAPWIN-Gerätetypen bei der Menge der Druckaufträge gleichzeitig die Wahrscheinlichkeit eines Verarbeitungsfehlers.
- Je nachdem, ob der Neustartmechanismus (siehe Tabelle 3.3) in Zusammenarbeit mit den im letzten Abschnitt erwähnten Profilparametern funktioniert oder nicht, gibt es im SAP-System möglicherweise einen Rückstau von Druckaufträgen durch das automatische Sperren von Druckern, oder die Druckaufträge werden von SAPSprint zwar angenommen, aber nicht mehr verarbeitet.
- Im schlimmsten Fall wird der Verarbeitungsfehler nicht erkannt, und der Prozess blockiert vollständig. Dann können auch noch Verbindungsprobleme auftreten, da die Netzwerkkommunikation ebenfalls gestört ist.

Das heißt, alle Fehlerkategorien sind gleichzeitig über eine möglicherweise große Anzahl von Log-Dateien verteilt zu erkennen. Zusätzlich zu den nicht ausgedruckten Dokumenten wird so auch noch die Fehleranalyse deutlich erschwert, da die eigentliche Ursache, nämlich der offene Papierschacht, im Gegensatz zu allen Folgeproblemen nicht protokolliert wird. Der Druckbetrieb kann dann insbesondere bei hohem Druckaufkommen nur zuverlässig sichergestellt werden, wenn die gesamte Infrastruktur, angefangen vom SAP-System über den SAPSprint-Dienst bis zur Hardware des Druckers, korrekt konfiguriert und funktionsfähig ist. Der Ausfall eines Gliedes der Kette kann nur kurzfristig kompensiert werden.

3.2.5 SAPSprint-Optionen

In diesem Abschnitt finden Sie einen Überblick über alle möglichen SAP-Sprint-Optionen, die in verschiedene Kategorien eingeteilt werden. Einige davon werden Sie im täglichen Betrieb häufiger anwenden, viele sind allerdings sehr speziell und sollten nicht unbedacht verändert werden.

Alle Optionen werden in der Windows-Registrierung unter dem Pfad *HKEY_LOCAL_MACHINE\SOFTWARE\SAP\SAPlpd\SAPLPD* als Zeichenfolgen abgespeichert (siehe Abbildung 3.19). Dabei ist auf Groß- und Kleinschreibung zu achten. Der Pfad wurde aus praktischen Gründen beim Übergang von SAPLPD zu SAPSprint nicht verändert. Früher mussten diese Einträge manuell gepflegt werden. In der Zwischenzeit sollten Sie nur noch die unten aufgeführten Methoden verwenden, um Verarbeitungsfehler durch falsche Einträge zu vermeiden. Abbildung 3.19 zeigt den Inhalt der Windows-Registrierung nach der Installation. Es wurden bisher keinerlei Optionen verändert.

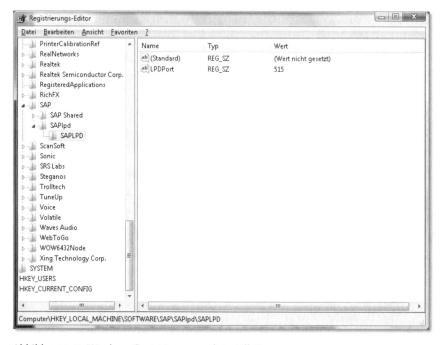

Abbildung 3.19 Windows-Registrierung nach Installation

Hinweis [+]

Ist eine Option nicht in der Registrierung eingetragen, wird automatisch die Voreinstellung gewählt. Voreinstellungswerte müssen nicht explizit eingegeben werden. Ausnahme: Die Option LPDPort wird immer bei der Installation eingetragen.

Ändern von Optionen

Es gibt zwei Möglichkeiten, Optionen zu ändern: über die Kommandozeile (siehe Abbildung 3.20) oder mithilfe des SAPSprint-Optionseditors (siehe Abbildung 3.21).

Abbildung 3.20 Anzeige der SAPSprint-Optionen

Abbildung 3.21 SAPSprint-Optionseditor

- Die Kommandozeile ist für eine schnelle Änderung weniger Optionen durch den erfahrenen Anwender gedacht. Dabei ist auf die richtige Schreibweise der Option zu achten. Ungültige Eingaben werden nicht akzeptiert. Die Kommandos aus Tabelle 3.1 sind möglich.

Einige Optionen können druckerspezifisch gesetzt werden, das heißt, sie gelten nicht allgemein, sondern nur für den angegebenen Drucker. Die Notation ändert sich dabei wie folgt: `<Druckername>:<Option>`, das heißt zum Beispiel `HPLaserJet3000:IconMode`. Druckerspezifische Optionen sind in den nachfolgenden Tabellen als solche durch einen entsprechenden Hinweis gekennzeichnet.

Kommando	Beschreibung
sapsprint -oi <Option> <Zahlwert>	Setzt den Zahlenwert einer Option, zum Beispiel einen LogLevel von 5.
sapsprint -os <Option> <Zeichenkette>	Setzt den Zeichenkettenwert einer Option, zum Beispiel LogPath auf c:\temp.
sapsprint -dk <Option>	Löscht die angegebene Option aus der Registrierung.
sapsprint -e	Zeigt die veränderten Optionen mit zugehörigen Werten sowie die installierten Drucker.
sapsprint -t	Löscht alle Optionen aus der Registrierung, das heißt, der Voreinstellungswert wird genommen.

Tabelle 3.1 Kommandos zur Manipulation von SAPSprint-Optionen

- Der SAPSprint-Optionseditor wird ab SAPSprint-Version 7.20 automatisch mit installiert. Sie finden ihn im Windows-Startmenü unter START • ALLE PROGRAMME • SAPSPRINT • OPTIONS EDITOR. Das Programm wird nur englischsprachig ausgeliefert.

Nach dem Start des Editors werden die augenblicklich eingestellten Optionen angezeigt. Diese sind dabei mithilfe von Tabulatorseiten funktionell gegliedert. Nach dem Start werden einige Seiten nicht angezeigt, deren Inhalt normalerweise nicht verändert werden muss. Diese können Sie über das Menü VIEW • ENABLE ALL einblenden. Über die Hilfefunktion können Sie eine kurze Beschreibung jeder Option anzeigen lassen. Verändern Sie die Option gemäß Ihren Anforderungen, und speichern Sie die Änderungen über das Menü FILE • SAVE vor Verlassen des Programms ab.

Der Optionseditor gewährleistet neben der übersichtlichen Darstellung und der Kurzbeschreibung vor allem die syntaktische und semantische Korrektheit der Änderungen.

> **Hinweis** [+]
>
> Die meisten Optionen sind sofort wirksam. Einige, wie zum Beispiel LPDPort, verlangen einen Neustart des SAPSprint-Dienstes. Wirkt die Option nicht wie gewünscht, oder sind Sie sich nicht sicher, starten Sie den Dienst neu.

Die nachfolgenden Abschnitte geben einen Überblick über alle möglichen SAPSprint-Optionen. Die Gliederung erfolgt dabei analog zu den Karteikarten des SAPSprint-Optionseditors. Diese sind gemäß der Wahrscheinlichkeit angeordnet, mit der die Option im täglichen Betrieb verändert werden muss. Der Voreinstellungswert jeder Option ist jeweils fett hervorgehoben.

Die Beschreibung mancher Optionen klingt ein wenig zusammenhanglos. Dies wird bewusst in Kauf genommen, da eine genaue Beschreibung ohne eine detaillierte Erläuterung des Kontextes, in dem sie stehen, nicht möglich ist. Viele Optionen wurden in der Vergangenheit eingeführt, um ein ganz spezielles Problem beispielsweise mit einem ganz bestimmten Druckermodell zu lösen. Eine Veränderung wäre für fast alle Situationen entweder wirkungslos oder würde das Ergebnis verschlechtern. Andere Optionen wiederum sind mittlerweile obsolet, können aber aufgrund der Kompatibilität trotzdem nicht entfernt werden. Generell gilt: Wenn Sie die Wirkungsweise einer Option nicht vollständig verstehen, belassen Sie den Wert auf der Voreinstellung, oder ändern Sie ihn nur nach Rücksprache mit dem SAP-Development-Support.

Protokolloptionen (Trace Options)

Die Optionen aus Tabelle 3.2 entsprechen der ersten Karteikarte TRACE OPTIONS des SAPSprint-Optionseditors. Sie werden zur Fehleranalyse benötigt. Mit ** gekennzeichnete Optionen gelten analog auch für SAPFprint (siehe Abschnitt 3.3.2). Im Normalbetrieb sollte LogLevel auf 1 und KeepFile auf 0 eingestellt sein. Für allgemeine Fehler sollten diese beiden Optionen auf 5 bzw. 1 gesetzt werden. Dadurch werden zusätzliche Informationen in die jobspezifische Log-Datei geschrieben sowie die Druckdatei zur Nachstellung des Problems aufbewahrt. Alle anderen Optionen dienen zur Analyse spezifischer Fehler und sollten auch nur beim Auftreten dieser Fehler eingeschaltet werden, da anderenfalls die Log-Dateien mit überflüssigen Informationen gefüllt werden. Sie werden dadurch unübersichtlicher, und die Verarbeitung benötigt mehr Zeit.

Optionsname	Beschreibung
LogLevel (**)	Gibt an, wie viele Informationen in die Log-Dateien geschrieben werden. ▶ 0: Es wird keine Log-Datei erstellt. Dieser Wert wird nicht empfohlen. ▶ 1: Voreinstellung. Level für den normalen Betrieb. Nachweis der gedruckten Aufträge. ▶ 5: Level für Fehleranalyse ▶ 9: Wird nur in seltenen Fällen benötigt. Schreibt zusätzliche Informationen zur Identifizierung von Speicherfehlern oder fehlerhaften Programmabläufen.
LogPath	Dies ist der Pfad für Log-Dateien und temporäre Druckdaten. Voreinstellung: Unterverzeichnis *Logs* des Installationsverzeichnisses.
KeepFile (**)	▶ 0: Voreinstellung. Jobspezifische Log-Dateien und Druckdaten werden nach erfolgreichem Ausdruck gelöscht. ▶ 1: Jobspezifische Log-Dateien und Druckdaten werden auch nach erfolgreichem Ausdruck behalten. Eine Veränderung der Voreinstellung wird nur zur Fehleranalyse empfohlen (siehe Abschnitt 3.2.4, »Problemanalyse bei SAPSprint«).
MaxLogFileSize	Maximale Größe der Log-Datei sapsprint.dbg, bevor eine neue Datei erstellt wird. Die Abstufung erfolgt in den Größen 1, 2, 5, **10**, 50 und 100 MB. Voreinstellung ist 10 MB. Siehe auch NoLogFileSwitch.
NoLogFileSwitch	▶ 0: Voreinstellung. Nach Erreichen von MaxLogFileSize wird die alte Log-Datei sapsprint.dbg mit einem Zeitstempel archiviert. Eine neue Datei wird erstellt. ▶ 1: Es erfolgt keine Archivierung. Die alte Datei wird überschrieben.
LogTimeCheck	▶ 0: Voreinstellung. Es werden keine Zeitangaben pro Druckauftrag protokolliert. ▶ 1: Pro Druckauftrag werden Anfang und Ende der Verarbeitung mit einem Zeitstempel aufgezeichnet.
MemoryLog	▶ 0: Voreinstellung. Speicherverbrauch wird nicht protokolliert. ▶ 1: Schreibt den Speicherverbrauch des SAPSprint-Prozesses in die Log-Datei. Die Option dient zur Analyse von Speicherfehlern.

Tabelle 3.2 Protokolloptionen

Optionsname	Beschreibung
WinAPILog	▶ **0**: Voreinstellung. Aufrufe an die Windows-API werden nicht protokolliert.
	▶ **1**: Aufrufe an die Windows-API werden in eine separate Log-Datei geschrieben. Die Option dient zur Fehleranalyse (siehe »Log-Dateien« in Abschnitt 3.2.4).
NoPrinterLogging	▶ **0**: Voreinstellung. Installierte Drucker werden am Anfang der Log-Datei sapsprint.dbg protokolliert.
	▶ **1**: Installierte Drucker werden nicht protokolliert.
	Bei zahlreichen installierten Netzwerkdruckern kann es vorkommen, dass der Dienst nicht startet, da die Druckererkennung bei ausgeschalteten Druckern zu lange dauert. Ändern Sie in diesem Fall die Voreinstellung.
KeepRestoreFile	▶ **0**: Voreinstellung. Nach einem Neustart werden die Dateien gelöscht, in denen Druckaufträge und Statusinformationen für den Neustart gesichert wurden.
	▶ **1**: Die Dateien werden nach dem Neustart behalten. Die Option sollte nur auf Aufforderung des SAP-Supports zur Fehleranalyse verändert werden (siehe »Neustart von SAPSprint« in Abschnitt 3.2.3).

Tabelle 3.2 Protokolloptionen (Forts.)

Abbildung 3.22 zeigt den anfänglichen Inhalt der Datei *sapsprint.dbg*, wenn die Optionen MemoryLog und WinAPILog auf 1 gesetzt sind. Im Gegensatz zu Abbildung 3.10 sieht man die veränderten Optionen sowie deren Auswirkungen. Durch MemoryLog werden am Anfang und kurz vor dem Beenden des Dienstes zwei Blöcke mit Speicherverbrauchsinformationen geschrieben. Weitere dieser Blöcke würden in regelmäßigen Abständen bei der Verarbeitung von Druckaufträgen protokolliert werden.

Abbildung 3.23 zeigt den Inhalt der zusätzlichen Log-Datei *sapsprintwinapi.dbg*, die durch das Setzen der Option WinAPILog geschrieben wird. Es werden sämtliche Aufrufe zu Windows-Funktionen mit Aufrufparametern und Rückgabewert protokolliert. Das Beispiel zeigt das Ergebnis eines Starts des SAPSprint-Dienstes mit anschließender sofortiger Beendigung.

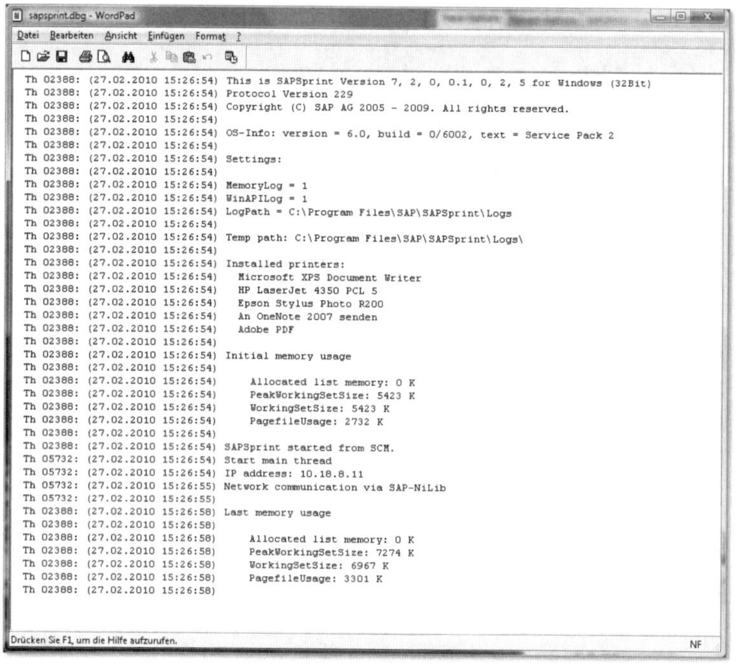

3 | Drucken unter Microsoft Windows

![Screenshot sapsprint.dbg]

Abbildung 3.22 Inhalt der Log-Datei »sapsprint.dbg« mit zusätzlichen Optionen

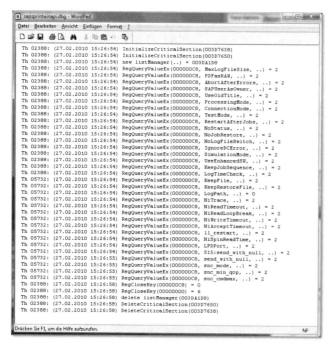

Abbildung 3.23 Inhalt der Log-Datei »sapsprintwinapi.dbg«

Neustartoptionen (Restart Options)

Die Optionen aus Tabelle 3.3 entsprechen der Karteikarte RESTART OPTIONS und dienen zur Steuerung des Neustartverhaltens des SAPSprint-Dienstes. Eine Veränderung der Voreinstellung ist nur in Ausnahmefällen nach Rücksprache mit dem SAP-Support empfohlen.

Optionsname	Beschreibung
RestartAfterJobs	▸ **0**: Voreinstellung. Der SAPSprint-Dienst startet nicht selbstständig nach einer bestimmten Anzahl von Druckaufträgen neu. ▸ **Beliebige Zahl**: Der SAPSprint-Dienst startet nach der angegebenen Anzahl von Druckaufträgen automatisch neu.
NoJobRestore	▸ **0**: Voreinstellung. Bereits empfangene und noch nicht bearbeitete Druckaufträge werden bei einem Neustart neu eingeplant. ▸ **1**: Bereits empfangene und noch nicht bearbeitete Druckaufträge gehen bei einem Neustart verloren.
IgnoreDCError	▸ **0**: Voreinstellung. Bei Erkennung des `CreateDC`-Fehlers startet der SAPSprint-Dienst automatisch neu. ▸ **1**: Der `CreateDC`-Fehler wird ignoriert, der SAPSprint-Dienst versucht, normal weiterzuarbeiten.

Tabelle 3.3 Neustartoptionen

SAPSprint-Steuerungsoptionen (SAPSprint Processing)

Die Optionen aus Tabelle 3.4 entsprechen der Karteikarte SAPSPRINT PROCESSING. Sie steuern das SAPSprint-Verhalten beim Empfang von Druckaufträgen und haben Einfluss auf die Darstellung der Druckaufträge in der Windows-Druckerwarteschlange.

Optionsname	Beschreibung
LPDPort	▸ **515**: Voreinstellung ▸ **beliebige freie TCP/IP-Port-Nummer** TCP/IP-Port zum Empfang der Druckdaten (siehe Abbildung 3.1)

Tabelle 3.4 SAPSprint-Steuerungsoptionen

Optionsname	Beschreibung
UseOldTitle	▶ **0**: Der Benutzername wird nicht im Dokumentennamen des Druckauftrages mit angegeben. ▶ **1**: Voreinstellung. Gemäß der Einstellung von `SAPUserAsOwner` wird der Benutzername im Dokumentennamen des Druckauftrages mit angegeben. Beide Optionen werden im Allgemeinen zu Abrechnungszwecken von Druckdienstleistern verwendet.
SAPUserAsOwner	▶ **0**: Voreinstellung. Der Windows-Benutzername wird im Dokumentennamen in der Windows-Druckerwarteschlange angezeigt. ▶ **1**: Der SAP-Benutzername wird im Dokumentennamen in der Windows-Benutzerwarteschlange angezeigt. Die Option ist nicht auf allen Windows-Versionen möglich. Siehe auch `UseOldTitle`.
ProcessingMode	▶ **0**: Ein Thread pro Druckauftrag wird gestartet, der nach der Verarbeitung wieder gelöscht wird. ▶ **1**: Voreinstellung. Ein permanenter Arbeits-Thread pro Drucker wird gestartet. Einkommende Aufträge für diesen Drucker werden in eine Warteschlange gestellt. Eine Änderung der Voreinstellung ist nur bedingt empfohlen (siehe »SAPSprint-Anfragen« in Abschnitt 3.2.3).
ConnectionMode	▶ **0**: Ein ankommender Druckauftrag wird vom Haupt-Thread vollständig empfangen. Die Verbindung ist so lange blockiert. ▶ **1**: Voreinstellung. Ein ankommender Druckauftrag wird sofort an einen anderen Thread weitergegeben. Die Verbindung ist sofort wieder frei. Eine Änderung der Voreinstellung ist nicht empfohlen (siehe »SAPSprint-Anfragen« in Abschnitt 3.2.3).
KeepJobSequence	▶ **0**: Voreinstellung. Der Empfang von Druckaufträgen ist parallelisiert. ▶ **1**: Der Empfang von Druckaufträgen ist serialisiert. In seltenen Fällen kann es vorkommen, dass die Reihenfolge von Druckaufträgen beim Empfang vertauscht wird. Ändern Sie in diesem Fall die Voreinstellung. Der Empfang von Druckaufträgen wird dadurch verlangsamt, das heißt, Sie sollten die Option nicht unnötig ändern.

Tabelle 3.4 SAPSprint-Steuerungsoptionen (Forts.)

Optionsname	Beschreibung
NoStatus (druckerspezifische Option)	▶ 0: Voreinstellung. Statusinformationen werden bis zur Abfrage gespeichert. ▶ 1: SAPSprint speichert keine Statusinformationen über empfangene Druckaufträge. Falls Statusinformationen nicht gewünscht sind, muss diese Option analog zur Einstellung bei der Druckerdefinition im SAP-System gesetzt werden (siehe Abbildung 3.5).
report_unknown_status	▶ 0: Unbekannte Druckaufträge werden im SAP-System als fertig gekennzeichnet. ▶ 1: Voreinstellung. Unbekannte Druckaufträge werden im SAP-System als Fehler gekennzeichnet. Unbekannte Aufträge können entstehen, wenn der SAPSprint-Prozess unkontrolliert abstürzt.

Tabelle 3.4 SAPSprint-Steuerungsoptionen (Forts.)

SAPWIN-Verarbeitungsoptionen (SAPWIN Processing)

Die Optionen in Tabelle 3.5 entsprechen der Karteikarte SAPWIN PROCESSING. Alle in dieser Tabelle aufgelisteten Optionen sind nicht nur beim Drucken mit SAPSprint gültig, sondern ebenso beim Frontend-Druck mit SAPFprint (siehe Abschnitt 3.3.2). Sie können zur Steuerung der Verarbeitung von SAPWIN-Druckaufträgen modifiziert werden. Sie haben keinen Einfluss auf alle anderen Arten von Druckaufträgen. Die meisten davon sind druckerspezifisch und werden verwendet, um das Druckbild auf bestimmten Arten von Druckern zu beeinflussen. Beispielsweise können einfache Nadeldrucker keine Linien oder Grafiken ausdrucken. Kommen diese im Druckauftrag vor, ist es eventuell notwendig, einige der erwähnten Optionen auf einen den Fähigkeiten des Druckers gemäßen Wert zu setzen.

Optionsname	Beschreibung
IconMode (druckerspezifische Option)	▶ **IconAsGraphics**: Voreinstellung. Icons werden als farbige Bitmaps analog zum SAP GUI ausgedruckt. ▶ IconAsFont: Icons, die in der Schrift SAPIcons normal enthalten sind, werden mithilfe dieser Schrift ausgedruckt. Fehlende Piktogramme werden als # gedruckt. Die Schriftart wird zusammen mit dem SAP GUI installiert. Ist die Schrift nicht installiert, werden alle Icons als # ausgedruckt.

Tabelle 3.5 SAPWIN-Verarbeitungsoptionen

Optionsname	Beschreibung
GraphRahmenMode (druckerspezifische Option)	▶ **0**: Voreinstellung. Rahmen von ABAP-Listen werden durch Linien gedruckt. ▶ **1**: Rahmen werden durch Ersatzzeichen gedruckt. ▶ **2**: Rahmen werden überhaupt nicht gedruckt.
ListColorGap (druckerspezifische Option)	▶ **0**: Voreinstellung. Kein Effekt. ▶ **Beliebige Nummer**: Beim Ausdruck von farbigen ABAP-Listen wird eine Lücke ohne Farbe mit der angegebenen Anzahl von Pixeln zwischen zwei Zeilen ausgedruckt. Diese Lücke ist bei manchen Druckern notwendig, da beim Ausdruck des farbigen Hintergrunds die Zeichen sonst teilweise verschwinden.
ColorMode	▶ **0**: Voreinstellung. Farbdruck wird nur bei Farbdruckern benutzt. ▶ **1**: Farbdruck wird auch bei Schwarz-Weiß-Druckern simuliert. Das Ergebnis kann unvorhersehbar sein. ▶ **2**: Farbdruck wird überhaupt nicht benutzt. Siehe auch ForceColor.
WinCharSet	Nummer des verwendeten Windows-Zeichensatzes. Dieser Wert ist im SAPWIN-Druckerdatenstrom bereits enthalten. Die Voreinstellung sollte daher nicht verändert werden.
SwinDataType (druckerspezifische Option)	Stellt das Windows-Spool-Format für SAPWIN-Druckaufträge ein. Der einzig bekannte Fall, bei dem diese Option verändert werden muss, ist die Verwendung des universellen Druckertreibers in einer Citrix-Terminalserver-Umgebung. Diese wird normalerweise nur beim Frontend-Druck verwendet. In dem Fall muss die Option auf den Wert EMF gesetzt werden. Dadurch wird das benötigte Metafile-Format an den Druckertreiber übergeben.
no_empty_pages (druckerspezifische Option)	▶ **0**: Leere Seiten werden gedruckt. ▶ **1**: Voreinstellung. Leere Seiten werden nicht gedruckt.
PortraitOnly (druckerspezifische Option)	▶ **0**: Voreinstellung. Kein Effekt. ▶ **1**: Es kann nur im Hochformat gedruckt werden. Diese Option dient zum Verhindern von versehentlichen Querformatausdrucken auf Geräten, die beim Ausdrucken von Querformaten sehr langsam arbeiten.

Tabelle 3.5 SAPWIN-Verarbeitungsoptionen (Forts.)

Optionsname	Beschreibung
print_spaces (druckerspezifische Option)	▶ **0**: Voreinstellung. Kein Effekt. ▶ **1**: Leerzeichen werden unterstrichen ausgedruckt.
SWBackground (druckerspezifische Option)	▶ **0**: Der Hintergrund bei ABAP-Listen ist immer weiß. ▶ **1**: Voreinstellung. Hintergrund bei unterschiedlich farbigen ABAP-Listen wird grau oder schraffiert ausgegeben, falls Farbausdruck durch ColorMode deaktiviert wurde.
ColorBackground (druckerspezifische Option)	▶ **0**: Der Hintergrund ist immer weiß. ▶ **1**: Voreinstellung. Farbiger Hintergrund wird ausgegeben, falls Farbe durch ColorMode aktiviert wurde.
ForceColor	▶ **0**: Voreinstellung. Kein Effekt. ▶ **1**: Farbdruck wird unabhängig von der Einstellung von ColorMode erzwungen. Das Ergebnis kann unvorhersehbar sein.
IgnoreCollation	▶ **0**: Voreinstellung. Kein Sortieren der Seiten beim Ausdruck von mehreren Kopien, auch wenn der Drucker diese Eigenschaft unterstützt. ▶ **1**: Die Seiten werden beim Ausdruck von mehreren Kopien sortiert, falls der Drucker diese Eigenschaft unterstützt.
use_copies (druckerspezifische Option)	▶ **0**: Voreinstellung. Bei mehreren Kopien wird der Druckauftrag mehrmals in die Windows-Druckerwarteschlange gestellt. ▶ **1**: Es werden nur eine Kopie und der Kopienzähler an den Drucker übergeben. Der Drucker selbst sorgt für das mehrmalige Ausdrucken. Nicht alle Druckertreiber unterstützen diese Option, daher ist die Voreinstellung 0 gewählt.

Tabelle 3.5 SAPWIN-Verarbeitungsoptionen (Forts.)

Netzwerk-Interface-Optionen (Ni Options)

Die Optionen in Tabelle 3.6 entsprechen der Karteikarte Ni Options, die beim Start des Optionseditors anfänglich nicht angezeigt wird. Die Karte muss über das Icon Show hidden pages eingeblendet werden. Über diese Optionen kann das Verhalten der Funktionen beeinflusst werden, die die Netzwerkkommunikation zwischen SAP-System und SAPSprint-Dienst regeln. Sie entstanden zu einer Zeit, in der Computernetzwerke noch nicht über die heutige Bandbreite und Zuverlässigkeit verfügten. Heutzutage haben sie praktisch keine Bedeutung mehr und sollten daher auch nicht verändert werden. Sie werden aus Kompatibilitätsgründen weiterhin angeboten und daher der Vollständigkeit halber hier auch aufgeführt.

Das Netzwerk-Interface besteht aus einer Programmbibliothek auf TCP/IP-Basis. Die Kommunikation zwischen SAP-System und SAPSprint wird durch ein Handshake-Protokoll realisiert. Zwischen Sender und Empfänger werden Datenpakete ausgetauscht, deren korrekter Empfang jeweils quittiert werden muss. Einer Schreiboperation aufseiten des Senders entspricht jeweils einer Leseoperation aufseiten des Empfängers. Wird der Empfang nicht nach einer bestimmten Zeit quittiert, wird die Verbindung mit einem Fehler abgebrochen. Die Optionen waren dazu gedacht, diese Wartezeiten zu verändern, damit eine langsame Verbindung nicht sofort zu einem Verbindungsabbruch führt. Bei der heutigen Komplexität der Netzwerke und der zur Verfügung stehenden Bandbreite ist eine Steuerung auf dieser Ebene nicht mehr zu empfehlen. Falls wirklich Verbindungsabbrüche auftreten, haben sie meist eine Ursache, die nicht durch ein einfaches Verstellen der Wartezeiten behoben werden kann.

Optionsname	Beschreibung
NiReadTimeout	▶ –1: Voreinstellung. Die Leseoperation wartet so lange, bis Daten ankommen oder ein Fehler kommuniziert wird. ▶ n: Beliebige Zahl. Die maximale Wartezeit der Leseoperation ist n × 0,01 Sekunden. Werden innerhalb dieser Zeit keine Daten empfangen, wird die Verbindung unterbrochen.
NiWriteTimeout	▶ –1: Voreinstellung. Die Schreiboperation wartet so lange, bis alle Daten übertragen sind. ▶ n: Beliebige Zahl. Falls die Schreiboperation länger als n × 0,01 Sekunden dauert, wird die Verbindung unterbrochen.
NiAcceptTimeout	▶ –1: Voreinstellung. Die Operation zum Aufbau einer Verbindung wartet so lange, bis die neu ankommende Verbindung vollständig aufgebaut wurde. ▶ n: Beliebige Zahl. Die Operation zum Aufbau einer Verbindung wartet n × 0,01 Sekunden bis zum vollständigen Aufbau einer neu ankommenden Verbindung. Dauert es länger, wird der Verbindungsaufbau unterbrochen.
NiReadLoopBreak	▶ –1: Voreinstellung. Die Leseschleife wird erst beendet, wenn Daten empfangen wurden. ▶ n: Beliebiger Wert > 0. Die Leseschleife wird nach n Durchläufen mit einem Fehler beendet, falls keine Daten empfangen wurden.

Tabelle 3.6 Netzwerk-Interface-Optionen

Optionsname	Beschreibung
NiSpinReadTime	▸ **100**: Voreinstellung. Es wird 100 Millisekunden gewartet, ob Daten zum Empfang bereitliegen. ▸ **n**: Beliebiger Wert > 0 in Millisekunden, die gewartet werden, ob Daten zum Empfang bereitliegen.
NiTrace	▸ **0**: Voreinstellung. Netzwerkkommunikation wird nicht protokolliert. ▸ **1**: Die Netzwerkverbindung wird in eine separate Log-Datei sapsprint.nit geschrieben. Die Verarbeitungsgeschwindigkeit wird dramatisch reduziert. Die Option sollte daher nur kurzfristig zur Fehleranalyse eingeschaltet werden.

Tabelle 3.6 Netzwerk-Interface-Optionen (Forts.)

Verschiedene Optionen (Others)

Die Optionen in Tabelle 3.7 entsprechen der Karteikarte OTHERS, die ebenfalls im Optionseditor anfänglich nicht angezeigt wird und über das Icon SHOW HIDDEN PAGES eingeblendet werden kann. Sie sind zum Großteil veraltet, eine Veränderung des Voreinstellungswertes ist nicht notwendig. Die Eingabefelder, die mit CUSTOM OPTION überschrieben sind, sind zur Eingabe von druckerspezifischen Optionen vorgesehen, sowie für die Eingabe von neuen Optionen, die der Editor noch nicht abdeckt. Mit ** gekennzeichnete Optionen gelten analog auch für SAPFprint (siehe Abschnitt 3.3.2).

Optionsname	Beschreibung
send_with_null	▸ **0**: Daten werden ohne abschließende 0 gesendet. ▸ **1**: Voreinstellung. Daten werden mit abschließender 0 gesendet.
transparent_bitmaps	▸ **0**: Beim Drucken von Grafiken im TIFF-Format überschreibt die Grafik die Hintergrundfarbe. ▸ **1**: Voreinstellung. Beim Drucken von Grafiken im TIFF-Format wird weiß als transparent interpretiert. Die Druckausgabe ist damit kompatibel zu anderen Druckertreibern. Für den Ausdruck von Icons hat der Parameter keine Bedeutung. Sie werden immer nicht transparent gedruckt.

Tabelle 3.7 Verschiedene Optionen

Optionsname	Beschreibung
DcAllFields (**)	▸ 0: Nur die veränderte Eigenschaft wird an den Druckertreiber geschickt. ▸ 1: Voreinstellung. Bei der Änderung einer Eigenschaft werden die Einstellungen aller Eigenschaften erneut an den Drucker geschickt. Die Option wird bei der Verarbeitung von SAPWIN-Druckaufträgen verwendet. Die Voreinstellung sollte nicht verändert werden.
barcode_yshift (**)	▸ 50: Voreinstellung ▸ n: beliebige Zahl Beim Ausdruck von Barcodes wird die Position des Barcodes um die angegebene Anzahl von Pixeln nach unten verschoben.
s_packet_size	▸ 15000: Voreinstellung. Paketgröße bei der Kommunikation mit Koppelart S. ▸ n: beliebige Zahl zwischen 20 und 15000
use_old_fontsize (druckerspezifische Option, **)	▸ 0: Voreinstellung. Angewendete einheitliche Berechnungsmethode zur Schriftartgrößenbestimmung. Andere Werte sollten nicht mehr verwendet werden.
SAPFontX (**)	X = 1 bis 8. Name einer SAP-Schriftart, die in SAPscript-Formularen verwendet wird.
PrinterFontX (**)	X = 1 bis 8. Name einer Windows-Schriftart, die anstelle der angegebenen SAP-Schriftart beim Ausdruck verwendet werden soll.

Tabelle 3.7 Verschiedene Optionen (Forts.)

Mit den Optionen SAPFontX und PrinterFontX können bis zu acht unterschiedliche Schriftarten in SAPscript-Dokumenten durch eine adäquate Windows-Schriftart ersetzt werden. Das wurde früher mit SAPLPD bei der Ausgabe von asiatischen Schriften benötigt, da der Name der Schriftart, der im landesspezifischen SAPWIN-Gerätetyp verwendet wird, nicht in der landesspezifischen Codepage an den SAPWIN-Interpreter geschickt wird. Dadurch wurde die Schriftart nicht richtig erkannt. Mittlerweile ist das nicht mehr notwendig, SAPSprint hat eine eingebaute Schriftersetzung, die die landesspezifische Schriftart richtig erkennt.

Tipp

[*]

Die Optionen können nun verwendet werden, um zum Beispiel eine firmeneigene Schriftart in bestimmten Dokumenten einzufügen. Die firmeneigene Schrift muss auf dem SAPSprint-Rechner installiert sein. Der Name der SAP-Schriftart wird in eines der `SAPFontX`-Felder eingegeben. Durch Drücken der zugehörigen Drucktaste CHOOSE FONT... wird ein Druckdialog mit allen installierten Schriftarten angezeigt. Wählen Sie die gewünschte Schriftart, und bestätigen Sie den Dialog. Der Name der Schriftart wird daraufhin in das zugehörige Feld `PrinterFontX` eingetragen.

Abbildung 3.24 zeigt die Eingabe der druckerspezifischen Option `use_copies` für den Drucker HP LaserJet. Im Eingabefeld CUSTOM KEY muss der Name der Option eingegeben werden. Der Wert der Option wird in Abhängigkeit des Typs (Zeichenkette oder Zahl) in eines der Felder CUSTOM STRING VALUE oder CUSTOM INTEGER VALUE eingegeben.

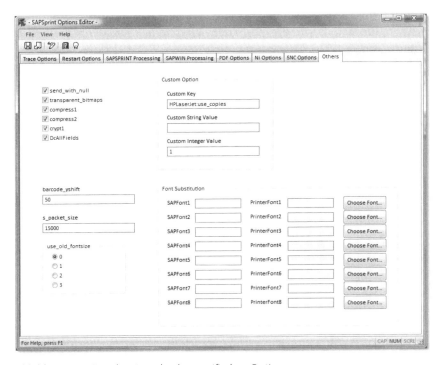

Abbildung 3.24 Eingabe einer druckerspezifischen Option

Weitere Karteikarten

Die beiden hier nicht behandelten Karteikarten PDF OPTIONS und SNC OPTIONS werden nur beim Drucken von PDF-Aufträgen mit `PDFPRINT` bzw. bei der Verwendung von SNC benötigt. Eine Beschreibung dieser Optionen finden

Sie in den entsprechenden Passagen zu `PDFPRINT` (siehe Abschnitt 4.5.1) und SNC (siehe folgender Abschnitt 3.2.6).

3.2.6 SAPSprint mit Secure Network Communication

Die Secure Network Communication (SNC) bietet eine Softwareschicht in der SAP-Systemarchitektur, die eine Schnittstelle zu einem externen Sicherheitsprodukt bereitstellt. SAP-Systeme enthalten grundlegende Sicherheitsmaßnahmen, zu denen das SAP-Berechtigungskonzept und die auf Kennwörtern basierende Benutzerberechtigung zählen. Mit SNC können Sie die Sicherheit des SAP-Systems über diese elementaren Maßnahmen hinaus erweitern, indem Sie ein externes Sicherheitsprodukt hinzufügen.

SNC sichert die Kommunikationsverbindungen zwischen den verschiedenen Komponenten des SAP-Systems. Die von SAP-Systemen unterstützten externen Sicherheitsprodukte haben bekannte kryptografische Algorithmen implementiert, die Sie mit SNC für Ihre Daten verwenden können, um die Sicherheit der Daten zu erhöhen.

Es gibt drei Sicherheitsgrade:

- **Nur Authentifizierung**
  Bei Verwendung dieses Sicherheitsgrades verifiziert das System die Identität der Kommunikationspartner. Dies ist der niedrigste Sicherheitsgrad mit SNC.

- **Schutz der Integrität**
  Bei Verwendung des Schutzes der Integrität überprüft das System, ob die Daten auf dem Weg vom Sender zum Empfänger in irgendeiner Weise verändert wurden.

- **Schutz der Vertraulichkeit**
  Bei Verwendung des Schutzes der Vertraulichkeit verschlüsselt das System die übertragenen Nachrichten, wodurch ein Abhören zwecklos wird. Hierbei wird auch die Integrität der Daten geschützt. Dies ist der höchste SNC-Sicherheitsgrad.

Im Folgenden werden am Beispiel der SNC-Software *SAPCryptolib* die notwendigen Konfigurationsschritte für die Druckerdefinition im SAP-System und auf dem SAPSprint-Druckserver beschrieben. Für detaillierte Fragen, zum Beispiel wie Sie das SAP-System überhaupt erst einmal für SNC konfigurieren, sei auf das jeweilige SNC-Handbuch verwiesen. Grundlegende Kenntnisse über SNC, insbesondere über die verwendete Terminologie, werden für diesen Abschnitt vorausgesetzt.

Konfiguration eines SNC-Druckers im SAP-System

Voraussetzung für die Verwendung von SNC ist ein Drucker mit Koppelart S. Für diese Drucker gibt es bei der Konfiguration die zusätzliche Karteikarte SICHERHEIT (siehe Abbildung 3.25). Als Voreinstellung ist immer eine Verwendung ohne SNC gegeben, sodass Sie, wenn Sie SNC nicht verwenden, auch nichts extra konfigurieren müssen.

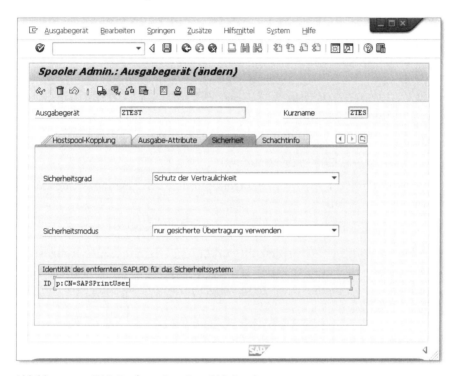

Abbildung 3.25 SNC-Konfiguration eines SAP-Druckers

- Wählen Sie im Eingabefeld SICHERHEITSGRAD einen der drei beschriebenen aus.
- Entscheiden Sie im Feld SICHERHEITSMODUS, ob Sie ausschließlich geschützte Verbindungen oder auch nicht geschützte zulassen möchten.
- Vergeben Sie für die Identität des SAPSprints im Feld ID einen SNC-Namen. Die eingegebene Zeichenkette muss mit `p:` anfangen, gefolgt vom Distinguished Name der SNC PSE von SAPSprint. Wir verwenden für den Rest des Beispiels `CN=SAPSPrintUser`, auf Groß- und Kleinschreibung ist dabei zu achten.

Nach dem Sichern der Druckerdefinition ist der erste Schritt beendet.

[+] **Hinweis**

Stören Sie sich nicht daran, dass auf dem Bildschirm von einem »entfernten SAPLPD« die Rede ist. Hier wurde nur die Beschreibung nicht angepasst.

[+] **Hinweis**

Eine Statusabfrage ist bei Einsatz von SNC nicht möglich. Die Auswahlbox DRUCK-AUFTRÄGE NICHT BEIM HOSTSPOOL NACHFRAGEN muss daher auf der Tabulatorseite HOSTSPOOL-KOPPLUNG markiert werden, damit Sie die Druckerdefinition sichern können.

Konfiguration des SAPSprint-Servers

Die SNC-Konfiguration auf dem SAPSprint-Server umfasst drei Teile:

- Aktivierung von SNC in der Datei *win.ini*
- Konfiguration von SAPSprint-Laufzeitoptionen wie gewohnt in der Windows-Registrierung
- spezifische Konfiguration der verwendeten Sicherheitssoftware

Im Folgenden wird eine Beispielkonfiguration mit der von SAP bereitgestellten Sicherheitssoftware SAPCryptolib beschrieben. Die grundsätzliche Aufteilung der ersten beiden Schritte in *win.ini* und Windows-Registrierung ist bei allen Produkten gleich.

[!] **Achtung**

Die Konfigurationsdatei *win.ini* gibt es bei modernen Windows-Versionen nicht mehr. Legen Sie in diesem Fall einfach eine neue Datei mit den angegebenen Parametern im Windows-Verzeichnis %WINDIR% an.

SNC aktivieren

Um SNC zu aktivieren, legen Sie mit einem normalen Texteditor in der Datei *win.ini* folgenden Abschnitt an:

```
[snc]
enable=1
gssapi_lib= C:\Tools\crypt\sapcrypto.dll
identity/lpd=p:CN=SAPSPrintUser
```

Die Aktivierung von SNC erfolgt über den Parameter `enable`. `gssapi_lib` gibt den Installationspfad der SNC-Bibliothek der verwendeten Sicherheitssoftware an. Durch `identity/lpd` wird die Identität von SAPSprint festgelegt.

Der Name muss dem gewählten Namen bei der Druckerdefinition im SAP-System entsprechen.

SNC-Optionen

Damit die Kommunikation zwischen SAP-System und SAPSprint funktioniert, müssen einige SAPSprint-Optionen gemäß den bei der Druckerdefinition im SAP-System gewählten Einstellungen gesetzt werden. Verwenden Sie dazu wie üblich entweder den SAPSprint-Optionseditor oder die Kommandozeile.

> **Hinweis** [+]
>
> Bei Verwendung des Optionseditors muss die Tabulatorseite mit den SNC-Optionen erst über die Drucktaste SHOW HIDDEN PAGES aktiviert werden. Sie ist nach dem Start des Editors zunächst nicht sichtbar.

Tabelle 3.8 listet die zur Verfügung stehenden SNC-Optionen auf.

Optionsname	Beschreibung
snc_mode	▶ **0**: Voreinstellung. SNC wird nicht benutzt. ▶ **1**: Sichere und normale Verbindungen sind erlaubt. ▶ **2**: Nur sichere Verbindungen sind erlaubt. Die Option muss der Einstellung SICHERHEITSMODUS aus Abbildung 3.25 entsprechen.
snc_min_qop	▶ **1**: nur Authentifizierung ▶ **2**: Schutz der Integrität ▶ **3**: Voreinstellung. Schutz der Vertraulichkeit. Die Option muss der Einstellung SICHERHEITSGRAD aus Abbildung 3.25 entsprechen.
snc_cmdmax	Anzahl von Kommandos, die geschickt werden können, bevor die Verbindung gesichert sein muss ▶ **10**: Voreinstellung ▶ **0 bis 9**: Sollte nicht geändert werden.
NumAuth	Anzahl von Einträgen in AuthX ▶ **0**: Voreinstellung ▶ **1 bis 9** (siehe AuthX)

Tabelle 3.8 SNC-Optionen

Optionsname	Beschreibung
AuthX	SNC-Name eines akzeptierten Kommunikationspartners. Der Parameter muss als eine CUSTOM OPTION (siehe Abbildung 3.24) eingegeben werden. ▶ X = 1 bis 9
conn_aa	▶ 0: Voreinstellung. Nur Kommunikationspartner, die unter AuthX gelistet sind, werden akzeptiert. ▶ 1: Beliebige Kommunikationspartner werden akzeptiert.

Tabelle 3.8 SNC-Optionen (Forts.)

[zB] **Beispiel**

Folgende Einträge zeigen ein Beispiel für eine gültige Definition:
- snc_mode = 2 (entspricht der Druckerdefinition aus Abbildung 3.25)
- snc_min_qop = 3 (entspricht der Druckerdefinition aus Abbildung 3.25)
- NumAuth = 1 (Kommunikationspartner konfiguriert)
- Auth1 = p:CN=sap01.1d0018 (Beispiel eines SNC-Namens eines akzeptierten Partners)

Weitere Konfiguration bei der Verwendung von SAPCryptolib

Die folgenden Angaben sind nur gültig, wenn Sie die SAPCryptolib verwenden. Die angegebenen Kommandos sind Bestandteil der SAPCryptolib, die auf dem SAPSprint-Server installiert werden muss. Die SAPCryptolib verwendet PSE-Dateien (Personal Security Environment) zur Ablage von privaten und öffentlichen Schlüsseln. Der Austausch der öffentlichen Schlüssel der Kommunikationspartner erfolgt über Zertifikatsdateien.

Rufen Sie zur Erzeugung der SAPSprint-PSE-Datei und Erstellung der erforderlichen Credentials die angegebenen Kommandos auf. Credentials sind benutzer- oder komponentenspezifische Informationen, die es dem Benutzer oder der Komponente gestatten, auf die eigenen Sicherheitsinformationen zuzugreifen.

- `sapgenpse gen_pse -p SAPSPrintUser.pse -x "" CN=SAPSprintUser`

    Es wird eine neue PSE-Datei *SAPSPrintUser.pse* ohne PIN mit dem Distinguished Name CN=SAPSprintUser generiert.

- `sapgenpse seclogin -p SAPSPrintUser.pse`
  `[-O <Domain\User unter dem der SAPSprint-Service läuft>]`

    Es werden Credentials für den SAPSprint-Service-Benutzer für diese PSE erstellt.

- `sapgenpse export_own_cert -o own.cer -p SAPSPrintUser.pse`

Es wird ein öffentlicher Schlüssel in die Zertifikatsdatei *own.cer* extrahiert.

> **Achtung** [!]
>
> Bei der Installation der SAPCryptolib muss die Umgebungsvariable SECUDIR, falls möglich, systemübergreifend oder zumindest für den Benutzer des SAPSprint-Service gesetzt werden. Die Variable ist notwendig, damit die Ticketdatei (Lizenz für SAPCryptolib) zur Laufzeit gefunden wird. In dem durch die Variable angegebenen Verzeichnis wird auch die Credentials-Datei *cred_v2* durch das Kommando angelegt. Es wird empfohlen, auch die PSE-Datei in dieses Verzeichnis zu legen. Wichtig ist dabei, dass die Variable vor dem Anlegen der PSE-Datei und der Erstellung der Credentials gesetzt sein muss.

Das SAP-System und der SAPSprint-Server müssen nun noch die jeweiligen Zertifikate austauschen. Das heißt, das Zertifikat des SAPSprint-Servers in der Datei *own.cer* muss in das SAP-System importiert werden. Im SAP-System erfolgt die Verwaltung der Zertifikate in Transaktion STRUST (siehe Abbildung 3.26).

Abbildung 3.26 Transaktion STRUST

1. Doppelklicken Sie im Baum auf SNC SAPCRYPTOLIB, damit diese in der rechten Bildschirmhälfte bei EIGENES ZERTIFIKAT angezeigt wird.
2. Importieren Sie dann über die linke untere Drucktaste im unteren Abschnitt ZERTIFIKAT das Zertifikat *own.cer* des SAPSprint-Servers. Durch Drücken der Importtaste erscheint der Dialog aus Abbildung 3.27.
3. Nach Bestätigung des Dialogs werden die importierten Daten wie in Abbildung 3.26 im unteren Abschnitt ZERTIFIKAT angezeigt. Durch Drücken der Drucktaste IN ZERT.-LISTE AUFNEHMEN wird das Zertifikat in die ZERTIFIKATLISTE des SAP-Systems aufgenommen.

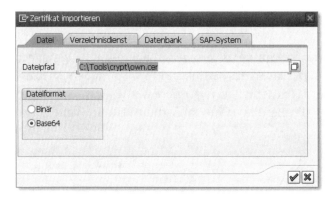

Abbildung 3.27 SNC-Zertifikat importieren

Im Gegenzug muss das Zertifikat des SAP-Systems auf den SAPSprint-Server exportiert werden.

1. Doppelklicken Sie dazu auf das Zertifikat im oberen Bereich EIGENES ZERTIFIKAT in Abbildung 3.26. Danach sehen Sie das Zertifikat der SNC PSE im unteren Abschnitt ZERTIFIKAT.
2. Drücken Sie dort auf die Exporttaste, die sich rechts neben der Importtaste befindet. Geben Sie einen gültigen Dateipfad auf dem SAPSprint-Server im Exportdialog an. Dieser sieht aus wie in Abbildung 3.27.
3. Fügen Sie anschließend über folgendes Kommando den öffentlichen Schlüssel des SAP-Systems aus der exportierten Zertifikatsdatei *sap.cer* in die PSE-Datei auf dem SAPSprint-Server ein:

```
sapgenpse maintain_pk -a sap.cer -p SAPSPrintUser.pse
```

Nach diesen drei Konfigurationsschritten sollte die SNC-Verbindung zwischen SAP-System und SAPSprint-Server funktionieren. Machen Sie anschließend einen Testausdruck, und schauen Sie zur Fehleranalyse wie üblich in die Log-Datei *sapsprint.dbg*.

> **Hinweis** [+]
>
> Die Log-Datei *sapsprint.dbg* protokolliert nur fehlerhafte Aufrufe des SAPSprint-Dienstes. Fehlermeldungen der darunterliegenden SNC-Schicht werden Sie im normalen SAPSprint-Betrieb nicht sehen.
>
> Stoppen Sie zunächst den SAPSprint-Dienst, und rufen Sie anschließend `sapsprint -x` direkt von der Kommandozeile aus auf. Damit wird SAPSprint nicht als Windows-Dienst, sondern als normales Programm mit einem eigenen Fenster gestartet. In diesem Fenster erscheinen Fehlermeldungen der SNC-Schicht. Verwenden Sie SAPSprint bis zur erfolgreichen Einrichtung der SNC-Verbindung auf diese Weise. Kehren Sie aber anschließend wieder zum normalen Betrieb zurück, indem Sie das Ausgabefenster einfach schließen und den Dienst erneut starten.
>
> Wichtig: Der SAPSprint-Service-Benutzer und der Benutzer, unter dem dieses Kommando ausgeführt wird, sollten sich nicht unterscheiden. Anderenfalls müssen für diesen Benutzer ebenfalls Credentials angelegt und die Umgebungsvariable `SECUDIR` gesetzt werden.

3.3 Frontend-Druck mit SAPFprint

Der Frontend-Druck besitzt in Abhängigkeit von der verwendeten Frontend-Komponente unterschiedliche Implementierungen. Dies wird in Abschnitt 2.4, »Frontend-Druck mit SAP GUI for HTML«, bei der Untersuchung der Koppelarten ausführlich besprochen. An dieser Stelle soll nur auf die technischen Details bei der Verwendung des SAP GUI for Windows eingegangen werden, da diese Komponente über zahlreiche Gemeinsamkeiten mit SAPSprint verfügt, aber auch einige entscheidende Unterschiede.

3.3.1 SAPSprint vs. SAPFprint

Abbildung 3.28 zeigt den Druck-Workflow beim Frontend-Druck unter Verwendung von SAP GUI for Windows. Die Abbildung zeigt Ähnlichkeiten zum Workflow beim Drucken mit SAPSprint in Abbildung 3.8. Gemeinsam ist beiden Druckarten die Datei *sapwin.dll*, die die Unterscheidung der Druckaufträge nach `SAPWIN`, `RAW` und `PDF` und die Übertragung an den Drucker übernimmt. Die Arbeitsweise an dieser Stelle ist vollkommen identisch.

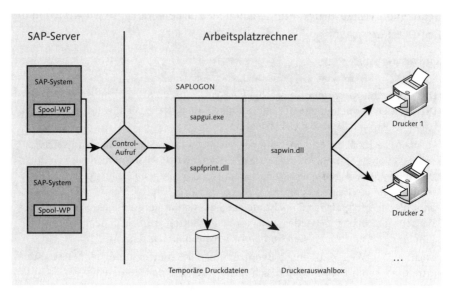

Abbildung 3.28 Workflow beim Frontend-Druck mit SAPFprint

Die Unterschiede liegen beim Empfang der Druckdaten aus dem SAP-System:

- An die Stelle der Datei *sapsprint.exe* als Empfänger der Druckdaten tritt die Datei *sapfprint.dll*, die als Windows-Control implementiert ist. Ein Windows-Control muss beim Betriebssystem registriert werden und kann anschließend von verschiedenen Stellen aus angesprochen werden. Die Registrierung erfolgt automatisch bei der Installation des SAP GUI for Windows, ebenso wie die Installation der beiden Dateien *sapfprint.dll* und *sapwin.dll*. Das heißt, Sie benötigen für den Frontend-Druck keinerlei zusätzliche Installation.

- Im Gegensatz zu SAPSprint besteht eine Verbindung vom Spool-Workprozess zum Drucker nur, solange Sie über SAPLOGON mit dem SAP-System verbunden sind.

- Über die Druckerauswahlbox können Sie interaktiv Druckeroptionen verändern, wie von anderen Windows-Anwendungen gewohnt. Zugleich bedeutet dies aber auch, dass Sie den Frontend-Druck nicht für die Massenausgabe verwenden können.

- Die Verarbeitung von Druckaufträgen in permanenten Arbeits-Threads gibt es beim Frontend-Druck nicht.

3.3.2 Optionen für SAPFprint

Optionen für SAPFprint sind im Gegensatz zu SAPSprint benutzerspezifisch. Sie werden daher in der Windows-Registrierung unter dem Pfad *HKEY_CURRENT_USER\SOFTWARE\SAP\SAPlpd\SAPLPD* als Zeichenfolgen abgespeichert. Es gibt für die SAPFprint-Optionen im Gegensatz zu SAPSprint momentan weder die Möglichkeit, sie über die Kommandozeile noch einen interaktiven Editor zu setzen. Sie müssen manuell in der Windows-Registrierung an der erwähnten Stelle eingetragen werden. Allerdings müssen im praktischen Betrieb insgesamt viel weniger Optionen – wenn überhaupt – gesetzt werden.

Von allen in Abschnitt 3.2.5 beschriebenen SAPSprint-Optionen sind für SAPFprint nur die in Tabelle 3.5 erwähnten komplett gültig, da diese die Verarbeitung mit `SAPWIN` betreffen. Optionen aus den restlichen Optionstabellen sind gesondert gekennzeichnet, falls sie mit SAPFprint ebenfalls verwendet werden können. Für alle verwendbaren Optionen gelten dieselben Nebenbedingungen oder Einschränkungen, wie in den Abschnitten über SAPSprint beschrieben.

Zur Steuerung der Druckerauswahlbox bei SAPFprint gibt es die beiden zusätzlichen Optionen aus Tabelle 3.9. Die Belegung der Voreinstellung kann je nach verwendetem Patch-Level des SAP GUI unterschiedlich sein. Die in Tabelle 3.9 beschriebene Voreinstellung entspricht der neuesten Version von SAP GUI for Windows (Release 7.20). Die Druckerauswahlbox bei Verwendung der beschriebenen Voreinstellung hat das Aussehen aus Abbildung 3.29.

Optionsname	Beschreibung
`EnableCancelButton`	▶ 0: Die Drucktaste CANCEL in der Druckerauswahlbox ist deaktiviert. ▶ 1: Voreinstellung. Die Drucktaste CANCEL in der Druckerauswahlbox ist aktiviert.
`PropertyChangeAllowed`	▶ 0: Die Drucktaste PROPERTIES... in der Druckerauswahlbox ist deaktiviert. ▶ 1: Voreinstellung. Die Drucktaste PROPERTIES... in der Druckerauswahlbox ist aktiviert.

Tabelle 3.9 SAPFprint-Optionen

3 | Drucken unter Microsoft Windows

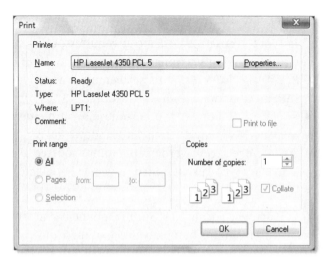

Abbildung 3.29 Druckerauswahlbox mit aktivierten Drucktasten

[+] **Hinweis**

Der Frontend-Druck aus dem SAP-System entspricht trotz allem nicht dem Drucken aus anderen Windows-Anwendungen heraus; es wird ein Datenstrom aus einem ganz anderen System interpretiert und nicht ein bestehendes Dokument durch dieselbe Anwendung gedruckt. Durch die Aktivierung der Drucktaste PROPERTIES... können zwar viele druckerspezifische Eigenschaften genutzt werden, die sonst überhaupt nicht zur Verfügung stehen würden, ein Funktionieren kann aber nicht garantiert werden. Ein korrektes Verhalten hängt auch stark von der richtigen Konfiguration des Druckers unter Microsoft Windows ab. Deaktivieren Sie eventuell die Drucktaste PROPERTIES.

3.3.3 Problemanalyse bei SAPFprint

Die Statusrückmeldung ist beim Frontend-Druck nur rudimentär. Der Druckauftrag wird in Transaktion SP01 als FERTIG ausgegeben, sobald der Druckdatenstrom erfolgreich an die Frontend-Komponente übergeben wurde. Was danach geschieht, wird dem SAP-System nicht mehr protokolliert.

[+] **Hinweis**

Ein Druckauftrag wird auch als FERTIG markiert, wenn er durch Drücken der CANCEL-Drucktaste vom Benutzer storniert wurde. Diese nachträgliche Stornierung eines Druckauftrages gibt es sonst bei keiner anderen Koppelart. Durch die Option `EnableCancelButton` kann das Verhalten ausgeschaltet werden.

Eventuelle Fehler bei der Verarbeitung des Druckauftrages können nur über Trace-Dateien erkannt werden. Diese werden über die beiden Optionen `LogLevel` und `KeepFile` analog zum SAPsprint gesteuert. Eine eigene Option `LogPath` gibt es für SAPFprint nicht. Die Dateien liegen in den ebenfalls vom SAP GUI verwendeten Verzeichnissen für temporäre Dateien und Trace-Daten. Dies ist bei Release 7.10 das Unterverzeichnis *SAPWorkDir* des Benutzerverzeichnisses. Im SAP GUI 7.20 kann es über den Optionsdialog (siehe Abbildung 3.30) eingestellt werden.

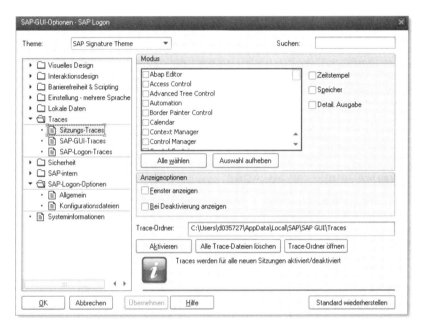

Abbildung 3.30 SAP GUI-Optionen

Der beim Frontend-Druck am häufigsten auftretende Fehler, FRONTEND NICHT ERREICHBAR, wurde in Abschnitt 2.4.5, »Statusinformationen beim Frontend-Druck«, bei den Koppelarten bereits ausführlich behandelt. Deshalb erfolgt an dieser Stelle keine weitere Erläuterung.

3.4 Zusammenfassung und Überblick

Dieser Abschnitt bietet eine kurze Zusammenfassung, welche Punkte bei der Verwendung der unterschiedlichen Komponenten für das Ausdrucken unter Windows zu beachten sind.

3.4.1 Verwendung des TCP/IP-Druckdienstes

Die mögliche Koppelart für den TCP/IP-Druckdienst ist U. Die Verwendung des TCP/IP-Druckdienstes wird empfohlen:

- falls Windows die in Ihrem Unternehmen hauptsächlich eingesetzte Betriebssystemplattform ist
- wenn Sie nur native Gerätetypen verwenden können
- wenn Sie keine Zusatzsoftware installieren und warten möchten

3.4.2 Empfohlene Installationsoptionen für SAPSprint

Bei der Installation von SAPSprint sind folgende Dinge zu beachten:

- Übernehmen Sie, soweit möglich, Installationspfad und LPD-Port.
- Tragen Sie einen Domänenbenutzer in den Eigenschaften des SAPSprint-Dienstes ein.

3.4.3 Verwendung von SAPSprint

Mögliche Koppelarten für SAPSprint sind S und U, die empfohlene Koppelart für SAPSprint ist S. Die Verwendung von SAPSprint wird empfohlen:

- falls ein Windows-Netzwerk sowieso im Einsatz ist
- wenn Sie eine heterogene Druckerlandschaft verwenden, für die sehr unterschiedliche Gerätetypen notwendig sind bzw. kein Gerätetyp vorhanden ist
- falls Sie viele unterschiedliche Zeichensätze bzw. Schriften verwenden müssen, für die eine Unterstützung durch native Gerätetypen teuer oder nicht vorhanden ist
- falls Sie Barcodes in Formularen mithilfe einer universellen Barcode-DLL drucken möchten (siehe Abschnitt 6.3)
- falls Sie eine sichere Datenübertragung mittels SNC benötigen (siehe Abschnitt 3.2.6, »SAPSprint mit Secure Network Communication«)

3.4.4 Notwendige Angaben bei der Konfiguration für SAPSprint-Drucker

Bei der Konfiguration von Druckern im SAP-System sind für die Verwendung von SAPSprint folgende Angaben erforderlich:

- geeigneter Gerätetyp (typischerweise aus der `SAPWIN`-Familie)
- aktiver Aufbereitungsserver
- Koppelart
- Name des Windows-Druckers
- Name oder IP-Adresse des SAPSprint-Servers

3.4.5 Verbindungsprobleme

Es gibt drei Ursachen für Verbindungsprobleme beim Drucken unter Microsoft Windows:

- Ein Prozess kann nicht antworten, weil er blockiert ist.
- Die Antwort wird anderweitig abgefangen oder blockiert.
- Das Netzwerk ist temporär oder grundsätzlich überlastet, es kommt zu Zeitüberschreitungen bei der Antwort.

3.4.6 Generelle Fehlervermeidung

Zur Vermeidung von Problemen beim Drucken mit SAPSprint können folgende generelle Empfehlungen ausgesprochen werden:

- Sorgen Sie für eine ausreichende Netzwerkbandbreite.
- Starten Sie den SAPSprint-Dienst regelmäßig neu.
- Setzen Sie die Profilparameter zur Verhinderung der Druckersperre im SAP-System.
- Sorgen Sie für hohe Zuverlässigkeit und Verfügbarkeit der Druckerhardware.
- Installieren Sie, wo immer es möglich ist, Druckertreiber aus dem Betriebssystem.

Beginnend mit Release 6.40, wurden SAP Interactive Forms by Adobe als dritte Formulartechnik nach SAPscript und SAP Smart Forms in die SAP-Welt eingeführt. Dieses Kapitel beleuchtet die Besonderheiten, die beim Ausdruck dieser neuen Formulare aus dem SAP-System heraus zu beachten sind.

4 Drucken von SAP Interactive Forms by Adobe

SAP Interactive Forms by Adobe (Interactive Forms, IFbA) sind als Ergebnis einer Partnerschaft zwischen Adobe und SAP eingeführt worden. Man versteht darunter ganz allgemein Formulare im von Adobe entwickelten Format PDF. Verglichen mit den vorhergehenden proprietären Formularlösungen SAPscript und SAP Smart Forms, bieten Interactive Forms die Möglichkeit, über den Adobe Reader bestimmte Formularfelder interaktiv auszufüllen. Darüber hinaus ist das weitverbreitete PDF besser geeignet, Dokumente mit beliebigen Anwendungen und Systemen auszutauschen.

Interactive Forms werden mithilfe des Adobe LiveCycle Designers erstellt. Dieser wurde dazu in Transaktion SFP (SAP Form Processing) in das SAP-System integriert.

Das Portable Document Format (PDF) ist der Industriestandard für Dokumentenarchivierung und -austausch. Aus diesem Grund werden immer mehr SAP-Anwendungen auf Interactive Forms umgestellt. Bei der Integration in das SAP-System war die Voraussetzung, den Anwendungen eine möglichst identische Programmierschnittstelle im Vergleich zu SAP Smart Forms anzubieten. Dadurch ergeben sich beim Thema Drucken einige Besonderheiten, die im Folgenden behandelt werden.

Weitere Informationen [«]

Der Ablauf beim Ausdrucken von Interactive Forms ist ein anderer als der in Kapitel 1, »Einführung«, beschriebene Ablauf beim Ausdrucken von Bildschirmlisten oder Smart-Forms-Dokumenten. Vergleichen Sie daher zum besseren Verständnis die folgenden Ausführungen mit denen aus Kapitel 1.

4.1 Seitenbeschreibungssprachen für PDF-Spool-Aufträge

Für Spool-Aufträge aus Smart-Forms- oder SAPscript-Dokumenten existiert eine Vielzahl von nativen SAP-Gerätetypen. Damit wird auch eine große Anzahl an Seitenbeschreibungssprachen (Page Description Language, PDL) unterstützt. Für PDF-Spool-Aufträge aus SAP Interactive Forms by Adobe gibt es jedoch erheblich weniger. Konkret können für die folgenden vier Sprachen PDF-Spool-Aufträge erstellt werden:

- **PostScript**
  Dies ist eine Druckersprache, die von vielen, meist hochwertigen Druckern unterschiedlicher Hersteller verstanden wird.

- **PCL** (Printer Command Language)
  Hierbei handelt es sich um eine Druckersprache, die ursprünglich von HP entwickelt wurde, mittlerweile aber von verschiedenen Herstellern unterstützt wird.

- **ZPL** (Zebra Programming Language)
  Dies ist die Druckersprache für Etikettendrucker der Firma Zebra.

- **PDF** (Portable Document Format)
  PDF ist im eigentlichen Sinn keine Druckersprache, obwohl einige Drucker das PDF direkt verstehen. PDF spielt, sofern Sie SAPSprint bzw. SAP GUI-Release 7.20 zusammen mit PDFPRINT einsetzen, für PDF-Druckaufträge eine ähnliche Rolle wie die generischen SAPWIN-Gerätetypen für alle anderen Spool-Aufträge (siehe Abschnitt 4.5, »Drucken mit PDFPRINT«).

Da sich zahlreiche Druckermodelle nur in Details unterscheiden, können die Basisgerätetypen für unterschiedliche Modelle verwendet werden, solange die Seitenbeschreibungssprache gleich ist. Gerätetypen werden bei PDF-Spool-Aufträgen allerdings nur als Abbildung auf ein anderes von Adobe bereitgestelltes Format verwendet. Dies wird in den folgenden Abschnitten genauer erklärt.

[+] **Hinweis**

Durch die insgesamt geringere Anzahl von verfügbaren Gerätetypen ist bei der Verwendung von Interactive Forms eine größere Aufmerksamkeit auf die vorhandenen Drucker zu richten. Zwar werden durch die Basisgerätetypen viele, meist hochwertige Druckermodelle abgedeckt, für bestimmte Druckertypen, zum Beispiel Nadeldrucker oder Tintenstrahldrucker, gibt es allerdings keinen nativen Gerätetyp.

4.2 Arbeitsablauf beim Drucken von Interactive Forms

In diesem Abschnitt betrachten wir die Unterschiede zwischen den beiden ursprünglich formularbasierten Typen SAPscript bzw. SAP Smart Forms und Interactive Forms. Dieser Abschnitt beschreibt folgendes Vorgehen bei der Verwendung von SAPscript- oder Smart-Forms-Druckaufträgen: Formular- und Anwendungsdaten werden in einem Spool-Auftrag zusammengefasst, bis der Spool-Auftrag entweder ausgedruckt oder beendet wird. Durch das Anhängen von weiteren Druckdaten kann ein Spool-Auftrag beliebig oft erweitert werden. Beim Ausdrucken wird vom Spool-Workprozess ein Ausgabeauftrag in der durch den Gerätetyp festgelegten Seitenbeschreibungssprache (PDL) erzeugt und zum Drucker geschickt.

> **Tipp** [*]
>
> Dieses hier beschriebene Verhalten sollte auch für Interactive Forms beibehalten werden, damit die Programmierschnittstelle für die Anwendung unabhängig von der verwendeten Formulartechnik bleibt. Diese Forderung erzeugt allerdings einige Seiteneffekte bei der Verwendung von Interactive Forms, wie Sie im weiteren Verlauf noch sehen werden.

Für SAP Interactive Forms by Adobe ist der interne Arbeitsablauf bei der Erzeugung und Verarbeitung von Spool-Aufträgen ein vollständig anderer. Zunächst einmal gibt es keinen Unterschied zwischen Spool- und Ausgabeauftrag, der erzeugte Spool-Auftrag enthält sofort die Druckdaten in der entsprechenden PDL. Die PDL wird nicht vom Spool-Workprozess erstellt, sondern von den Adobe Document Services (ADS). Dies ist eine Java-Komponente, die nicht innerhalb des SAP-Kerns läuft, sondern in einem externen Java-Stack. Dieser Stack besteht aus einer Reihe von Java-Anwendungen auf Basis des SAP-JEE-Servers.

Um einen PDF-Spool-Auftrag erzeugen zu können, benötigen die Adobe Document Services insgesamt drei verschiedene Informationen, die in zwei Dateien in einem XML-Format sowie in einer Konfigurationsdatei beim Aufruf übergeben werden:

- Die erste Datei beinhaltet die Formulardaten zusammen mit den Anwendungsdaten, die vom Adobe LiveCycle Designer und dem generierten Druckprogramm erzeugt wurden. Diese Datei hat die Endung XFD (XML Forms Definition).
- Die zweite Datei enthält Konfigurationsinformationen, hat die Endung CFG und wird ebenfalls vom Druckprogramm erzeugt.

4 | Drucken von SAP Interactive Forms by Adobe

▶ Die dritte Datei enthält Informationen über den Drucker bzw. die Drucker-PDL, auf dem ausgedruckt werden soll. Diese Datei hat die Endung XDC (XML Device Configuration) und ist vergleichbar mit einem SAP-Gerätetyp. XDCs werden nicht generiert, sondern müssen zusammen mit den Adobe Document Services im Dateisystem installiert werden.

Die Adobe Document Services erzeugen mit den Informationen aus diesen Dateien den Druckauftrag in der entsprechenden PDL als weitere Datei. Diese wird in einem mandantenabhängigen Unterverzeichnis des systemglobalen Verzeichnisses gespeichert. Dies ist der zweite große Unterschied im Vergleich zur Erzeugung von Smart-Forms-Druckaufträgen: Die PDL wird nicht zum Zeitpunkt des Ausdrucks durch den Spool-Workprozess erzeugt, sondern schon während der Erzeugung des Spool-Auftrages durch die Adobe Document Services. Einen Ausgabeauftrag gibt es im Grunde genommen nicht mehr. Der Spool-Workprozess schickt beim Ausdrucken nur noch die bereits erzeugte PDL-Datei an den angegebenen Drucker.

Dieser Ablauf ist in Abbildung 4.1 schematisch dargestellt. Vergleichen Sie diesen Ablauf mit der Darstellung des klassischen Falls in Abbildung 4.12 aus Kapitel 1, »Einführung«.

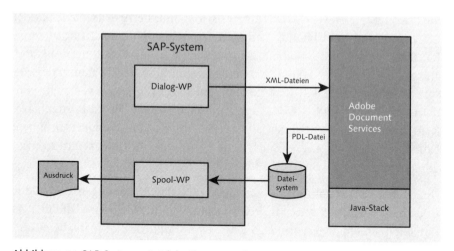

Abbildung 4.1 SAP-System mit Adobe Document Services

[+] **Hinweis**

Ein für den Unterschied zwischen Smart-Forms- und PDF-Spool-Aufträgen entscheidendes Kriterium ist die Trennung zwischen Spool-Auftrag und Ausgabeauftrag. Ein Smart-Forms-Spool-Auftrag besteht aus Formular- und Anwendungsdaten in einem

SAP-internen Format. Erst bei der Erzeugung des Ausgabeauftrages wird hieraus vom Spool-Workprozess der Druckdatenstrom in der entsprechenden PDL generiert. Beim PDF-Spool-Auftrag ist dieser Prozess vollständig anders, wie Sie gesehen haben.

4.3 Gerätetypen und XML Device Configurations

Wie im letzten Abschnitt erwähnt, sind SAP-Gerätetypen und XDC-Dateien vergleichbar, da beide die Eigenschaften eines Druckers bzw. der zugehörigen PDL festlegen. Anwendungen setzen allerdings weder Gerätetypen noch XDCs explizit ein, sie erzeugen Spool-Aufträge für bestimmte Drucker, die nur über den Namen angesprochen werden. Ob ein bestimmter Drucker im SAP-System in der Lage ist, PDF-Spool-Aufträge zu drucken, wird in der Zuordnungstabelle TSP0B festgelegt. Wie bereits beschrieben, können die Adobe Document Services nur Spool-Aufträge in vier PDL-Formaten erzeugen: PostScript, PCL, ZPL und PDF. Damit können PDF-Spool-Aufträge auf jedem Drucker ausgedruckt werden, der zur Familie einer dieser Basis-PDLs gehört.

Tabelle 4.1 zeigt die initial von SAP ausgelieferten Zuordnungen von XDCs zu Gerätetypen. Dies entspricht auch dem initialen Inhalt von Tabelle TSP0B.

SAP-Gerätetyp	XDC-Datei	PDL
POST2	ps_plain.xdc	PostScript
HP9500	hppcl5c.xdc	PCL farbig
HPLJ4	hppcl5e.xdc	PCL schwarz-weiß
PDF1	acrobat6.xdc	PDF
AZPL203	zpl203.xdc	Etiketten für Zebra-Drucker mit einer Auflösung von 203 dpi
AZPL300	zpl300.xdc	Etiketten für Zebra-Drucker mit einer Auflösung von 300 dpi

Tabelle 4.1 Zuordnungstabelle Gerätetyp – XDC

Bei der Erzeugung eines PDF-Spool-Auftrages findet folgende Prüfung statt:

1. Gibt es einen expliziten Eintrag für den Gerätetyp des verwendeten Druckers in der Tabelle TSP0B, zum Beispiel POST2?

2. Falls nicht, gehört der Gerätetyp des verwendeten Druckers zur selben Familie wie einer der in Tabelle TSP0B enthaltenen Gerätetypen?

Beispielsweise hat der Gerätetyp HPLJIIID (HP Laserjet III D) dieselbe Familie (PCL) wie der Gerätetyp HPLJ4. Damit können PDF-Druckaufträge auch auf Druckern mit dem Gerätetyp HPLJIIID ausgedruckt werden. Schlagen beide Prüfungen fehl, wird eine Fehlermeldung wie in Abbildung 4.2 ausgegeben. Der Spool-Auftrag kann dann nicht erzeugt werden.

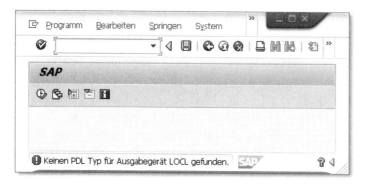

Abbildung 4.2 Fehlermeldung bei falschem Gerätetyp

Hilfs-Report RSPO0022

Der Hilfs-Report RSPO0022 wird zur Verwaltung der Zuordnungstabelle TSP0B verwendet. Sie können mittels dieses Hilfs-Reports die folgenden Aufgaben ausführen:

- neue Einträge anlegen
- bestehende Einträge modifizieren
- bestehende Einträge löschen
- den Inhalt der Tabelle anzeigen
- Einträge durch Kopieren hinzufügen

Abbildung 4.3 zeigt das Einstiegsbild des Reports mit der Auswahl der gewünschten Aktion. Abbildung 4.4 zeigt den Inhalt von Tabelle TSP0B. Zusätzlich zu den initial ausgelieferten Zuordnungen aus Tabelle 4.1 sieht man eine Menge nachträglich hinzugefügter Einträge. Auf die Bedeutung des markierten Eintrages mit dem SAPWIN-Gerätetyp wird in Abschnitt 4.5, »Drucken mit PDFPRINT«, gesondert eingegangen.

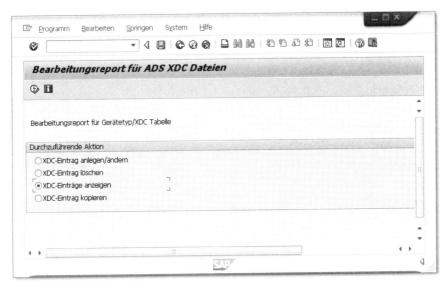

Abbildung 4.3 RSPO0022 – Einstiegsbild

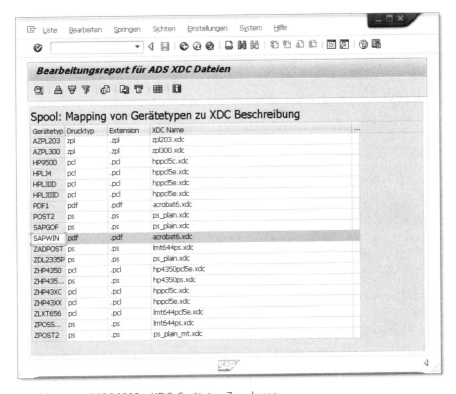

Abbildung 4.4 RSPO0022 – XDC-Gerätetyp-Zuordnung

Neue Zuordnungen können meist durch die Aktion EINTRAG KOPIEREN erzeugt werden. Dabei wird in das Eingabefeld VORLAGE der Quellgerätetyp eingetragen, in das Feld KOPIE der neu anzugebende Gerätetyp. Dadurch wird eine neue Zuordnung mit derselben XDC-Datei erzeugt, die in der Vorlage angegeben ist. Im Beispiel aus Abbildung 4.5 diente der Ursprungseintrag PDF1 als Vorlage für den neuen Eintrag SAPWIN, der in Abbildung 4.4 markiert dargestellt ist.

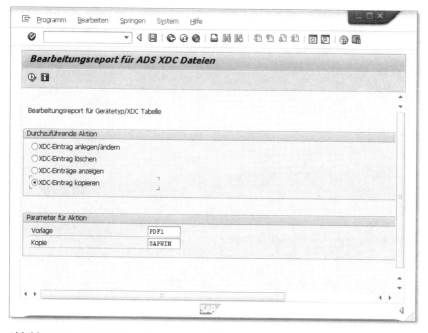

Abbildung 4.5 RSPO0022 – Kopieren eines Eintrages

[+] **Hinweis**

Die Aktion XDC-EINTRAG ANLEGEN wird nur benötigt, wenn Sie auch eine bisher noch nicht verwendete XDC-Datei eintragen möchten. Dieser Fall ist im Allgemeinen jedoch äußerst selten.

4.4 Navigation in PDF-Spool-Aufträgen

Das in Abschnitt 4.2, »Spool-Aufträge und Ausgabeaufträge«, beschriebene Anhängen von weiteren Druckdaten an bestehende Spool-Aufträge sollte auch bei der Verwendung von SAP Interactive Forms by Adobe weiterhin möglich sein. Da sich der Arbeitsablauf bei der Erstellung von PDF-Spool-

Aufträgen aber von der klassischen Art und Weise unterscheidet, hat dies auch Folgen bei der Ansicht von Spool-Aufträgen in Transaktion SP01.

Wie in der Übersicht in Abbildung 4.1 zu sehen ist, erstellen die Adobe Document Services pro Aufruf eine Datei mit den aufbereiteten Druckdaten. Das heißt, jedes Mal, wenn neue Daten an einen bestehenden Spool-Auftrag angehängt werden sollen, wird auch eine neue Datei erstellt. Dies ist der dritte Unterschied zum klassischen Verfahren, bei dem der neue Inhalt einfach an dieselbe Datei bzw. an dasselbe Datenbankfeld bei Speicherung des Spool-Auftrages in der Datenbank angehängt wird. Beim Ausdrucken selbst spielt diese Tatsache keine große Rolle, die erzeugten Dateien werden einfach hintereinander an den Drucker geschickt.

Bei der Navigation in Transaktion SP01 ändern sich einige Dinge jedoch grundlegend. Abbildung 4.6 zeigt eine Übersicht über Spool-Aufträge in Transaktion SP01. Spool-Auftrag Nummer 13504 ist ein PDF-Spool-Auftrag, erkennbar am entsprechenden Piktogramm. Durch einen Klick auf das Typ-Icon bzw. auf die Drucktaste INHALT ANZEIGEN wird im Gegensatz zu allen anderen Spool-Auftragstypen nicht sofort der Inhalt des Spool-Auftrages angezeigt, sondern zuerst eine Liste aller Parts des PDF-Spool-Auftrages. Mit Parts werden dabei die einzelnen Teile (Dateien) des PDF-Spool-Auftrages bezeichnet, die jeweils beim Anhängen erzeugt werden. Das heißt, ein PDF-Spool-Auftrag besteht aus mindestens einem Part. Abbildung 4.7 zeigt die Part-Liste des Spool-Auftrages 13504 aus dem Beispiel.

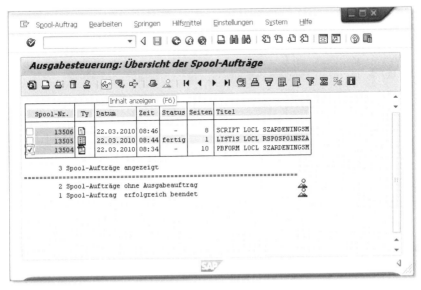

Abbildung 4.6 Transaktion SP01 – Übersicht der Spool-Aufträge

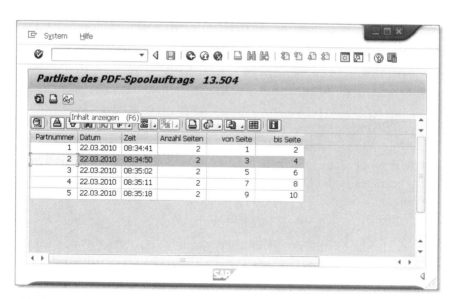

Abbildung 4.7 Part-Liste eines Spool-Auftrages

[+] **Hinweis**

Folgende Einschränkungen sind bei der Verwendung von Adobe Document Services zu beachten:

- Beim Aufruf der Adobe Document Services ist es nicht möglich, einen bereits bestehenden Part als Eingabeparameter zu übergeben und den Inhalt zu erweitern. Beim Anhängen wird grundsätzlich ein neuer Part erstellt.
- Die Ausgabe der Adobe Document Services wird grundsätzlich im Dateisystem abgelegt. Eine Änderung der Speicherlokation von Spool-Aufträgen ist bei der Verwendung von PDF-Spool-Aufträgen nicht möglich, da die Adobe Document Services keine Schnittstelle zur Datenbank besitzen. Die entsprechende Einstellung bei der Druckerdefinition in Transaktion SPAD wird ignoriert.

Ein Doppelklick auf eine Part-Nummer bzw. die Selektion einer Zeile mit anschließendem Drücken auf die Taste INHALT ANZEIGEN öffnet den jeweiligen Part in Adobe Acrobat (siehe Abbildung 4.8). Mit den vier Navigationsdrucktasten kann in Einzelschritten vorwärts und rückwärts durch die Part-Liste navigiert werden. Die linke Drucktaste zeigt den ersten Part, die rechte den letzten Part der Liste.

Diese Art der Navigation erwies sich bei Spool-Aufträgen mit einer großen Anzahl von Parts als zu unhandlich. Die Navigation wurde daher mit Release 7.01 verändert. Als Erstes wurde die Ansicht der Part-Liste komplett weggelassen.

Navigation in PDF-Spool-Aufträgen | **4.4**

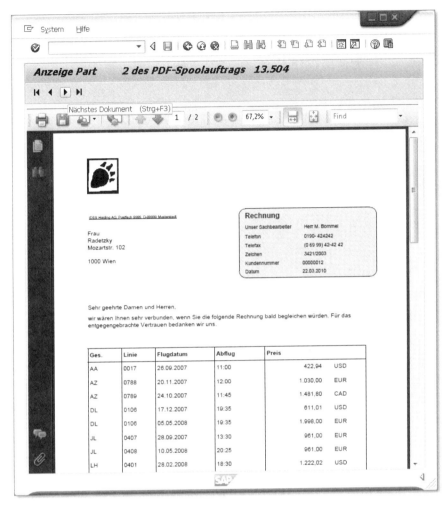

Abbildung 4.8 Anzeige eines Parts (alte Version)

Beim Drücken der Anzeigetaste wird nun sofort der erste Part angezeigt. Bei der Navigation wurden zusätzliche Drucktasten eingefügt, die vorwärts und rückwärts jeweils Schrittweiten von 10, 100, 1.000 und 10.000 erlauben (siehe Abbildung 4.9). Enthält ein Spool-Auftrag weniger Parts als die jeweilige Schrittweite, wird die Drucktaste deaktiviert.

[+]

Hinweis

Aus Kompatibilitätsgründen kann die Part-Liste durch die Aktivierung der Spool-Option SHOW_PART_LIST mit Report RSPO0021 weiterhin angezeigt werden.

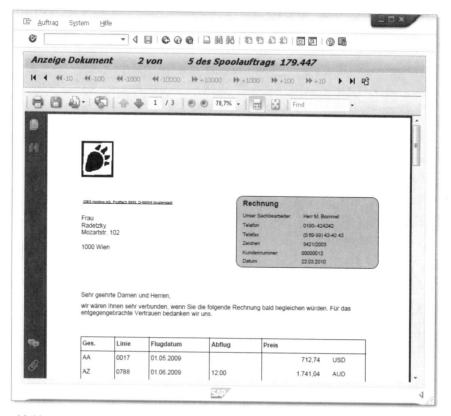

Abbildung 4.9 Anzeige eines Parts (neue Version)

Die Parts werden unabhängig vom Gerätetyp des Druckers immer als PDF dargestellt. Dabei wird das PDF erst generiert, wenn der Part angezeigt werden soll. Dies geschieht durch einen zusätzlichen Aufruf der Adobe Document Services. Die dazu benötigte XFD-Datei mit den Formular- und Anwendungsdaten wurde vorher zusammen mit der generierten PDL-Datei gespeichert.

Abbildung 4.10 zeigt den Hilfs-Report RSPO0021, der für die Aktivierung verschiedener Spool-Optionen verwendet wird. Alle Spool-Optionen werden in der Tabelle TSPOPTIONS gespeichert.

4.4 Navigation in PDF-Spool-Aufträgen

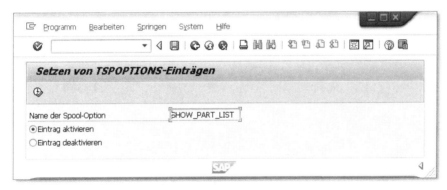

Abbildung 4.10 Aktivieren der Option SHOW_PART_LIST

Hilfs-Report RSPO0020

Mit dem Hilfs-Report RSPO0020 können die einzelnen Dateien eines PDF-Spool-Auftrages zur Fehleranalyse untersucht werden. Abbildung 4.11 zeigt das Einstiegsbild des Reports, bei dem entweder genau eine PDF-Spool-ID oder alle PDF-Spool-Aufträge eines Benutzers selektiert werden können.

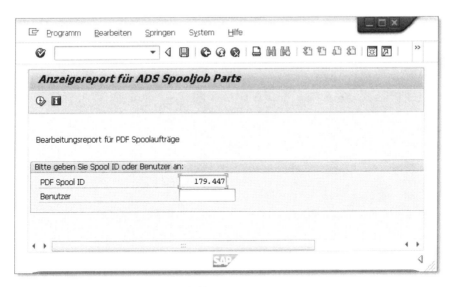

Abbildung 4.11 RSPO0020 – Einstiegsbild

Abbildung 4.12 zeigt die Dateiliste des Spool-Auftrages 179.447, der im vorhergehenden Bild ausgewählt wurde. Man sieht pro Part drei Dateien:

- die Part-Datei selbst (.pdf)
- die XFD-Datei mit den Formular- und Anwendungsdaten (.xfd)
- die Konfigurationsdatei (.cfg)

XFD- und CFG-Dateien werden beim Aufruf der Adobe Document Services zur Anzeige des Parts benötigt. Im Beispiel aus Abbildung 4.12 wären die beiden Dateien überflüssig, da die Part-Dateien hier selbst bereits als PDF vorliegen. Der Grund hierfür ist der Gerätetyp PDF1 des Druckers des Spool-Auftrages 179.447. Ein zusätzlicher Aufruf der Adobe Document Services bei der Anzeige des Parts wäre daher nicht notwendig.

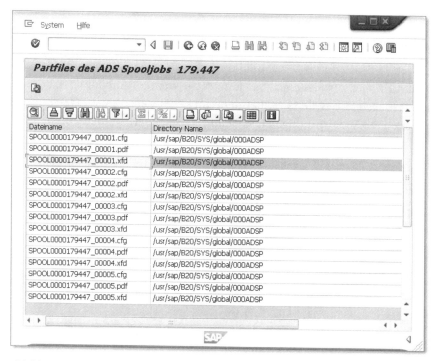

Abbildung 4.12 RSPO0020 – Dateien eines PDF-Spool-Auftrages

Durch einen Doppelklick auf die markierte Zeile kann die Datei auf den Arbeitsplatz-PC heruntergeladen werden. Dies ist im Allgemeinen nur bei der Problemanalyse durch den SAP-Support erforderlich.

4.5 Drucken mit PDFPRINT

Durch die Einschränkung auf die in Tabelle 4.1 gezeigten Gerätetypfamilien bei der Verwendung von Interactive-Forms-Dokumenten können PDF-Spool-Aufträge auf vielen Druckern überhaupt nicht ausgedruckt werden. Dazu gehören in der Regel Tintenstrahl- oder Nadeldrucker, da diese meist nicht die notwendige PDL unterstützen. Auch Barcodes und Etiketten können nur auf Druckern ausgegeben werden, die ZPL verstehen. Dies sind im Allgemeinen nur Geräte der Firma Zebra.

Diese Einschränkung wird durch die Verwendung von PDFPRINT aufgehoben. PDFPRINT ist eine Programmbibliothek von Adobe, die ähnlich wie SAPWIN über das Windows-GDI-Interface jeden beliebigen Drucker ansprechen kann, solange er einen Windows-Gerätetreiber besitzt. Die Verwendung von PDFPRINT beschränkt sich daher auf das Drucken unter Windows (siehe Kapitel 3). PDFPRINT wird als eigenständiges Produkt installiert und kann zusammen mit SAPSprint 7.20 mit Koppelart S bzw. SAP GUI for Windows (Release 7.20) mit Koppelart G verwendet werden. Ältere Versionen von SAPSprint oder dem SAP GUI unterstützen PDFPRINT nicht.

Bei der Installation von PDFPRINT wird nur der Installationspfad abgefragt. Übernehmen Sie, wenn möglich, die Voreinstellung (*C:\Program Files\SAP\SAPPdfPrint*). SAPSprint bzw. SAP GUI erkennen automatisch durch eine Überprüfung in der Datei *sapwin.dll* das Vorhandensein von PDFPRINT. Interactive-Forms-Dokumente, die als PDF erstellt wurden, werden automatisch mit PDFPRINT ausgedruckt.

Sie können das PDF-Dateien auf zwei Wegen erstellen:

- indem Sie einen Drucker mit PDF-Gerätetyp verwenden
- indem Sie einen Drucker mit SAPWIN-Gerätetyp verwenden

Drucker mit SAPWIN-Gerätetyp können nur verwendet werden, wenn vorher die in Abbildung 4.4 markierte Zuordnung eingetragen wurde.

> **Achtung** [!]
>
> Aus lizenzrechtlichen Gründen können mit PDFPRINT nur Interactive-Forms-Dokumente ausgedruckt werden, das heißt Dokumente, die durch die Adobe Document Services erstellt wurden. Andere Spool-Aufträge, zum Beispiel SAP Smart Forms oder ABAP-Listen, die für Drucker mit Gerätetyp PDF1 erzeugt wurden, werden von PDFPRINT nicht gedruckt.

Mit `PDFPRINT` können die in Tabelle 4.2 gezeigten Optionen analog zu den in Abschnitt 3.2.5, »SAPSprint-Optionen«, beschriebenen verwendet werden. Voreinstellungswerte sind fett markiert. Die Optionen gelten nur für die Verarbeitung von Interactive-Forms-Druckaufträgen mit `PDFPRINT` und werden in allen anderen Fällen ignoriert. Die Eingabe erfolgt über den SAPSprint-Optionseditor oder den direkten Windows-Registrierungseintrag beim Frontend-Druck (siehe Abschnitt 3.3.2, »Optionen für SAPFprint«).

Optionsname	Beschreibung
`PDFPacketSize`	▸ **100**: Voreinstellung ▸ n: beliebige Zahl Siehe auch den folgenden Hinweiskasten.
`PDFPaperWidth` (druckerspezifische Option)	Papierbreite in Punkten. Nur in Verbindung mit `PDFPaperHeight` zu verwenden. ▸ **595**: Entspricht DIN A4. ▸ n: beliebige Zahl
`PDFPaperHeight` (druckerspezifische Option)	Papierhöhe in Punkten. Nur in Verbindung mit `PDFPaperWidth` zu verwenden. ▸ **842**: Entspricht DIN A4. ▸ n: beliebige Zahl
`PDFPaperSize` (druckerspezifische Option)	Verwendetes Papierformat. ▸ **9**: Voreinstellung ▸ n: Zahl gemäß Tabelle 4.3
`PDFasRAW` (druckerspezifische Option)	Diese Option kann dazu verwendet werden, PDF-Spool-Aufträge nicht mit `PDFPRINT` drucken zu lassen. ▸ 0: PDF wird als `RAW`-Format behandelt (siehe »Druckaufträge« in Abschnitt 3.2.3). Voreinstellung, falls `PDFPRINT` nicht installiert ist. ▸ 1: PDF wird mit `PDFPRINT` gedruckt. Voreinstellung, falls `PDFPRINT` installiert ist. Siehe auch den folgenden Hinweiskasten.
`PDFShrinkToFit` (druckerspezifische Option)	▸ 0: Ausdrucke werden nicht skaliert. ▸ **1**: Voreinstellung. Ausdrucke werden auf die am Drucker eingelegte Papiergröße skaliert, falls die Angaben im Dokument nicht passen. Dadurch kann zum Beispiel ein Dokument im Format Letter auf Papier im Format DIN A4 ohne Fehler gedruckt werden.

Tabelle 4.2 PDF-Optionen

Optionsname	Beschreibung
PDFEmitPS (druckerspezifische Option)	▶ **0**: Voreinstellung. PDFPRINT generiert die vom Druckertreiber vorgegebene PDL. ▶ **1**: PDFPRINT generiert PostScript, auch wenn der Druckertreiber etwas anderes vorgibt. Nur geeignet, wenn der Drucker zusätzlich auch PostScript versteht.

Tabelle 4.2 PDF-Optionen (Forts.)

> **Hinweis** [+]
>
> Folgende Optionen sollten nur nach Rücksprache mit dem SAP-Support verändert werden. Eine fehlerhafte Verwendung kann zu unerwünschten Ergebnissen beim Ausdruck führen.
>
> ▶ Die Option PDFasRAW kann sinnvollerweise für Folgendes eingesetzt werden:
>   – Um PDF-Dokumente auf einen Windows-Dateidrucker herunterzuladen und abzuspeichern. Dieser Fall ist nur beim Frontend-Druck unterstützt, da es bei SAPSprint keine Möglichkeit für einen Benutzerdialog zur Dateiablage gibt.
>   – Um Nicht-Interactive-Forms-Dokumente, die mit einem PDF-Gerätetyp erzeugt wurden, ausdrucken zu können. Stellen Sie sicher, dass der Drucker PDF versteht. Wie erwähnt, druckt PDFPRINT nur Interactive-Forms-Dokumente. Die Option ist in beiden Fällen druckerspezifisch einzutragen. Anderenfalls wäre PDFPRINT wirkungslos, falls die Voreinstellung verändert wird.
>
> ▶ Die Option PDFPacketSize gibt die Anzahl der PDF-Dateien (Parts) an, die vor dem Ausdrucken über PDFPRINT zu einer großen PDF-Datei zusammengefügt werden. Da ein Spool-Auftrag aus vielen Parts bestehen kann, PDFPRINT aber nur eine einzelne Datei ohne Verlust der Reihenfolge drucken kann, müssen zuerst alle Parts zu einer Datei zusammengefügt werden. Die Verarbeitungszeit beim Zusammenfügen steigt dabei exponentiell an.
> Durch geschicktes Paketieren kann die Zeit auf ein vernünftiges Maß reduziert werden. So werden zum Beispiel 1.000 Parts nicht auf einmal zusammengefügt, sondern in zehn Paketen mit je 100 Parts bei Verwendung der Voreinstellung. Die entstehenden zehn Pakete werden anschließend in einem zweiten Lauf zur endgültigen Datei zusammengefügt.
> Die Voreinstellung von 100 wurde empirisch ermittelt, um eine vernünftige Verarbeitungszeit zu erreichen. Eine Änderung der Zahl ist nicht ohne ausführliche Untersuchung empfohlen. Sie kann zu einer dramatischen Verlangsamung der Verarbeitungsgeschwindigkeit führen.

Die folgende Tabelle 4.3 zeigt die möglichen Werte und ihre Bedeutung für die Option PDFPaperSize.

Wert	Beschreibung	Wert	Beschreibung
1	Letter 8 1/2 × 11 in	22	Envelope #12 4 \276 × 11
2	Letter Small 8 1/2 × 11 in	23	Envelope #14 5 × 11 1/2
3	Tabloid 11 × 17 in	24	C size sheet
4	Ledger 17 × 11 in	25	D size sheet
5	Legal 8 1/2 × 14 in	26	E size sheet
6	Statement 5 1/2 × 8 1/2 in	27	Envelope DL 110 × 220mm
7	Executive 7 1/4 × 10 1/2 in	28	Envelope C5 162 × 229 mm
8	A3 297 × 420 mm	29	Envelope C3 324 × 458 mm
9	A4 210 × 297 mm	30	Envelope C4 229 × 324 mm
10	A4 Small 210 × 297 mm	31	Envelope C6 114 × 162 mm
11	A5 148 × 210 mm	32	Envelope C65 114 × 229 mm
12	B4 (JIS) 250 × 354	33	Envelope B4 250 × 353 mm
13	B5 (JIS) 182 × 257 mm	34	Envelope B5 176 × 250 mm
14	Folio 8 1/2 × 13 in	35	Envelope B6 176 × 125 mm
15	Quarto 215 × 275 mm	36	Envelope 110 × 230 mm
16	10 × 14 in	37	Envelope Monarch 3.875 × 7.5 in
17	11 × 17 in	38	6 3/4 Envelope 3 5/8 × 6 1/2 in
18	Note 8 1/2 × 11 in	39	US Std Fanfold 14 7/8 × 11 in
19	Envelope #9 3 7/8 × 8 7/8	40	German Std Fanfold 8 1/2 × 12 in
20	Envelope #10 4 1/8 × 9 1/2	41	German Legal Fanfold 8 1/2 × 13 in
21	Envelope #11 4 1/2 × 10 3/8		

Tabelle 4.3 Werte für PDFPaperSize

4.6 Zusammenfassung und Überblick

PDF-Spool-Aufträge werden im Vergleich zu klassischen Spool-Aufträgen unterschiedlich erzeugt und weiterverarbeitet. Die Unterschiede werden in diesem Abschnitt kurz zusammengefasst.

4.6.1 Erzeugung und Verarbeitung von PDF-Spool-Aufträgen

Die wesentlichen Unterschiede bei der Erzeugung und Weiterleitung an den Drucker sind wie folgt:

- PDF-Spool-Aufträge werden durch die Adobe Document Services erzeugt.
- Der Inhalt bzw. das Datenformat von Spool- und Ausgabeauftrag sind identisch.
- PDF-Spool-Aufträge werden zum Zeitpunkt des Ausdruckens nur noch an den Drucker geschickt.
- Der Spool-Workprozess generiert keine PDL-Datei.

4.6.2 Navigation in PDF-Spool-Aufträgen

Durch die Aufteilung in viele verschiedene Dateien (Parts) ergeben sich auch bei der Ansicht in Transaktion SP01 einige Unterschiede:

- Es gibt keine ganzheitliche Ansicht von PDF-Spool-Aufträgen in Transaktion SP01. Besteht ein Spool-Auftrag aus mehreren Parts, wird jeder Part separat angezeigt.
- Bei einer großen Anzahl von Parts kann die Navigation umständlich werden.
- Es gibt kein Inhaltsverzeichnis und keine Möglichkeit, partübergreifend bestimmte Elemente zu suchen.

Im Zug der Globalisierung wird die Darstellung internationaler Zeichen immer wichtiger. Dies bringt im Druckumfeld große Herausforderungen an ein SAP-System mit sich, die in diesem Kapitel besprochen werden.

5 Drucken und Internationalisierung

Durch die Globalisierung wird es für bestimmte Anwender, insbesondere Systemadministratoren und Formulardesigner, notwendig, sich mit der Problematik der Internationalisierung auseinanderzusetzen. Ein Arbeitsplatzrechner ist im Normalfall für die jeweilige Landessprache vorkonfiguriert. Ein SAP-System kann jedoch von Benutzern aus der ganzen Welt mit unterschiedlichsten Sprachen gleichzeitig verwendet werden. Dies erfordert bei der Darstellung und dem Ausdrucken der landessprachlichen Zeichen besondere Maßnahmen, die wir in diesem Kapitel genauer untersuchen werden.

Unter Internationalisierung verstehen wir im weiteren Verlauf dieses Kapitels alle Voraussetzungen und Konfigurationen, die das SAP-System in die Lage versetzen, Dokumente in verschiedenen Sprachen auszudrucken. In den ersten Abschnitten werden dazu zunächst ein paar grundlegende Begriffe definiert. Diese Grundlagen helfen Ihnen dabei, die doch recht umfangreichen Konfigurationen im SAP-System besser zu verstehen, die Sie im Folgenden kennenlernen werden.

5.1 Grundlegende Begriffe

Ein Zeichen ist die kleinste Komponente einer geschriebenen Sprache mit semantischer Bedeutung, und ein Zeichensatz ist eine definierte Menge von darstellbaren Zeichen. Dies ist eine Systemeinstellung. Ein System ist nur in der Lage, die Zeichen darzustellen, die in seinem Zeichensatz enthalten sind. Dabei wird im SAP-System zwischen ISO-Zeichensätzen und dem Unicode-Zeichensatz unterschieden:

- ISO-Zeichensätze sind sprachabhängig. Der Begriff ISO-Zeichensatz ist historisch bedingt und nicht ganz eindeutig. Der Inhalt eines Zeichensatzes wird durch die International Organization for Standardization (ISO) festgelegt, daher der Name. Allerdings wird auch der Inhalt des Unicode-Zeichensatzes durch die ISO definiert. ISO-Zeichensätze überlappen sich, wie in Abbildung 5.1 gezeigt, da 7-Bit-ASCII-Zeichen grundsätzlich in jedem Zeichensatz vorkommen. Das bedeutet, 7-Bit-ASCII-Zeichen können mit jedem beliebigen Zeichensatz abgebildet werden. Sie enthalten aber darüber hinaus jeweils einen großen disjunkten Bereich, der spezifische Zeichen enthält, die nur mit diesem Zeichensatz dargestellt werden können. Der 7-Bit-ASCII-Zeichensatz (American Standard Code for Information Interchange) wurde 1968 standardisiert, um Datenübertragung zwischen unterschiedlicher Hardware zu ermöglichen. Zur Codierung werden 7 Bit verwendet, wodurch bis zu 256 Zeichen (Buchstaben, Ziffern, Satz- und Steuerzeichen und andere Symbole) darstellbar sind.

▶ Der Unicode-Zeichensatz enthält alle darstellbaren Zeichen. Da er in seiner Gesamtgröße unüberschaubar ist, wird er in einzelne Bereiche aufgeteilt, sogenannte Unicode-Subsets.

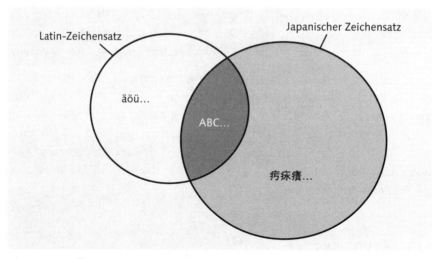

Abbildung 5.1 Überlappung von ISO-Zeichensätzen

[+] **Hinweis**

Der Unicode-Zeichensatz wurde ebenfalls von der International Organization for Standardization (ISO) genormt. Daher ist diese Unterscheidung nicht ganz exakt. Die Begriffe werden aber trotzdem in der definierten Form verwendet, da sie sich mittlerweile so etabliert haben.

Ein Font besteht aus einer Menge von Zeichen, auch Glyphen genannt. So haben zum Beispiel die Glyphen A und A dieselbe Bedeutung, aber durch die Wahl eines unterschiedlichen Fonts ein unterschiedliches Aussehen. Der englische Begriff Font wird im weiteren Verlauf für das deutsche Wort Schrift verwendet. Dies entspricht auch den Anzeigen auf den Bildschirmabzügen aus dem SAP-System.

Ein Font enthält meist Zeichen aus mehreren ISO-Zeichensätzen bzw. Unicode-Subsets. Die Zusammensetzung dieser Zeichenmenge wird vom Font-Hersteller bestimmt. Mit einem bestimmten Font können nur die Zeichen dargestellt werden, die bei seiner Erstellung festgelegt wurden. Nicht enthaltene Zeichen werden durch ein Ersatzzeichen abgebildet. Im SAP-System ist das Ersatzzeichen die Raute (#).

Das SAP-System wird als Unicode-System bezeichnet, falls es in der Lage ist, alle Zeichen aus dem Unicode-Zeichensatz in Textfeldern direkt zu verarbeiten. Erreicht wird dies durch die interne Implementierung des Datentyps CHAR in der Größe 2 Bytes. Dies ist seit Release 6.20 der Fall. Erst durch diese neue Implementierung wurde es möglich, asiatische Zeichen überhaupt abzubilden. Durch die vorherige interne Implementierung des Datentyps CHAR in der Größe 1 Byte war die Anzahl der möglichen darstellbaren Zeichen zu gering, um die asiatischen Schriften zu verarbeiten. Im Gegensatz zu unserem Alphabet, das aus nur 26 Zeichen besteht, ist die Anzahl der notwendigen unterschiedlichen Zeichen in asiatischen Schriften weitaus höher. Theoretisch ist aus einem Unicode-System jedes beliebige Zeichen druckbar. Praktisch gibt es aber weiterhin zahlreiche Schwierigkeiten, die wir im weiteren Verlauf noch untersuchen werden.

Für das Drucken in Nicht-Unicode-Systemen, das heißt SAP-Systemen ≤ Release 6.10, gelten folgende Aussagen:

- Zum Ausdrucken von ABAP-Listen müssen Sie in einer Sprache angemeldet sein, aus der die zu druckenden Zeichen stammen.
- Zum Ausdrucken von Formularen müssen Sie auf die Verwendung der richtigen Formularsprache und der zur Sprache passenden Fonts achten.

In beiden Fällen muss ein geeigneter Gerätetyp ausgewählt werden, der den entsprechenden Zeichensatz verarbeiten kann. Tabelle 5.1 zeigt, welche SAP-Font-Namen in Formularen bei einem bestimmten ISO-Zeichensatz verwendet werden müssen, sowie Beispiele für gültige Gerätetypen, mit denen diese Formulare ausgedruckt werden können. An welchen Stellen diese Verwendung konfiguriert werden muss, wird im folgenden Abschnitt 5.2, »Fonts und Drucker«, besprochen. Sie werden später sehen, dass diese beiden Regeln auch in Unicode-Systemen weiterhin sinnvoll sein können, obwohl sie nicht mehr zwingend gelten.

ISO-Zeichensatz	SAP-Font-Name	Beispielgerätetypen
Chinesisch (Kurzzeichen, vereinfacht)	CNHEI, CNSONG	CNSAPWIN, CNHPLJ4, CNSPOST
Chinesisch (Langzeichen, traditionell)	TWMING, TWSONG	TWSAPWIN, TWHPLJ4, TWSPOST
Griechisch	COUR_I7, HELV_I7, TIME_I7	I7SWIN, ELSPOST
Japanisch	DBGOTHIC, JPMINCHO	JPSAPWIN, JPHPLJ4000, JPPOST, JPSPOST
Koreanisch	KPBATANG, KPDODUM, KPGULIM, KPSAMMUL, KPGUNGSE	KPSAPWIN, KPHPLJ4, KPSPOST
Latin 1 (West- und Mitteleuropa)	COURIER, HELVE, TIMES	SAPWIN, HPLJ4000, POST2
Latin 2 (Osteuropa)	COURIER, HELVE, TIMES	I2SWIN, I2HP4, I2HPPS
Latin 4 (Baltisch)	COURIER, HELVE, TIMES	I4SWIN, I4HPPS
Latin 5 (Kyrillisch)	COURCYR, HELVCYR, TIMECYR	SAPWIN5, I5LEX, I5SPOST
Thailändisch	THANGSAN, THDRAFT	THSAPWIN

Tabelle 5.1 ISO-Zeichensätze, Fonts und Gerätetypen

[*] **Tipp**

Sehen Sie in Ihrem Ausdruck ein #-Zeichen, ist der dem Drucker zugeordnete Gerätetyp nicht in der Lage, das gewünschte Zeichen zu verarbeiten. Überprüfen Sie in diesem Fall immer, ob der verwendete Gerätetyp und der verwendete Font des Formulars zum jeweiligen Zeichensatz passen. Dies gilt für Unicode- und Nicht-Unicode-Systeme gleichermaßen.

Im Gegensatz zu ISO-Zeichensätzen umfasst der Unicode-Zeichensatz die Vereinigung aller ISO-Zeichensätze sowie weitere darüber hinausgehende Zeichen, die vorher in keinem anderen Zeichensatz definiert waren. Ob Ihr System ein Unicode-System ist, können Sie am Systemstatus erkennen (siehe Abbildung 5.2), den Sie über das Menü SYSTEM • STATUS... erreichen. Dort gibt es das entsprechende Feld UNICODE-SYSTEM.

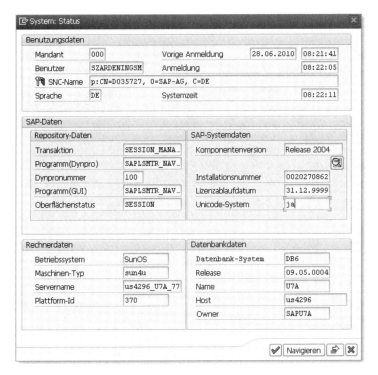

Abbildung 5.2 Systemstatus

Die Verwendung eines Unicode-Systems ist allerdings nicht die Lösung aller Probleme bei der Darstellung und beim Ausdrucken von sprachabhängigen Dokumenten. Wie Sie im weiteren Verlauf des Kapitels sehen werden, gelten insbesondere beim Drucken weiterhin gewisse Einschränkungen, die auch in Nicht-Unicode-Systemen auftreten.

5.2 Fonts und Drucker

Bei der Verwendung von nativen Gerätetypen, das heißt Gerätetypen, die direkt eine Seitenbeschreibungssprache (PDL) erzeugen, gibt es zwei Möglichkeiten, einen Font einzusetzen:

- **Der Font ist auf dem Drucker direkt installiert.**
  Die Anzahl der auf einem Drucker installierten Fonts ist begrenzt und unterscheidet sich regional. Zusätzliche Fonts können über Hardware-Speicherbausteine hinzugefügt werden, sogenannte Font-DIMMS. Diese müssen in jedem Drucker installiert werden. Sie sind allerdings nicht preiswert und auch nicht für jeden Drucker und für jede Sprache verfügbar.

▶ **Der Font wird pro Druckauftrag in den Druckdatenstrom eingebettet.**
Diese zweite Möglichkeit ist ebenfalls nicht unproblematisch. Das Einbetten von Fonts in jeden Druckauftrag vergrößert den Datenstrom je nach verwendeter Schrift erheblich, da es momentan im SAP-System keine Möglichkeit gibt, Zeichen selektiv einzubetten, wie es zum Beispiel unter Windows geschieht. Das heißt, im Extremfall müsste für ein einziges benötigtes Zeichen die gesamte Font-Datei in den Druckdatenstrom eingefügt werden. Voraussetzung dafür ist allerdings, dass die Datei überhaupt erst einmal im SAP-System vorhanden ist. SAP darf aus lizenzrechtlichen Gründen gar keine Font-Dateien mit dem System ausliefern. Daher werden im SAP-Standard grundsätzlich keine Fonts in Druckaufträge eingebettet.

[+] **Hinweis**

Die Tatsache, dass SAP keine Fonts ausliefert, ist letztlich das Kernproblem für die teilweise umständliche und schwer verständliche Konfiguration bei der Erstellung und insbesondere beim Ausdrucken von Formularen.

Aus den genannten Gründen kann die Verwendung von nativen Gerätetypen beim Ausdrucken von mehrsprachigen Dokumenten Probleme verursachen. Falls es im Einzelfall keine Lösung gibt, müssen Sie auf SAPWIN- bzw. SWINCF-Gerätetypen zurückgreifen.

5.3 Sprachkonfiguration im SAP-System

Historisch bedingt, gibt es im SAP-System eine Vielzahl unterschiedlicher Einstellungen, die beachtet werden müssen, um eine korrekte Darstellung in der gewünschten Sprache zu erhalten. Der Grund hierfür ist die völlig unterschiedliche Implementierung der zur Auswahl stehenden Techniken. Während die ABAP-Listen historisch gesehen aus der Großrechnerzeit stammen und dementsprechend Limitierungen aufweisen, sind die Formularwerkzeuge von Anfang an moderner konzipiert. Allerdings entstanden auch SAPscript bzw. SAP Smart Forms in einer Zeit, bevor die SAP-Systeme auf Unicode umgestellt wurden. Dadurch ergibt sich insgesamt ein recht heterogenes Bild.

[+] **Hinweis**

Bei den Themen in diesem Kapitel wird vorausgesetzt, dass Sie grundsätzlich mit der Erstellung von SAP-Formularen mithilfe der unterschiedlichen Formularwerkzeuge vertraut sind. Auf Begriffe wird nicht näher eingegangen, es werden nur die Stellen behandelt, die für eine korrekte sprachabhängige Druckausgabe entscheidend sind.

5.3.1 Sprachkonfiguration bei ABAP-Listen

Streng genommen, gibt es für ABAP-Listen gar keine Sprachkonfiguration: Die gesamte Konfiguration hängt ausschließlich an der Anmeldesprache. In Nicht-Unicode-Systemen können nur solche Listen korrekt gedruckt werden, die ausschließlich Zeichen aus dem der Anmeldesprache zugeordneten Zeichensatz enthalten.

Sie können das in Ihrem System mithilfe von Transaktion I18N ausprobieren: Doppelklicken Sie auf der linken Seite des Bildschirms unter I18N MENÜ • FEHLERSUCHE • DRUCKTEST • ABAP LIST auf MEHRERE SCRIPTS. Markieren Sie anschließend die gewünschten Skripts. Abbildung 5.3 und Abbildung 5.4 verdeutlichen das Vorgehen. Drucken Sie anschließend die dargestellte Bildschirmliste auf einem Drucker Ihrer Wahl aus. Sie werden feststellen, dass ein korrekter Ausdruck nur dann möglich ist, wenn Anmeldesprache und Gerätetyp entsprechend Tabelle 5.1 zusammenpassen.

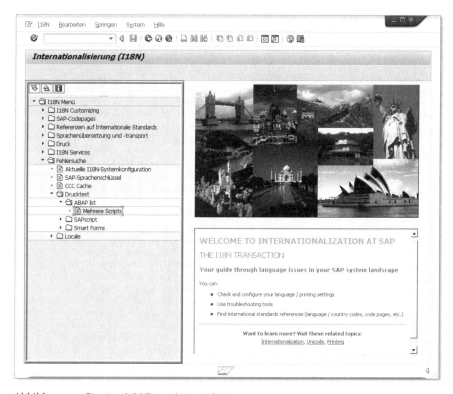

Abbildung 5.3 Einstiegsbild Transaktion I18N

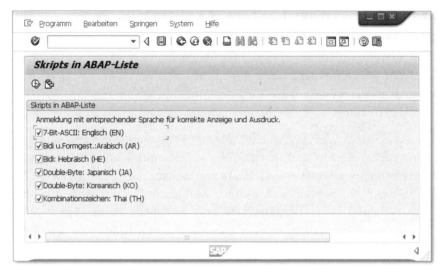

Abbildung 5.4 Skriptauswahl

Die Beispiele aus Transaktion I18N sind zur weiteren Darstellung aufgrund der Größe der Liste schlecht geeignet. Zur Verdeutlichung wird daher ein konstruiertes Beispiel verwendet, das Sie in dieser Form in Ihrem System nicht finden werden. Abbildung 5.5 zeigt als Ausgangspunkt eine Bildschirmliste, in der derselbe Satz in unterschiedlichen Sprachen dargestellt wird. Die Sprachen sind verschiedenen ISO-Zeichensätzen zugeordnet.

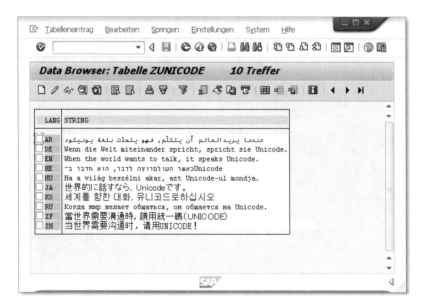

Abbildung 5.5 Unicode-Liste

Wenn Sie diese Liste nun mithilfe unterschiedlicher Gerätetypen ausdrucken, werden Sie die folgenden Ergebnisse erzielen:

▶ Abbildung 5.6 zeigt den Ausdruck der Liste mit dem Gerätetyp SAPWIN. SAPWIN kann nur Latin-1-Zeichen darstellen. Für alle im Gerätetyp nicht vorkommenden Zeichen wird das Ersatzzeichen # gedruckt.

Zudem werden manche Zeichen falsch interpretiert. Das liegt daran, dass in den verschiedenen ISO-Zeichensätzen dieselbe Codierung für unterschiedliche Zeichen verwendet wird. Die Verschiebung der Rahmenzeichen kommt aufgrund falscher Längenberechnungen der nicht erkannten Zeichen zustande. Asiatische Zeichen benötigen zur Darstellung die doppelte Breite.

```
LANG  STRING
□ AR   ##### ########## ## ######, ### ###### #### #######
□ DE   Wenn die Welt miteinander spricht, spricht sie Unicode.
□ EN   When the world wants to talk, it speaks Unicode.
□ HE   #### ######### ####, ### #### ##Unicode
□ HU   Ha a világ beszélni akar, azt Unicode-ul mondja.
□ JA   #########Unicode###
□ KO   ### ## ##, #########
□ RU   Êîãäà ìèð æåëàåò îáùàòüñÿ, îí îáùàåòñÿ íà Unicode.
□ ZF   ##############UNICODE#
□ ZH   ###########UNICODE#
```

Abbildung 5.6 Ausdruck mit Gerätetyp SAPWIN

▶ Abbildung 5.7 zeigt dieselbe Liste, ausgedruckt mit dem japanischen Gerätetyp JPSAPWIN. Man sieht hier gut die eingangs erwähnten Überlappungen. 7-Bit-ASCII-Zeichen sind grundsätzlich enthalten, aber auch einige chinesische. Im Übrigen gelten die angeführten Aussagen.

```
LANG  STRING
□ AR   ##### ########## ## ######, ### ###### #### #######
□ DE   Wenn die Welt miteinander spricht, spricht sie Unicode.
□ EN   When the world wants to talk, it speaks Unicode.
□ HE   #### ######### ####, ### #### ##Unicode
□ HU   Ha a vil#g besz#lni akar, azt Unicode-ul mondja.
□ JA   世界的に話すなら、Unicodeです。
□ KO   ### ## ##, #########
□ RU   Когда мир желает общаться, он общается на Unicode.
□ ZF   當世界需要溝通時, 請用統一碼 (UNICODE)
□ ZH   当世界需要#通#, #用UNICODE！
```

Abbildung 5.7 Ausdruck mit Gerätetyp JPSAPWIN

▶ Abbildung 5.8 schließlich zeigt den korrekten Ausdruck der Liste mit dem Unicode-Gerätetyp SWINCF, auf den in Abschnitt 5.4, »Cascading Fonts und SWINCF«, noch genauer eingegangen wird.

Abbildung 5.8 Ausdruck mit Gerätetyp SWINCF

[+] **Hinweis**

Die Liste aus Abbildung 5.5 ist nur in einem Unicode-System korrekt darstellbar. Voraussetzung ist, dass alle benötigten Fonts auf dem Arbeitsplatzrechner installiert sind. Dies ist in einem modernen System normalerweise kein Problem. Die beschriebenen Einschränkungen für das Drucken gelten daher nicht unbedingt für die Darstellung.

5.3.2 Sprachkonfiguration bei SAPscript

SAPscript ist die älteste SAP-Formulartechnik. Sie entstand zu einer Zeit, als es noch keine Unicode-SAP-Systeme gab. Ein SAPscript-Formular wird in Transaktion SE71 erstellt und gepflegt. Jedes Formular hat eine Originalsprache, in der es zum ersten Mal erstellt wird. Diese wird bei den VERWALTUNGSDATEN im Formularkopf angegeben. Die Originalsprache dürfte in den meisten Fällen mit der Anmeldesprache identisch sein, mit der sich der Ersteller des Formulars am SAP-System angemeldet hat.

Soll das Formular auch in einer anderen Sprache verwendet werden, muss es, mit einem anderen SPRACHENSCHLÜSSEL versehen, neu angelegt werden. Im Beispiel in Abbildung 5.9 ist die ORIGINALSPRACHE Deutsch (DE) und das neu zu erstellende Formular Russisch (RU).

Nach erfolgter Eingabe der Verwaltungsdaten gelangen Sie über die Drucktaste GRUNDEINSTELLUNGEN zum Bildschirm für die Einstellung des Fonts des Formulars. Wird aus einem Formular mit Originalsprache Deutsch ein neues mit dem SPRACHENSCHLÜSSEL Englisch erstellt, ist es nicht notwendig, den Font zu ändern, da beide Sprachen denselben Zeichensatz verwenden.

Sprachkonfiguration im SAP-System | **5.3**

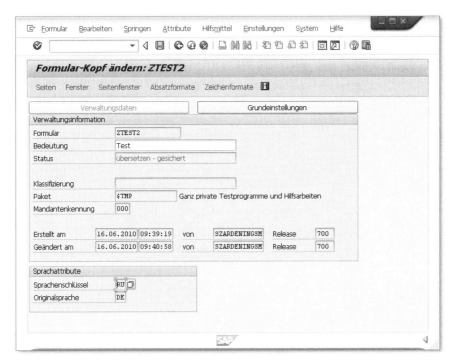

Abbildung 5.9 Sprachschlüssel bei SAPscript

Bei unserem Beispiel ist das jedoch zwingend notwendig, da der russische Zeichensatz nicht dem deutschen entspricht. Wählen Sie daher im Eingabefeld FONTFAMILIE eine geeignete Schriftart aus, wie in Abbildung 5.10 gezeigt. Die hier angegebene Schrift wird überall im Dokument verwendet, falls sie nicht durch eine speziellere Einstellung überschrieben wird. Auf die weiteren Eingabemöglichkeiten bei den GRUNDEINSTELLUNGEN wird hier nicht weiter eingegangen.

> **Hinweis** [+]
>
> Der im Eingabefeld FONTFAMILIE ausgewählte Name ist nur der SAP-Name für eine reale Schrift und wird lediglich innerhalb des SAP-Systems verwendet. Die Zuordnung zur realen Schriftdatei ist vom Gerätetyp abhängig (siehe Tabelle 5.1).

Nach den Grundeinstellungen gelangen Sie über die Drucktaste ABSATZFORMATE zur Pflege eines Absatzformates. Bei den Font-Attributen können Sie im Eingabefeld FAMILIE wieder einen SAP-Namen einer Schrift auswählen. Abbildung 5.11 zeigt den Namen des deutschen Originaltextes, Abbildung 5.12 den der russischen Variante.

5 | Drucken und Internationalisierung

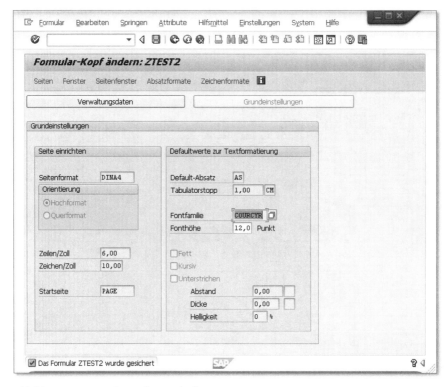

Abbildung 5.10 Grundeinstellung Schrift

Sie müssen hier nichts eintragen. Ist das Feld FAMILIE leer, wird der bei den Grundeinstellungen eingetragene Font verwendet. Allerdings darf auch nichts Falsches darin stehen. Der Name `HELVE` des deutschen Originals wäre für den russischen Text aufgrund der inkompatiblen Zeichensätze nicht korrekt. Kontrollieren Sie daher auf jeden Fall dieses Eingabefeld.

Die letzte Stelle, die Sie konfigurieren können, erreichen Sie über die Drucktaste ZEICHENFORMATE. Abbildung 5.13 zeigt die Variante für den russischen Text. Es gelten dieselben Aussagen wie für die Absatzformate.

[+] **Hinweis**

Pro Formular können mehrere Absatz- und Zeichenformate definiert werden. Bei jeder Definition ist erneut auf die korrekte Verwendung der SAP-Font-Namen zu achten.

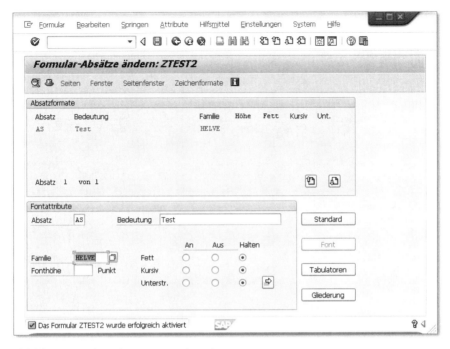

Abbildung 5.11 Absatzformat Originalsprache

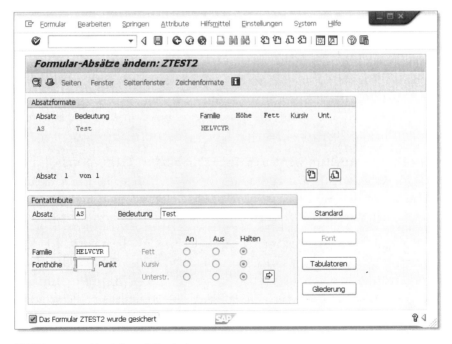

Abbildung 5.12 Absatzformat Russisch

Abbildung 5.13 Zeichenformat Russisch

5.3.3 Sprachkonfiguration bei SAP Smart Forms

SAP Smart Forms ist die im Vergleich zu SAPscript modernere SAP-Formulartechnik. Zahlreiche Einstellungen wurden hier vereinfacht. Allerdings entstanden auch Smart Forms zu einer Zeit, als es noch keine Unicode-Unterstützung gab. Das heißt, auch bei Smart Forms ist grundsätzlich auf die korrekte Verwendung von SAP-Font-Namen und Gerätetypen in Abhängigkeit vom verwendeten Zeichensatz zu achten.

Smart-Forms-Formulare werden in Transaktion SMARTFORMS erstellt und gepflegt. Abbildung 5.14 zeigt das Einstiegsbild. Zur Erstellung eines neuen Formulars wählen Sie zunächst FORMULAR im Einstiegsbild und vergeben einen Namen Ihrer Wahl. Drücken Sie anschließend die Drucktaste ANLEGEN.

Abbildung 5.15 zeigt die SPRACHATTRIBUTE des neu erstellten Formulars. Die angezeigte Sprache (DE) entspricht der Anmeldesprache. Wird bei den Übersetzungsattributen NICHT ÜBERSETZEN ausgewählt, wird das Formular auch nur in der Anmeldesprache erstellt. Soll dasselbe Formular in unterschiedlichen Sprachen verwendet werden, empfiehlt sich daher hier die selektive Auswahl oder die ÜBERSETZUNG IN ALLE SPRACHEN.

Sprachkonfiguration im SAP-System | 5.3

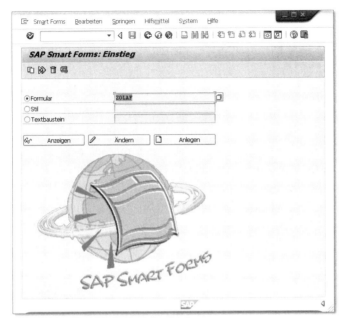

Abbildung 5.14 SAP Smart Forms – Einstiegsbild

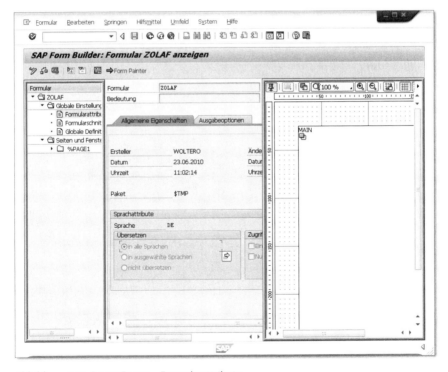

Abbildung 5.15 Smart Forms – Formularattribute

Bestimmte Attribute, wie zum Beispiel die Spracheinstellung, werden bei SAP Smart Forms nicht mehr im Formular selbst, sondern in einem dem Formular zugeordneten STIL gepflegt. Die Stilpflege erreichen Sie ebenfalls über Transaktion SMARTFORMS.

Wurde wie in Abbildung 5.15 ÜBERSETZEN IN ALLE SPRACHEN ausgewählt, werden automatisch Stile für alle Sprachen erstellt. Diese Einstellung ist generell zu empfehlen, wenn Sie ein Formular in mehreren Sprachen benötigen. Durch Anmeldung in der jeweiligen Sprache wird automatisch der passende Stil bei der Formularpflege in Transaktion SMARTFORMS verwendet. Wie in Abbildung 5.16 zu sehen ist, wird dabei automatisch der korrekte SAP-Font-Name verwendet. Das Beispiel zeigt wiederum den Stil des Formulars in Russisch mit dem korrekten SAP-Font-Namen. Um diese Anzeige zu erhalten, müssen Sie in der korrekten Sprache am SAP-System angemeldet sein. In diesem Beispiel wäre das Russisch.

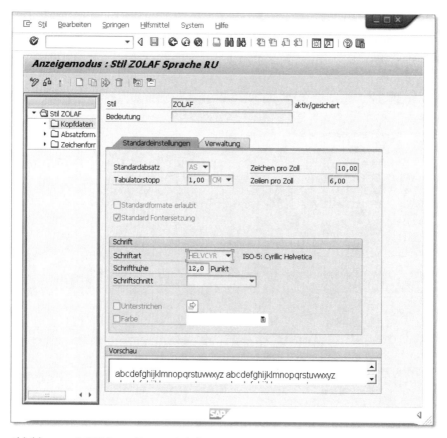

Abbildung 5.16 SAP Smart Forms – Stilpflege

Der Font-Name musste bei SAPscript noch jeweils manuell eingegeben werden, damit gibt es bei SAP Smart Forms eine potenzielle Fehlerquelle weniger. Zum Ausdrucken müssen Sie allerdings weiterhin einen Drucker mit einem passenden Gerätetyp wählen.

> **Tipp**
>
> Verändern Sie nachträglich einen Stil, müssen Sie im Feld SCHRIFTART darauf achten, einen SAP-Font-Namen entsprechend der Anmeldesprache einzutragen. Dafür gelten wiederum die Zuordnungen aus Tabelle 5.1.

[*]

5.3.4 Sprachkonfiguration bei Interactive Forms

Bei den SAP Interactive Forms by Adobe wird ein Formular ebenfalls in einer Originalsprache mit dem Adobe LiveCycle Designer angelegt. Fonts werden jedoch direkt im Designer ausgewählt, dabei stehen alle im System installierten Fonts zur Verfügung.

Das Formular wird dann als XML-Template gespeichert. Sprachabhängige Textelemente werden über Transaktion SE63 in die jeweils gewünschte Sprache übersetzt. Zur Laufzeit muss jeweils ein Sprach- und Länderschlüssel in der Schnittstelle des generierten Formularprogramms angegeben werden (siehe Abbildung 5.17). Anhand dieser Schlüssel wird das zur Sprache passende Formular-Template von den Adobe Document Services zur Generierung der Druckdaten herangezogen. In den Adobe Document Services müssen dafür ebenfalls alle benötigten Fonts installiert sein. Dies ist durch eine korrekte Installation der Adobe Document Services der Fall.

Da die Druckdaten nicht vom SAP-System generiert werden, sind keine weiteren Konfigurationsschritte notwendig. Insbesondere gelten die Aussagen des folgenden Abschnittes nicht für Interactive Forms, da die Gerätetypen, wie in Abschnitt 4.3, »Gerätetypen und XML Device Configurations«, beschrieben, nur als Abbildung auf XDC-Dateien verwendet werden.

Abbildung 5.17 Eingabe des Sprachschlüssels bei IFbA-Druckprogramm

5.3.5 Gerätetypauswahl

Nachdem Sie nun die benötigten Formulare in verschiedenen Sprachen auf die eine oder andere Art mit den richtigen Font-Namen versehen haben, kommen wir zur Frage des adäquaten Gerätetyps. An dieser Stelle werden wir nun auch auf die entscheidenden Unterschiede zwischen Unicode- und Nicht-Unicode-Systemen eingehen.

Gerätetypauswahl in Nicht-Unicode-Systemen

Die Möglichkeiten zur Gerätetypauswahl in Nicht-Unicode-Systemen lassen sich folgendermaßen zusammenfassen:

▸ ABAP-Listen können nur dargestellt werden, wenn sie Zeichen aus dem Zeichensatz der jeweiligen Anmeldesprache enthalten. Zum Ausdrucken muss ein Gerätetyp mit passendem Zeichensatz verwendet werden. Listen, die Zeichen aus verschiedenen Zeichensätzen enthalten, können weder vollständig angezeigt noch ausgedruckt werden.

▸ Formulare müssen in allen Sprachen vorliegen, in denen sie verwendet werden sollen. Ebenso wie bei Listen muss zum Ausdrucken ein adäquater Gerätetyp gewählt werden. Formulare dürfen keine Zeichen aus verschiedenen Zeichensätzen enthalten.

Einen entsprechenden Gerätetyp finden Sie am einfachsten in Transaktion SPAD bei der Druckerdefinition. Neben dem Eingabefeld für den Gerätetyp sehen Sie eine Drucktaste für die Gerätetypauswahl. Wenn Sie auf diese drücken, startet der Gerätetyp-Wizard.

Geben Sie den Herstellernamen Ihres Druckers und – ganz wichtig – die gewünschte Sprache in das jeweilige Eingabefeld ein, und drücken Sie die Taste DRUCKER ANZ. Es erscheint eine Liste mit allen möglichen Gerätetypen. Abbildung 5.18 zeigt ein Beispiel mit japanischen Gerätetypen für den Hersteller Canon. Falls kein nativer Gerätetyp für Ihren Hersteller vorhanden ist, wird immer mindestens der zur Sprache gehörende generische SAPWIN-Gerätetyp angeboten.

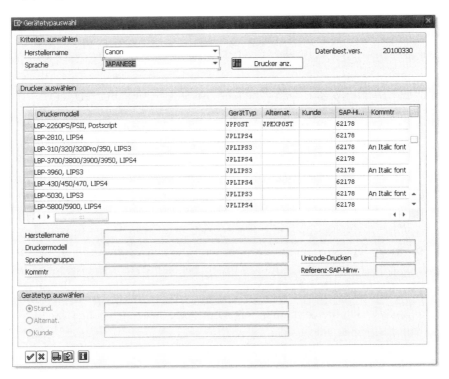

Abbildung 5.18 Gerätetyp-Wizard

Gerätetypauswahl in Unicode-Systemen

Wie Sie bereits gesehen haben, ist die Anzeige von ABAP-Listen in Unicode-Systemen unproblematisch; das gilt auch für Formulare, weil die Frontend-Komponente, zum Beispiel das SAP GUI for Windows, zur Darstellung die Möglichkeiten von Windows ausnutzt. Dort sind normalerweise alle Fonts vorhanden.

Beim Drucken treten jedoch trotz Unicode wieder die anfangs erwähnten Schwierigkeiten auf:

- Das SAP-System bindet standardmäßig keine Fonts in den Druckdatenstrom ein.
- Die Anzahl der in einem Drucker installierten Fonts ist begrenzt.

Hinzu kommt, dass es bislang nur drei native Unicode-Gerätetypen im SAP-System gibt, die spezielle Unicode-Fonts in den Druckern voraussetzen:

- HPUTF8
  Dieser Gerätetyp ist für verschiedene Modelle von HP geeignet.
- LEXUTF8
  Dieser Gerätetyp ist für verschiedene Modelle von Lexmark geeignet.
- RC001U18
  Dieser Gerätetyp ist für verschiedene Modelle von Ricoh geeignet.

Technisch gesehen, unterscheidet sich der Unicode-Zeichensatz von den ISO-Zeichensätzen nur durch den weitaus größeren Umfang an Zeichen und den doppelten Platzbedarf bei der Codierung der einzelnen Zeichen. Die Technik, die zum Drucken verwendet wird, ist dieselbe. Damit zeigt sich dann das Dilemma in aller Deutlichkeit: Durch die genannten Einschränkungen und die Tatsache, dass die nativen Unicode-Gerätetypen nur für sehr wenige Modelle verwendet werden können und die Ausdrucke auch nicht besonders schön aussehen, ändert sich daher in den meisten Fällen im Vergleich zu Nicht-Unicode-Systemen nicht viel. Ihnen werden bei der Gerätetypauswahl unter Umständen zusätzlich die beiden nativen Unicode-Gerätetypen angeboten.

Solange Sie nicht eine der beiden folgenden Anforderungen haben, lassen Sie deshalb am besten alles genau so, wie für Nicht-Unicode-Systeme beschrieben:

- Sie müssen unterschiedliche Schriften in einem Formular unterbringen.
- Sie möchten nur ein Dokument für unterschiedliche Sprachen verwenden, das heißt, die Sprache des Dokumentes ist nicht bestimmt.

Trifft eine der Anforderungen zu, müssen Sie auf einen der erwähnten nativen Unicode-Gerätetypen zurückgreifen oder den in Abschnitt 5.4, »Cascading Fonts und SWINCF«, vorgestellten Gerätetyp SWINCF verwenden.

Tipp [*]

Die Weiterverwendung der sprachabhängigen Formulare empfiehlt sich auch deshalb, weil eine Umstellung auf Unicode-Gerätetypen durch die Verwendung anderer Fonts fast immer auch Auswirkungen auf das Layout des Formulars hat. Bereits geringe Größenunterschiede in den Glyphen können bei knapp kalkulierten Formularen das Layout zerstören. Eine Überarbeitung aller verwendeten Formulare ist in den meisten Fällen nicht möglich. Bei der Neuerstellung von Formularen ist der Unicode-Ansatz allerdings eine Überlegung wert.

5.3.6 SAPscript-Font-Pflege

Transaktion SE73 ist die Pflegetransaktion für SAP-Font-Namen, die in SAPscript- und Smart-Forms-Formularen verwendet werden. Aus historischen Gründen heißt die Transaktion »SAPscript Fontpflege«, sie gilt allerdings gleichermaßen für SAP Smart Forms. Normalerweise müssen Sie diese Transaktion nicht einsetzen. Sie kann allerdings dazu verwendet werden, gewisse Zusammenhänge zu verdeutlichen, die in diesem Kapitel beschrieben wurden. Abbildung 5.19 zeigt das Einstiegsbild von Transaktion SE73.

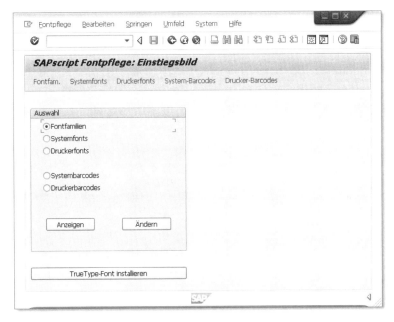

Abbildung 5.19 Transaktion SE73

> **Hinweis** [+]
>
> Transaktion SE73 kann auch zur Änderung bzw. zur Erstellung eigener Fonts durch das Hochladen von Font-Dateien verwendet werden. Das erfordert anschließend auch Änderungen an Gerätetypen. Dies sollte nur von Spezialisten vorgenommen werden.

Wählen Sie die Auswahl FONTFAMILIEN, und drücken Sie für die Darstellung der SAP-Font-Namen auf ANZEIGEN. Anschließend sehen Sie eine Bildschirmliste mit allen in Ihrem System vorhandenen Namen, die Sie an den beschriebenen Stellen bei der Erstellung von SAPscript- bzw. Smart-Forms-Formularen verwenden können. Die Liste enthält die Font-Namen aus Tabelle 5.1 in unterschiedlichen Ausprägungen (BOLD, FIXED) und Sprachen sowie Unicode-Font-Namen.

Über die Anzeige der Font-Familien (siehe Abbildung 5.20) erhalten Sie einen Überblick über die Zuordnung von Zeichensätzen zu SAP-Font-Namen.

Abbildung 5.20 Anzeige der Font-Familien

Das ist keine eindeutige Zuordnung, Sie können aus der Spalte BEDEUTUNG jedoch recht gut die Sprachzugehörigkeit ablesen. Einen passenden Font-Namen finden Sie in der Spalte FAMILIE – und können damit über Tabelle 5.1 den Zeichensatz bestimmen.

Wie sieht nun die weitere Zuordnung von Font-Name zu Gerätetyp aus und was geschieht, wenn Sie für Ihr Formular einen Drucker mit nicht geeignetem Gerätetyp zum Ausdrucken verwenden? Zur Beantwortung dieser Frage wählen Sie im Einstiegsbild von Transaktion SE73 DRUCKERFONTS und drücken auf ANZEIGEN. Sie sehen daraufhin eine Bildschirmliste aller in Ihrem System vorhandenen Gerätetypen mit einer kurzen Beschreibung des zugehörigen Druckermodells. Doppelklicken Sie auf den gewünschten Gerätetyp, im Beispiel aus Abbildung 5.21 ist dies `HPLJ5`.

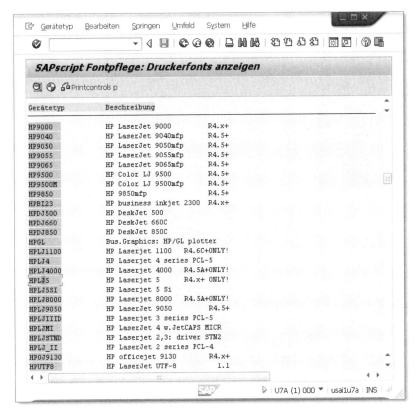

Abbildung 5.21 Anzeige der Gerätetypen

Abbildung 5.22 zeigt alle Font-Namen, die der ausgewählte Gerätetyp verarbeiten kann. Manche Fonts sind skalierbar, wie zum Beispiel HELVE. Skalierbare Fonts können jede beliebige Größe annehmen. Es gibt unterschiedliche Versionen für die Eigenschaften FETT und KURSIV. Nicht skalierbare Fonts, wie zum Beispiel COURIER, sind in unterschiedlichen festen Größen (FONTHÖHE) vorhanden.

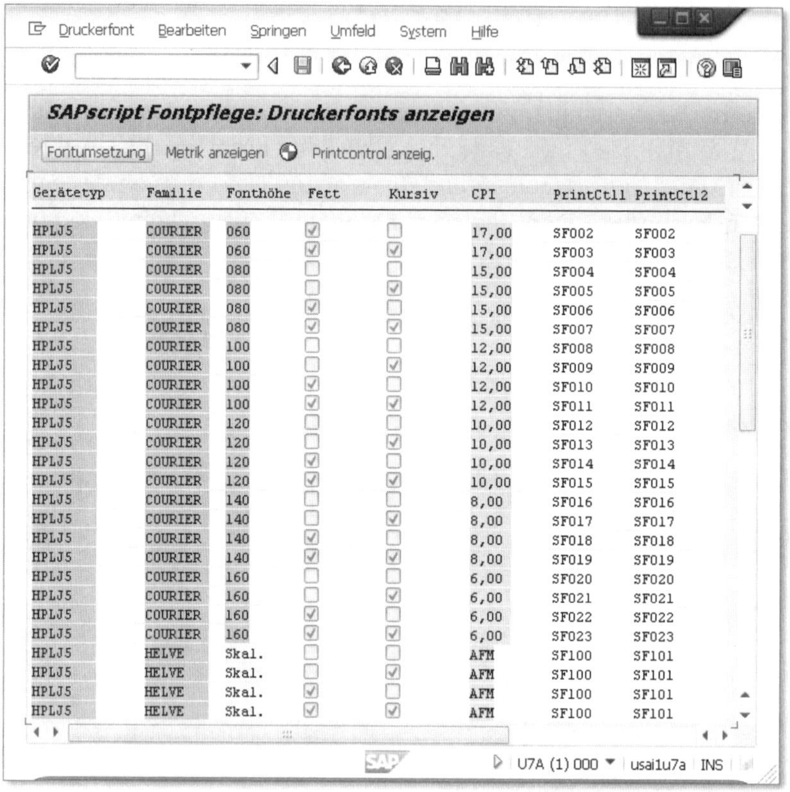

Gerätetyp	Familie	Fonthöhe	Fett	Kursiv	CPI	PrintCtl1	PrintCtl2
HPLJ5	COURIER	060	☑	☐	17,00	SF002	SF002
HPLJ5	COURIER	060	☑	☑	17,00	SF003	SF003
HPLJ5	COURIER	080	☐	☐	15,00	SF004	SF004
HPLJ5	COURIER	080	☐	☑	15,00	SF005	SF005
HPLJ5	COURIER	080	☑	☐	15,00	SF006	SF006
HPLJ5	COURIER	080	☑	☑	15,00	SF007	SF007
HPLJ5	COURIER	100	☐	☐	12,00	SF008	SF008
HPLJ5	COURIER	100	☐	☑	12,00	SF009	SF009
HPLJ5	COURIER	100	☑	☐	12,00	SF010	SF010
HPLJ5	COURIER	100	☑	☑	12,00	SF011	SF011
HPLJ5	COURIER	120	☐	☐	10,00	SF012	SF012
HPLJ5	COURIER	120	☐	☑	10,00	SF013	SF013
HPLJ5	COURIER	120	☑	☐	10,00	SF014	SF014
HPLJ5	COURIER	120	☑	☑	10,00	SF015	SF015
HPLJ5	COURIER	140	☐	☐	8,00	SF016	SF016
HPLJ5	COURIER	140	☐	☑	8,00	SF017	SF017
HPLJ5	COURIER	140	☑	☐	8,00	SF018	SF018
HPLJ5	COURIER	140	☑	☑	8,00	SF019	SF019
HPLJ5	COURIER	160	☐	☐	6,00	SF020	SF020
HPLJ5	COURIER	160	☐	☑	6,00	SF021	SF021
HPLJ5	COURIER	160	☑	☐	6,00	SF022	SF022
HPLJ5	COURIER	160	☑	☑	6,00	SF023	SF023
HPLJ5	HELVE	Skal.	☐	☐	AFM	SF100	SF101
HPLJ5	HELVE	Skal.	☐	☑	AFM	SF100	SF101
HPLJ5	HELVE	Skal.	☑	☐	AFM	SF100	SF101
HPLJ5	HELVE	Skal.	☑	☑	AFM	SF100	SF101

Abbildung 5.22 Fonts eines Gerätetyps

HPLJ5 ist ein Latin-1-Gerätetyp, wie Sie an den Font-Namen leicht erkennen können. Was geschieht nun, wenn Sie das Formular aus Abbildung 5.13, bei dem Sie mit TIMECYR einen kyrillischen Font angegeben haben, auf einem Drucker mit HPLJ5-Gerätetyp ausgeben möchten? Drücken Sie zur Beantwortung dieser Frage auf die Taste FONTUMSETZUNG, die in Abbildung 5.22 hervorgehoben ist. Geben Sie anschließend das gewünschte Sprachkürzel ein, im Beispiel RU für Russisch. Sie sehen nun die in Abbildung 5.23 gezeigte Bildschirmliste mit den Font-Umsetzungen.

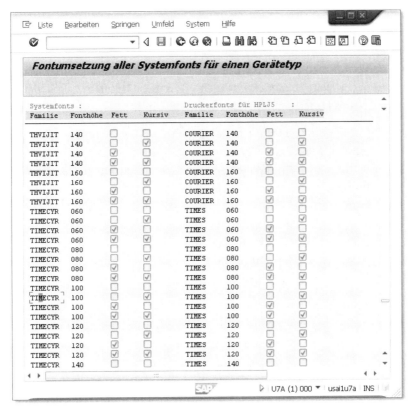

Abbildung 5.23 Font-Umsetzung

Der kyrillische Font TIMECYR wird in Latin-1-Gerätetypen auf die entsprechende Latin-1-Version TIMES abgebildet. Wie wir am Anfang des Kapitels gesehen haben, wird es Überschneidungen zwischen den Zeichensätzen Latin 1 und ISO 5 Kyrillisch geben. Alle Zeichen in der Schnittmenge werden korrekt ausgedruckt, wenn die Codierung identisch ist. Zeichen hingegen, die in den ausschließlich kyrillischen Bereich fallen, können nicht verarbeitet werden. An deren Stelle wird das Ersatzzeichen # ausgedruckt. Ein Beispiel dazu haben Sie in Abschnitt 5.3.1, »Sprachkonfiguration bei ABAP-Listen«, gesehen.

5.4 Cascading Fonts und SWINCF

Wie in den vergangenen Abschnitten dargelegt, besteht die grundsätzliche Problematik beim Drucken internationaler Zeichen darin, dass Fonts vom SAP-System nicht in Spool-Aufträge eingefügt werden. Wie ebenfalls aufgezeigt wurde, verschärft sich das Problem in Unicode-Systemen insbesondere dann, wenn Schriften aus unterschiedlichen Sprachen im selben Dokument verwendet werden sollen. Es ist unwahrscheinlich, dass die Anzahl der verfügbaren nativen Unicode-Gerätetypen in naher Zukunft deutlich ansteigt. Selbst wenn das so wäre, bedeutet das nicht, dass diese mit dem Großteil der bisher verfügbaren Druckermodelle kompatibel wären.

Um eine allgemeingültige Lösung für dieses Problem anbieten zu können, wurde von SAP der generische Gerätetyp SWINCF ausgeliefert. Er stellt eine Erweiterung von SAPWIN dar, basiert demnach auf demselben Datenstrom und Verarbeitungskonzept. SWINCF kann, wie in Kapitel 3, »Drucken unter Microsoft Windows«, beschrieben, mit den Koppelarten G, S und U verwendet werden. Alle dort bezüglich SAPWIN getroffenen Aussagen gelten auch für SWINCF. Der Unterschied zu den nicht auf Unicode basierenden, sprachabhängigen SAPWIN-Gerätetypen besteht darin, dass SWINCF ein Unicode-Gerätetyp ist und damit alle Zeichensätze bzw. Schriften verarbeiten kann.

In einem Dokument können beim Einsatz von SWINCF beliebige Sprachen gemeinsam verwendet werden. Je nach Sprache wird eine passende Schrift ausgewählt. Dieses Konzept wird unter dem Begriff Cascading Fonts (kaskadierende Schrift) zusammengefasst. Einzige Voraussetzung ist, dass auf dem Rechner, der den Datenstrom verarbeitet, die passenden Fonts installiert sind. In Tabelle A.1 im Anhang dieses Buches wird aufgelistet, welcher Windows-Font für den angegebenen SAP-Font-Namen bei Formularen je nach Sprache (Unicode-Subset) verwendet wird.

[zB] **Beispiel**

Abbildung 5.12 zeigt das Absatzformat eines russischen Formulars mit dem SAP-Font-Namen HELVCYR. Würden in diesem Formular Zeichen aus dem Unicode-Subset HIRAGANA AND KATAKANA angewendet, könnte das Formular mit einem zugehörigen kyrillischen Gerätetyp aus Tabelle 5.1 nicht korrekt gedruckt werden, da die dort verwendeten Fonts diese Zeichen nicht verarbeiten können. Beim Ausdruck auf einem Drucker mit Gerätetyp SWINCF hingegen würde für diese Zeichen gemäß Tabelle A.1 der korrekte japanische Font MS Mincho herangezogen werden. Entsprechendes gilt für alle angegebenen Unicode-Subsets.

Theoretisch müsste das Konzept der Cascading Fonts nicht auf einen generischen Windows-Gerätetyp beschränkt bleiben. Ein nativer Unicode-Gerätetyp macht im Grunde genommen auch nichts anderes. In der Praxis sieht es allerdings so aus, dass nur der generische Ansatz alle Voraussetzungen erfüllt, die für einen flächendeckenden Einsatz notwendig sind:

- das Vorhandensein von Druckertreibern für nahezu alle Druckermodelle
- das Vorhandensein von Fonts für nahezu alle Sprachen
- das Vorhandensein eines Programmiermodells, mit dem ein Druckdatenstrom mit beliebigen Fonts für einen beliebigen Drucker aufbereitet werden kann

5.4.1 Installation von Cascading Fonts

Die Voraussetzungen für Cascading Fonts sind in SAP-Hinweis 812821 detailliert beschrieben. Es wird dringend empfohlen, entweder alle an diesem Hinweis hängenden Korrekturanleitungen oder das für das jeweilige Release höchste vorhandene Support Package einzuspielen. Nur dadurch ist gewährleistet, dass alle für Cascading Fonts notwendigen Tabellen mit den richtigen Inhalten installiert werden. Sie können dann den Gerätetyp SWINCF direkt einsetzen. Im Moment ist es nicht zu empfehlen, die Konfiguration nachträglich zu ändern.

5.4.2 Cascading-Fonts-Konfigurator

Der Cascading-Fonts-Konfigurator wird mit Report RSCPSETCASCADINGFONTS gestartet, Abbildung 5.24 zeigt das Einstiegsbild. Änderungsoperationen sind, ähnlich wie Änderungen an Fonts in Transaktion SE73 oder Zeichensätzen in Transaktion SCP, nur absoluten Spezialisten vorbehalten. Sie benötigen den Konfigurator in der Praxis für gewöhnlich aber auch nicht.

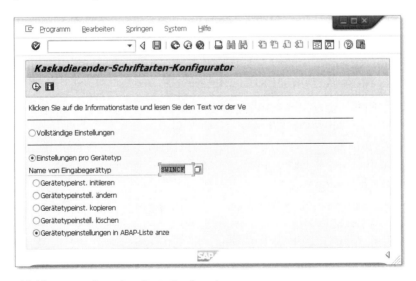

Abbildung 5.24 Cascading-Fonts-Konfigurator

5.4.3 Zuordnungstabellen

Die Zuordnungstabellen für Cascading Fonts finden Sie in Tabelle A.1 im Anhang dieses Buches.

> **Hinweis**
>
> Der in den Tabellen aufgeführte Windows-Font Arial Unicode MS ist ein Font, der nahezu alle Unicode-Zeichen enthält; dadurch ist er sehr groß. Falls er auf Ihrem System nicht vorhanden ist, kann er über den SAP Service Marketplace (*http://service.sap.com/patches*) heruntergeladen werden. Folgen Sie auf dieser Seite dem Pfad ENTRY BY APPLICATION GROUP • SAP FRONTEND COMPONENTS • ASCENDER FONTS • # OS INDEPENDENT.
> Dieser Font wird immer dann verwendet, wenn kein direkt für eine bestimmte Sprache vorgesehener Font vorhanden ist.

5.5 Zusammenfassung und Überblick

Die Darstellung internationaler Zeichen wurde erst durch die Umstellung der SAP-Systeme auf Unicode ermöglicht. Zum Ausdrucken dieser Zeichen sind weitere Voraussetzungen notwendig, die hier kurz zusammengefasst werden.

5.5.1 Sprachkonfigurationen im SAP-System

Je nach Verwendung von ABAP-Listen bzw. Formularwerkzeugen müssen unterschiedliche Dinge beachtet werden, um einen korrekten Ausdruck in der jeweiligen Sprache zu erhalten.

- Bei ABAP-Listen muss die Anmeldesprache für das SAP-System der Sprache des gewünschten Ausdrucks entsprechen.
- Bei SAPscript muss ein Formular pro Sprache mit dem jeweiligen Sprachschlüssel angelegt werden.
- Bei SAP Smart Forms werden Sprachinformationen in Stilen gepflegt. Bei der Erstellung des Formulars können Stile für alle gewünschten Sprachen automatisch erzeugt werden.
- Bei SAP Interactive Forms by Adobe ist innerhalb des SAP-Systems keine besondere Konfiguration erforderlich, da die Druckdaten durch die Adobe Document Services generiert werden. Zur Laufzeit ist nur der jeweilige Sprachschlüssel anzugeben.
- Zum Ausdrucken muss immer ein passender Gerätetyp gewählt werden.

5.5.2 Fonts und Drucker

Damit ein Drucker in der Lage ist, internationale Zeichen zu drucken, muss ein Font vorhanden sein, der den jeweiligen Zeichensatz versteht. Dabei sind folgende Fakten zu beachten:

- Fonts müssen entweder auf dem Drucker installiert sein oder in jeden Druckauftrag eingebettet werden.
- Nachrüstbare Font-DIMMS für Drucker sind teuer und nicht immer verfügbar.
- Die Einbettung kompletter Font-Dateien vergrößert den Druckdatenstrom erheblich.
- Im Standardfall werden von SAP keine Fonts in den Druckdatenstrom eingebettet.
- Nur `SAPWIN`- bzw. `SWINCF`-Gerätetypen bieten aus dem SAP-System heraus die Möglichkeit, druckersprachenunabhängig vorhandene Fonts zu verwenden.

Das Drucken von Barcodes erfordert ähnlich wie das Drucken in verschiedenen Zeichensätzen vorab einige Überlegungen. Die verschiedenen Möglichkeiten, aus dem SAP-System Barcodes zu drucken, werden in diesem Kapitel beschrieben.

6   Drucken von Barcodes

Barcodes verschlüsseln Daten als eine Folge von Linien mit unterschiedlicher Dicke und/oder unterschiedlichem Abstand voneinander. Sie können eine Prüfziffer enthalten, die der Fehlererkennung und Fehleranalyse dient. Häufig werden die Daten auch in lesbarer, numerischer Form wiederholt.

Beim Drucken von Barcodes aus dem SAP-System muss zwischen der herkömmlichen Art der Barcode-Erstellung und der neuen Verfahrensweise unterschieden werden. Die Bezeichnungen »herkömmlich« bzw. »neu« mögen ein wenig seltsam klingen, allerdings ist dies die offizielle Terminologie innerhalb der SAP-Dokumentation sowie in diversen Hinweisen, deshalb soll diese Notation auch hier verwendet werden.

Während beim herkömmlichen Barcode-Druck die Barcodes im Drucker erzeugt werden und daher spezielle Hardware erforderlich ist, wird beim neuen Verfahren im SAP-System aus dem Barcode eine Grafik erzeugt und an den Drucker geschickt, sodass keine spezielle Hardware mehr notwendig ist. Das neue Druckverfahren gilt jedoch nur für SAP Smart Forms, nicht für SAPscript.

> **Hinweis** [+]
>
> Barcodes in SAP Interactive Forms by Adobe werden in diesem Kapitel nicht weiter betrachtet, da dafür innerhalb des SAP-Systems keinerlei Einstellungen zu beachten sind. Die Barcode-Einbindung erfolgt während der Formularerstellung mit dem Adobe LiveCycle Designer und ist somit keine Drucktechnik aus dem SAP-System heraus.

In Tabelle 6.1 sind die wichtigsten Unterschiede zwischen herkömmlicher und neuer Barcode-Technologie aufgeführt.

Herkömmlicher Barcode-Druck	Neue Barcode-Technologie
Ist verwendbar für SAP Smart Forms und SAPscript.	Ist nur für SAP Smart Forms verwendbar.
Barcodes werden im Drucker erzeugt.	Barcodes werden im SAP-System erzeugt und als Grafik an den Drucker geschickt.
Meist ist spezielle Hardware erforderlich. Diese sogenannten SIMM-Module sind nicht für alle Druckermodelle erhältlich. Nur sehr wenige Drucker können Barcodes direkt ausdrucken.	Spezielle Hardware ist nicht erforderlich.
Unterstützt die meisten Barcode-Symbologien.	Unterstützt nur die wichtigsten Barcode-Symbologien.
Um Barcodes zu formatieren oder zu steuern, müssen Druckkommandos geändert werden. Dies erfordert druckermodellabhängiges Spezialwissen.	Barcodes können über Transaktion SE73 geändert werden.

Tabelle 6.1 Vergleich der Barcode-Technologien

[+] **Hinweis**

Die meisten Barcode-Schriftarten bestehen aus einer Gruppe aus Linien und Lücken, die ein bestimmtes ASCII-Zeichen repräsentieren. Die Interpretation dieser Gruppen hängt von festen Regeln ab. Diese Regeln werden als Barcode-Symbologie oder Barcode-Schriftart bezeichnet.

6.1 Barcodes drucken mit herkömmlicher Barcode-Technologie

Bei der herkömmlichen Barcode-Technologie werden die Barcodes direkt im Drucker erzeugt. Die Übermittlung der Daten erfolgt über druckerspezifische Kommandos im Druckdatenstrom.

6.1.1 Definition und Verarbeitung von Barcodes

Barcodes werden im Prinzip wie Textdaten behandelt, vor denen der Drucker eine bestimmte Steuersequenz zum Einschalten von Barcode-Druck und nach denen der Drucker eine andere Steuersequenz zum Ausschalten von Barcode-Druck erhalten muss.

In Formularen werden Barcodes als Attribut der Zeichenformate angesprochen. Ein Zeichenformat löst einen Barcode für die damit markierten Textdaten aus, indem im Formular zu diesem Zeichenformat ein sogenannter System-Barcode eingetragen ist (ein maximal achtstelliger Bezeichner, zum Beispiel ARTNR).

Die Tabelle der System-Barcodes kann in Transaktion SE73 angezeigt werden. Nach dem Einstiegsbild (siehe Abbildung 6.1) wählen Sie SYSTEMBARCODES und drücken die Taste ANZEIGEN. Sie sehen daraufhin die Liste aus Abbildung 6.2.

Abbildung 6.1 Transaktion SE73 – Einstieg

Die druckerspezifische Umsetzung auf Steuerzeichenfolgen geschieht über eine weitere Tabelle in Transaktion SE73, die Tabelle der Drucker-Barcodes (siehe Abbildung 6.3). Sie erhalten diese Liste analog zu den System-Barcodes aus dem Einstiegsbild nach Auswahl von DRUCKERBARCODES. Dort ist jedem System-Barcode (zum Beispiel ARTNR), der für einen bestimmten Gerätetyp (zum Beispiel CAN2220) definiert ist, die erwähnte einleitende Steuerzeichenfolge, das sogenannte Barcode-Präfix, und die abschließende Steuerzeichenfolge, das sogenannte Barcode-Suffix, zugeordnet. Als Namenskonvention für das Präfix gilt SBPxx, für das Suffix SBSxx.

6 | Drucken von Barcodes

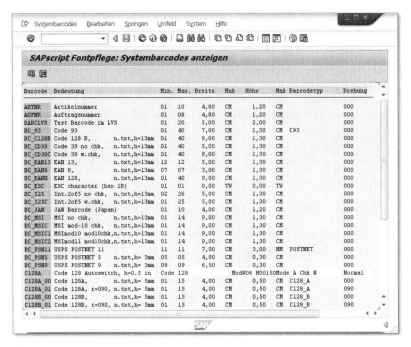

Abbildung 6.2 Transaktion SE73 – System-Barcodes

Abbildung 6.3 Transaktion SE73 – Drucker-Barcodes

Die Steuerzeichenfolgen sind sogenannte Print-Controls. Print-Controls sind Platzhalter für gerätetypabhängige Steuerzeichenfolgen. Im Formular kann an geeigneter Stelle der Name des Print-Controls eingetragen werden. In Abhängigkeit vom Gerätetyp wird dann bei der Erstellung der Druckdaten der Name durch die jeweils gültige Steuerzeichenfolge ersetzt.

In Transaktion SE73 werden ebenfalls nur die Namen der Print-Controls (zum Beispiel SBP01 oder SBS01) angegeben. Die wirklichen Steuerzeichenfolgen für die Print-Controls sind, wie bereits erwähnt, abhängig vom Gerätetyp und werden in Transaktion SPAD gepflegt. Sie müssen dem technischen Handbuch des jeweiligen Druckertyps entnommen werden.

6.1.2 Testen von Barcodes

Mithilfe des SAPscript-Standardtextes SAPSCRIPT-BARCODETEST mit ID ST, Sprachen D oder E können Sie alle Barcodes ausdrucken, die standardmäßig von SAP implementiert sind. Standardtexte werden über Transaktion SO10 ausgewählt (siehe Abbildung 6.4). Der Text ist normalerweise nur im Mandanten 000 vorhanden. Der Test dient der Kontrolle, welche Barcodes der gewünschte Drucker ausdrucken kann.

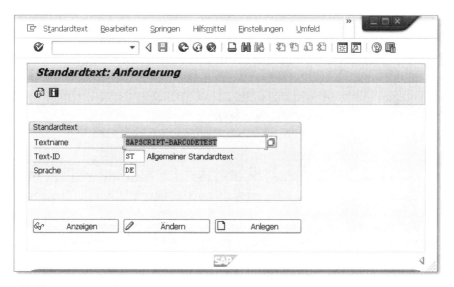

Abbildung 6.4 Transaktion SO10

6.1.3 Unterstützte Druckermodelle

Eine Liste von Druckermodellen, mit denen Barcodes mittels der herkömmlichen Technologie gedruckt werden können, finden Sie in SAP-Hinweis 8928. Da ständig neue Druckermodelle auf dem Markt erscheinen, ist dieser Hinweis unter Umständen nicht aktuell. Falls ein Gerätetyp keinen Barcode-Druck unterstützt, sehen Sie über einen Doppelklick auf den Gerätetyp in der Liste der Drucker-Barcodes anstelle der Print-Controls aus Abbildung 6.3 den Hinweis aus Abbildung 6.5.

Abbildung 6.5 Barcode-Druck nicht unterstützt

Informationen zur Unterstützung für Barcode-Druck können teilweise auch über den Gerätetyp-Wizard erfragt werden, falls der Hersteller diese Information angibt (siehe Abbildung 6.6). Den Gerätetyp-Wizard rufen Sie auf, indem Sie auf die Taste DEVICE TYPE SELECTION neben dem Eingabefeld GERÄTETYP in den GERÄTE-ATTRIBUTEN des Ausgabegerätes drücken.

[+] **Hinweis**

Für Druckermodelle, für die es keinen expliziten Gerätetyp gibt, können Sie normalerweise auch einen anderen Gerätetyp verwenden, der für dieselbe Druckersprache (zum Beispiel PCL) ausgelegt ist. Diese Kompatibilität wird beim Barcode-Druck höchstwahrscheinlich eingeschränkt, da die Barcodes bei der herkömmlichen Technologie über druckerspezifische Steuerzeichenfolgen gedruckt werden. Kontaktieren Sie im Zweifelsfall den Hersteller Ihres Druckers. Dies gilt selbstverständlich auch, wenn Sie Ihren Drucker weder in SAP-Hinweis 8928 noch im Gerätetyp-Wizard finden.

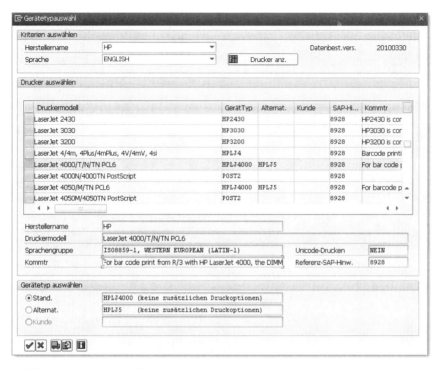

Abbildung 6.6 Gerätetyp-Wizard mit Hinweis zu Barcode-Druck

6.2 Barcodes drucken mit neuer Barcode-Technologie

Im Gegensatz zur herkömmlichen Barcode-Technologie ist die neue Barcode-Technologie geräteunabhängig und erfordert daher keine Änderungen oder Erweiterungen an Gerätetypen bzw. Print-Controls. Auch die Pflege von Drucker-Barcodes entfällt; nur eine Definition in der Liste der System-Barcodes in Transaktion SE73 ist erforderlich.

Sobald Sie einen neuen System-Barcode angelegt haben, können Sie ihn aus Smart-Forms-Formularen heraus mit jedem geeigneten Gerätetyp ausdrucken. Geeignete Gerätetypen sind:

- alle PCL5-Gerätetypen (zum Beispiel `HPLJ8000`)
- alle PostScript-Gerätetypen (zum Beispiel `POST2`)
- alle `PRESCRIBE`-Gerätetypen (zum Beispiel `KYOFS150`)
- alle ZPL-Gerätetypen (zum Beispiel `LZEB2`)
- alle generischen `SAPWIN`-Gerätetypen (siehe Abschnitt 6.3, »Barcodes drucken mit externer Barcode-DLL«)

Die neue Barcode-Technologie kann nur mit SAP Smart Forms eingesetzt werden. Folgende Barcode-Symbologien werden unterstützt:

- Code39
- Code128
- Interleaved 2of5
- PDF417
- Code93

> **Hinweis**
>
> Da der Barcode bei der neuen Barcode-Technologie als Grafik und nicht nur als Druckerkommando an den Drucker geschickt wird, wird der Druckdatenstrom entsprechend größer.

6.2.1 Definition von Barcodes

Um einen Barcode für die neue Barcode-Technologie anzulegen, gehen Sie wie folgt vor:

1. Starten Sie Transaktion SE73, und wählen Sie SYSTEMBARCODES • ÄNDERN.
2. Bei der Frage nach der Barcode-Technologie wählen Sie NEU aus.
3. Geben Sie einen Namen und eine Beschreibung für den zu definierenden Barcode ein. Achten Sie darauf, dass der Name mit Z beginnt, um Konflikte zwischen Kunden- und SAP-Standard-Barcodes zu vermeiden.
4. Geben Sie die gewünschte Barcode-Symbologie und -Ausrichtung ein. Details über die richtigen Werte für die abgefragten Parameter finden Sie in SAP-Hinweis 645158. Ein Beispiel sehen Sie in Abbildung 6.7.

Das Beispiel zeigt den SAP-Barcode C128A mit folgenden Parametern:

- Symbologie: CODE 128
- Ausrichtung (ALIGNMENT): Normal, das steht für eine Scan-Richtung von links nach rechts.
- NARROW MODULE WIDTH: Das ist die Breite für das schmalste Modul eines Barcodes, gemessen in Bildpunkten. Der Wertebereich geht von 1 bis 10.
- LINEAR HEIGHT: Hierüber wird die Höhe der Balken des Barcodes gesteuert, gemessen in Bildpunkten. Der Wertebereich geht von 1 bis 9999.
- CODE 128 MODE: A bedeutet, dass in dem Barcode Ziffern, Großbuchstaben und Steuerzeichen verwendet werden können.

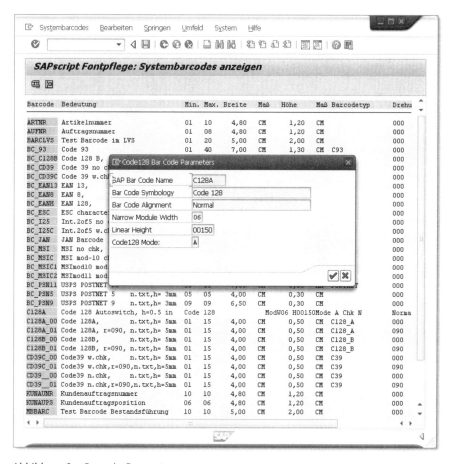

Abbildung 6.7 Barcode-Parameter

6.2.2 Testen von Barcodes

Den neu angelegten Barcode können Sie unmittelbar in Transaktion SE73 über die Drucktaste BARCODE TESTEN (F6) (siehe Abbildung 6.7) überprüfen. Geben Sie in dem daraufhin erscheinenden Bildschirm den Namen des gewünschten Barcodes und beliebige Daten entsprechend der Symbologie ein, und wählen Sie DRUCKVORSCHAU (siehe Abbildung 6.8). Drücken Sie anschließend auf die Taste AUSFÜHREN, und geben Sie im nachfolgenden Dialog einen Drucker an, der einem der genannten Gerätetypen entspricht. Ein Spool-Auftrag mit dem zu testenden Barcode wird nach Bestätigung des Dialogs erzeugt. Die Auswahl BARCODETEXT-VORSCHAU in Abbildung 6.8 zeigt nur die eingegebenen Daten auf einem neuen Bildschirm an.

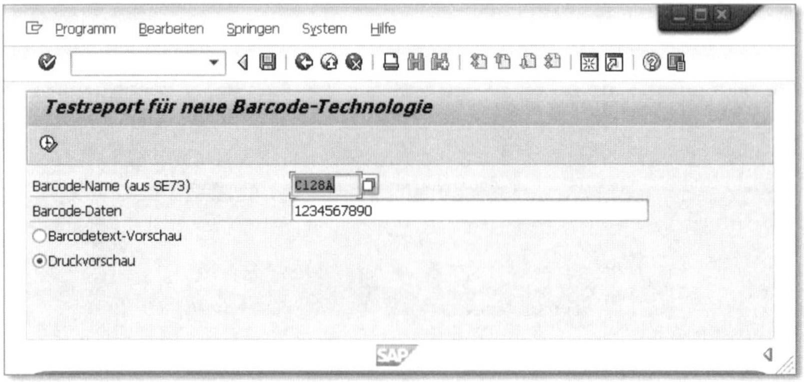

Abbildung 6.8 Barcode-Test

6.3 Barcodes drucken mit externer Barcode-DLL

Wie in Kapitel 3, »Drucken unter Microsoft Windows«, beschrieben, erfolgt bei SAPWIN-Gerätetypen die Umsetzung von Druckdaten in die Druckersprache durch den SAPWIN-Interpreter auf dem Druckserver oder dem Arbeitsplatzrechner. Da die meisten Drucker Barcodes nicht direkt ausdrucken können und auch die bei SAPWIN verwendete GDI-Programmierschnittstelle keine Funktionen zum Ausdrucken von Barcodes bereitstellt, benötigt man hierfür eine weitere Komponente, die, ähnlich wie die neue Barcode-Technologie in SAP-Systemen, Barcode-Daten interpretiert und als Grafik aufbereitet an den Drucker schickt.

SAP bietet dafür keine Komponente an. Allerdings wurde eine Schnittstelle definiert, über die Dritthersteller mit einer von ihnen bereitgestellten Barcode-DLL mit dem SAPWIN-Interpreter kommunizieren können. Beim Vorhandensein einer solchen DLL, ruft der SAPWIN-Interpreter, sobald er Barcode-Daten im Datenstrom erkennt, die jeweilige Schnittstelle der DLL auf. Diese übernimmt dann die grafische Aufbereitung des Barcodes.

Eine Liste mit Kontaktdaten von Herstellern, die eine solche DLL anbieten, finden Sie in SAP-Hinweis 14561. Bei korrekter Installation der Barcode-DLL erkennt der SAPWIN-Interpreter automatisch deren Vorhandensein.

Im Gegensatz zu nativen Gerätetypen sind die Steuerzeichen in den Barcode-Print-Controls bei SAPWIN-Gerätetypen keine druckerabhängigen Hexadezimalsteuerzeichen, sondern lesbare Parameter, die an die Barcode-DLL weitergegeben werden (siehe Abbildung 6.9). Die Parameter im Beispiel geben die Barcode-ID sowie die Breite und Höhe des Barcodes an.

Abbildung 6.9 Barcode-Steuerzeichen bei SAPWIN

| Achtung | [!] |

Durch einen Auslieferungsfehler sind nicht in allen SAPWIN-Gerätetypen die Barcode-Print-Controls vorhanden. Importieren Sie in diesem Fall die korrigierten Versionen der jeweiligen Gerätetypen aus SAP-Hinweis 1079665.

6.4 Zusammenfassung und Überblick

Dieser Abschnitt gibt eine Zusammenfassung über die wichtigsten Merkmale der beiden im SAP-System implementierten Barcode-Technologien.

6.4.1 Herkömmliche Barcode-Technologie

Die herkömmliche Barcode-Technologie unterstützt die meisten Barcode-Symbologien.

- Barcodes werden im Drucker erzeugt.
- Die Datenübertragung erfolgt über gerätetypabhängige Steuerzeichenfolgen.
- Meist ist spezielle Hardware zum Ausdrucken erforderlich.
- Die herkömmliche Barcode-Technologie ist verwendbar mit SAPscript und SAP Smart Forms.

6.4.2 Neue Barcode-Technologie

Die neue Barcode-Technologie unterstützt nur die wichtigsten Barcode-Symbologien.

- Barcodes werden im SAP-System erzeugt.
- Die Datenübertragung erfolgt als Grafik.
- Spezielle Hardware ist nicht erforderlich.
- Die neue Barcode-Technologie ist nur mit SAP Smart Forms verwendbar.

Beim Einsatz einer größeren Anzahl von SAP-Systemen innerhalb einer Organisation entsteht rasch die Anforderung, Druckerdefinitionen für die gesamte Systemlandschaft an einer zentralen Stelle zu pflegen. Diese Anforderung wurde mit der Einführung des Printing Assistant for Landscapes erfüllt. In diesem Kapitel wird diese Komponente anhand eines Konfigurationsbeispiels vorgestellt.

7 Printing Assistant for Landscapes

Bis zur Einführung des Printing Assistant for Landscapes (PAL) gab es keine Möglichkeit, eine größere Anzahl von Druckerdefinitionen von einem SAP-System in ein anderes zu übertragen. Einzelne Drucker können zwar über Transaktion SPAD exportiert und in ein anderes System importiert werden (siehe Abbildung 7.1), der manuelle Aufwand bei dieser Methode ist jedoch immer noch sehr hoch. Außerdem gibt es dabei keine Konsistenzprüfung, da die Übertragung lediglich über zwischengespeicherte Textdateien erfolgt. Diese können leicht manipuliert werden, sodass die importierten Daten unter Umständen fehlerhaft sind.

Daher wurde bei der Umsetzung von PAL viel Wert auf die konsistente Datenverwaltung gelegt. Kurz zusammengefasst, können Sie mit PAL Druckerdefinitionen in nur einem Zentralsystem neu erstellen bzw. verändern und sie danach in verschiedene andere Systeme Ihrer Landschaft verteilen. Damit entfällt die mehrmalige manuelle Definition und Pflege derselben Daten in unterschiedlichen Systemen. Durch die zentrale Verwaltung wird auch die Gefahr fehlerhafter Druckerdefinitionen durch inkonsistente Änderung vermieden.

Nach einer Einführung in die Namenskonvention werden Sie in diesem Kapitel anhand eines Konfigurationsbeispiels die Funktionalität von PAL näher kennenlernen.

7 | Printing Assistant for Landscapes

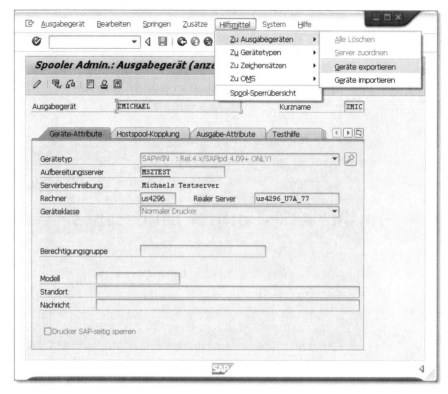

Abbildung 7.1 Export und Import von Druckern

7.1 Begriffsdefinitionen

Sie starten PAL über die Transaktion gleichen Namens. Dies sollte nur von genau einem System der gesamten Systemlandschaft aus geschehen. Dieses System wird als Zentralsystem bezeichnet. Die Übertragung der Druckerdefinitionen erfolgt in ein oder mehrere Zielsysteme.

Die zu übertragenden Druckerdefinitionen müssen bereits im Zentralsystem oder in einem beliebigen Zielsystem vorhanden sein. Sie können mit PAL keine Drucker neu anlegen. Mit PAL einmal übertragene Drucker werden als PAL-Drucker bezeichnet und können in den Zielsystemen nicht mehr über die Transaktionen SPAD verändert werden.

[+] **Hinweis**

Die Tatsache, dass PAL-Drucker über Transaktion SPAD nicht mehr verändert werden können, wird manchmal als Einschränkung angesehen.

Bei der Implementierung von PAL wurde aber großer Wert auf Konsistenz gelegt: Die mit PAL zentral verwalteten Drucker sollen in jedem System identisch sein. Lokale Veränderungen in einzelnen Systemen würden dem angestrebten Sinn und Zweck von PAL widersprechen. Aus diesem Grund ist eine sorgfältige Planung der System- und Druckerlandschaft bei der Verwendung von PAL unabdingbar.

Um eine möglichst große Flexibilität zu erreichen, kann man Zielsysteme in Zielsystemgruppen und PAL-Drucker in Druckergruppen zusammenfassen. Beispielsweise lässt sich dadurch erreichen, dass in allen Testsystemen (Zielsystemgruppe S-Test) nur bestimmte Testdrucker (Druckergruppe D-Test) verwendet werden, die nicht mit den Produktivdruckern (Druckergruppe D-Prod) in den Produktivsystemen (Zielsystemgruppe S-Prod) kollidieren. Tabelle 7.1 fasst die verwendeten Begriffe zusammen.

Begriff	Erklärung
PAL-Drucker	Ein Drucker, der mit PAL verwaltet wird und daher in den Zielsystemen nicht mehr über Transaktionen SPAD verändert werden kann. Mitglied einer Druckergruppe.
Druckergruppe	Ein oder mehrere PAL-Drucker, die mit PAL an eine oder mehrere Zielsystemgruppen verteilt werden können. Druckergruppen sind teilerfremd, das heißt, ein Drucker kann nur Mitglied in genau einer Druckergruppe sein.
Zentralsystem	Dies ist das eindeutige zentrale System innerhalb einer Systemlandschaft, von dem aus PAL gestartet wird.
Zielsystem	Ein System, in das PAL-Drucker verteilt werden sollen. Mitglied einer Zielsystemgruppe.
Zielsystemgruppe	Ein oder mehrere Zielsysteme, an die mit PAL eine oder mehrere Druckergruppen verteilt werden können. Zielsystemgruppen sind ebenfalls teilerfremd.

Tabelle 7.1 Begriffsdefinitionen in PAL

7.2 Unterstützte Koppelarten für PAL

PAL unterstützt Drucker mit den folgenden Koppelarten:

- S (Netzwerkdruck mit SAP-Protokoll)
- U (Netzwerkdruck mit Berkeley-Protokoll)
- G (Frontend-Druck)

- M (Drucken über E-Mail)
- L (Drucken über Kommandosätze)
- C (direkter Betriebssystemaufruf)
- E (externes Output-Management-System)

Dabei ist die Übertragung von Druckern der Koppelarten E, C und L nicht ganz unproblematisch:

- Koppelart E benötigt ein installiertes Output-Management-System auf den Zielsystemen (siehe Abschnitt 2.2). Mit PAL können keine LOMS- und ROMS-Definitionen oder OMS-Kommandosätze übertragen werden. PAL kann nicht überprüfen, ob die übertragene Druckerdefinition korrekt ist.
- Koppelart C ist auf Aufbereitungsserver der Betriebssysteme Microsoft Windows und IBM i beschränkt. PAL überträgt Drucker nur, wenn auf den Zielsystemen ein entsprechender Aufbereitungsserver gefunden wird. Allerdings kann nicht sichergestellt werden, dass der Drucker auf Betriebssystemebene auch richtig eingerichtet ist.
- Dieselben Einschränkungen gelten für Drucker der Koppelart L, da auch dort betriebssystemspezifische Daten in den Definitionen vorhanden sind, die von PAL nicht überprüft werden können.

> **Hinweis**
>
> Kontaktieren Sie für Details bei den Einschränkungen die PAL-Dokumentation. Grundsätzlich kann es immer zu Problemen kommen, wenn in den Druckerdefinitionen Daten enthalten sind, die im Allgemeinen nur lokal auf einen Anwendungsserver beschränkt sind. Achten Sie auch auf die jeweils korrekten Support Packages in den Zielsystemen. Auch hierfür sei auf die Dokumentation verwiesen. Die Koppelarten L, C und E waren in der ursprünglichen Auslieferung von PAL nicht enthalten.

7.3 Beispielszenario

Um die Konzepte zu verdeutlichen, die hinter PAL stehen, spielen wir im Folgenden ein Beispielszenario durch, das Sie auch mit der Bedienoberfläche von PAL vertraut machen soll, die in Web Dynpro implementiert ist. Die Bildschirmabzüge stammen aus Release 7.0, das Aussehen kann sich hier in höheren Releases durch die Hinzunahme von neuen Funktionen leicht ändern, die Grundfunktionalität bleibt aber gleich. Für das gesamte Szenario befinden wir uns im Zentralsystem.

7.3.1 RFC-Destinationen für Zielsysteme anlegen

Die Verteilung der Drucker erfolgt grundsätzlich über Remote Function Calls (RFC). Legen Sie daher als Erstes für jedes Zielsystem über Transaktion SM59 eine RFC-Destination im Zentralsystem (Verbindungstyp 3) an. Verbindungstyp 3 bedeutet eine RFC-Verbindung zwischen ABAP-Anwendungen verschiedener Systeme, was im Fall von PAL gegeben ist.

Es wird empfohlen, in jedem Zielsystem einen speziellen Systembenutzer anzulegen, der nur für die PAL-Kommunikation zuständig ist. Dieser Benutzer sollte in der RFC-Destination angegeben werden. Sie können natürlich auch wie in Abbildung 7.2 einen anderen Benutzer als Administrator eintragen.

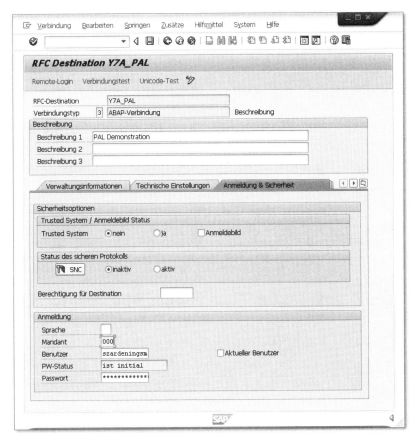

Abbildung 7.2 RFC-Destination für Zielsystem anlegen

Dessen Benutzerberechtigung muss die folgenden Berechtigungsobjekte enthalten, da bei der Verteilung der Drucker in die Zielsysteme dieselben

Berechtigungen vorhanden sein müssen, die auch ein Dialogbenutzer besitzen muss (siehe Kapitel 8, »Berechtigungen im Spool-Umfeld«):

- S_TCODE (Werte: PAL, SPAA, SPAD)
- S_ADMI_FCD (Werte: SP01, SPOR, SPAA, SPAB, SPAC, SPAD)

[*] **Tipp**

Lassen Sie das Feld SPRACHE leer, um Meldungen in Ihrer Anmeldesprache zu erhalten.

7.3.2 Zielsysteme anlegen

Als Nächstes legen Sie die gewünschten Zielsysteme an. Rufen Sie dazu die Transaktion PAL auf, und selektieren Sie ANZEIGEN • ZIELSYSTEM in der Auswahlbox am oberen Ende des Bildschirms. Falls Sie noch kein Zielsystem angelegt haben, erhalten Sie eine leere PAL-OBJEKTLISTE, wie sie in Abbildung 7.3 zu sehen ist. Drücken Sie auf die Taste ANLEGEN.

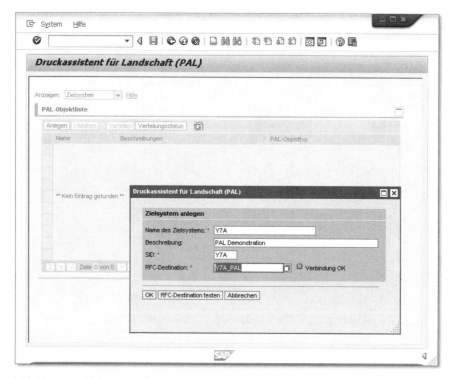

Abbildung 7.3 Zielsystem anlegen

Geben Sie die Daten des gewünschten Zielsystems ein. Verwenden Sie die zuvor definierte RFC-Destination, die Sie über die Drucktaste RFC-Destination testen auch überprüfen können. Bestätigen Sie den Dialog mit OK. Führen Sie diese Aktionen für alle gewünschten Systeme aus. In diesem Szenario beschränken wir uns auf zwei Systeme, wie in Abbildung 7.4 zu sehen ist.

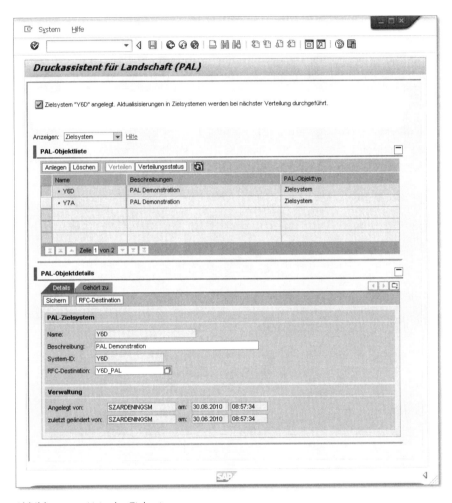

Abbildung 7.4 Liste der Zielsysteme

In der PAL-OBJEKTLISTE sehen Sie grundsätzlich alle definierten Objekte des ausgewählten Typs. Objektdetails können Sie für das in der Liste selektierte Objekt im unteren Bereich des Bildschirms sehen.

7.3.3 Drucker aus einem Zielsystem ins Zentralsystem importieren

Drucker können nur vom Zentralsystem aus verteilt werden. Sie können diese entweder vorher auf herkömmliche Art und Weise über Transaktion SPAD anlegen oder von einem Zielsystem importieren. Wählen Sie in der Objektauswahlbox ANZEIGEN • DRUCKER. In unserem Beispiel ist auch hier die PAL-OBJEKTLISTE zunächst leer. Drücken Sie die Taste ANLEGEN. Um Drucker aus einem Zielsystem zu importieren, wählen Sie in dem nachfolgend erscheinenden Dialog das gewünschte Zielsystem aus, von dem die Drucker importiert werden sollen (siehe Abbildung 7.5).

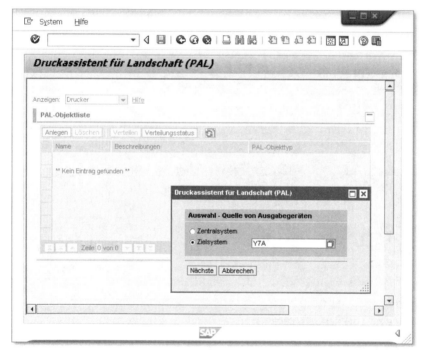

Abbildung 7.5 Drucker aus Zielsystem importieren

Bestätigen Sie den Dialog über die Drucktaste NÄCHSTE, und der Dialog aus Abbildung 7.6 erscheint. Wählen Sie aus der Liste die Drucker aus, die in das Zentralsystem importiert werden sollen.

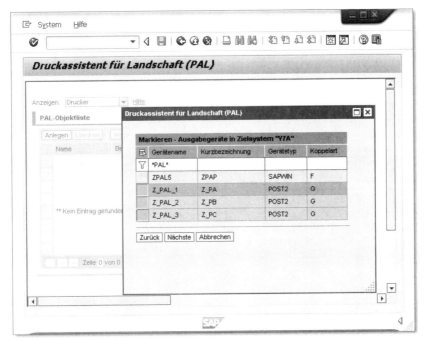

Abbildung 7.6 Druckerauswahldialog

Bestätigen Sie den Dialog. Sie sehen nun in Abbildung 7.7 die importierten Drucker. Analog könnten Sie in Abbildung 7.5 anstelle des Imports aus einem Zielsystem auch die Auswahl ZENTRALSYSTEM markieren. In diesem Fall würde eine Druckerauswahlbox mit allen Druckern aus dem Zentralsystem erscheinen. In beiden Fällen wird durch die Auswahl ein normaler Drucker in einen PAL-Drucker umgewandelt. Die Drucker erscheinen damit in der PAL-Objektliste und können im Zielsystem in Transaktion SPAD nicht mehr verändert werden. Im Zentralsystem ist eine Änderung jederzeit möglich, die dann bei der nächsten Verteilung wieder in die Zielsysteme transportiert werden kann.

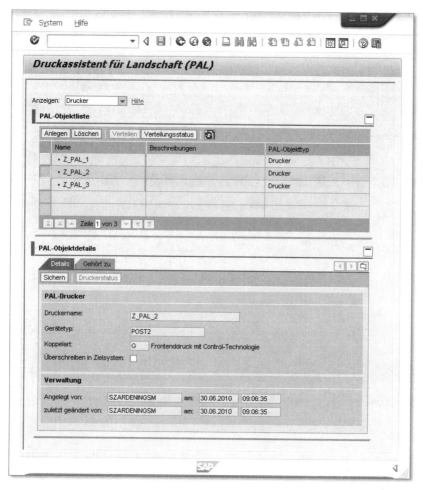

Abbildung 7.7 PAL-Drucker im Zentralsystem

7.3.4 Druckergruppe anlegen

Nachdem nun PAL-Drucker im Zentralsystem vorhanden sind, können Sie mit der Definition von Druckergruppen fortfahren. Wählen Sie in der Objektauswahlbox ANZEIGEN • DRUCKERGRUPPE, und drücken Sie auf die Taste ANLEGEN.

Im nachfolgenden Dialog sehen Sie alle PAL-Drucker des Zentralsystems (siehe Abbildung 7.8). Wählen Sie die gewünschten Objekte aus, und bestätigen Sie den Dialog. Erstellen Sie auf diese Art und Weise die gewünschte Anzahl von Druckergruppen. Ein PAL-Drucker kann dabei, wie bereits erwähnt, nicht Mitglied in mehreren Druckergruppen sein.

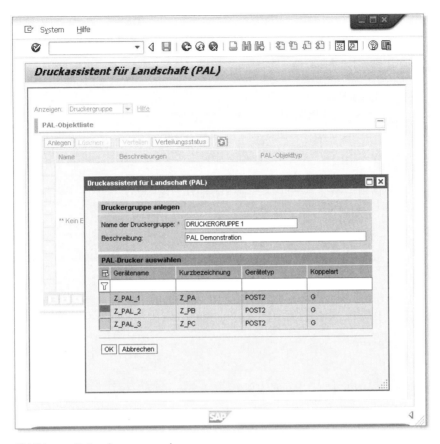

Abbildung 7.8 Druckergruppe anlegen

7.3.5 Zielsystemgruppe anlegen

Als letzten Schritt vor der eigentlichen Verteilung müssen Sie nur noch analog zu den Druckergruppen die Zielsystemgruppen anlegen. Wählen Sie in der Objektauswahlbox ANZEIGEN • ZIELSYSTEMGRUPPE, und drücken Sie die Drucktaste ANLEGEN.

Im nachfolgenden Dialog sehen Sie alle vorher angelegten Zielsysteme (siehe Abbildung 7.9). Wählen Sie die gewünschten Systeme aus, und bestätigen Sie den Dialog. Wiederholen Sie diese Aktionen entsprechend Ihren Anforderungen. In unserem Demonstrationsszenario belassen wir es bei einer Druckergruppe und einer Zielsystemgruppe. Abbildung 7.10 zeigt das Ergebnis des Szenarios.

7 | Printing Assistant for Landscapes

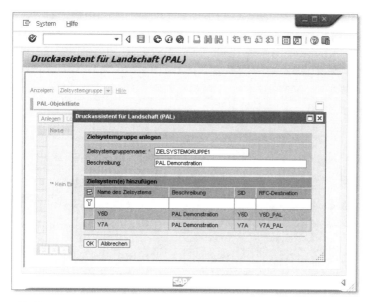

Abbildung 7.9 Zielsystemgruppe anlegen

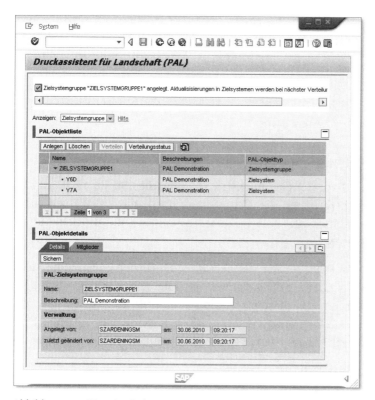

Abbildung 7.10 Liste der Zielsystemgruppen

7.3.6 Verteilung durchführen

In Abschnitt 7.3.3 haben wir aus dem System Y7A drei PAL-Drucker in das Zentralsystem importiert, die anschließend auch in eine Druckergruppe aufgenommen wurden. Am Ende haben wir in Abschnitt 7.3.5 das System Y7A auch in eine Zielsystemgruppe aufgenommen. Bei der Verteilung würden demnach Drucker in das System Y7A übertragen werden, die dort bereits vorhanden sind. Damit das funktioniert, muss bei allen entsprechenden Druckern in den PAL-Objektdetails die Auswahlbox Überschreiben in Zielsystem wie in Abbildung 7.11 markiert sein.

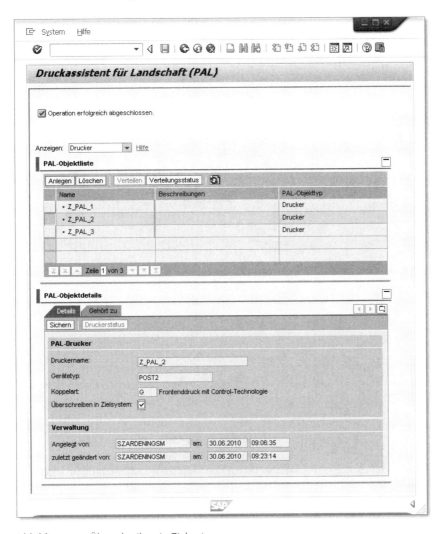

Abbildung 7.11 Überschreiben in Zielsystem

Wählen Sie schließlich für die Verteilung die Objektauswahlbox ANZEIGEN • DRUCKERGRUPPEN, und drücken Sie auf die Drucktaste VERTEILEN. Selektieren Sie anschließend die gewünschte Zielsystemgruppe, und bestätigen Sie den Dialog (siehe Abbildung 7.12). Alle Drucker der ausgewählten Druckergruppe werden in alle Systeme der ausgewählten Zielsystemgruppe verteilt.

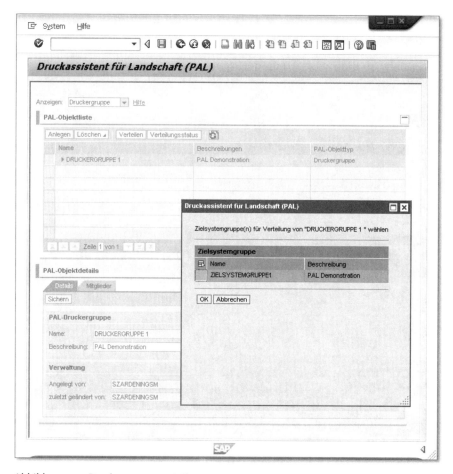

Abbildung 7.12 Druckergruppe verteilen

7.3.7 Verteilungsstatus

Über die Drucktaste VERTEILUNGSSTATUS erhalten Sie eine Statusanzeige der vorgenommenen Verteilung, wie beispielsweise Abbildung 7.13 zeigt. Dort wurde für den Drucker Z_PAL_3 im Gegensatz zu den beiden anderen die Auswahlbox ÜBERSCHREIBEN IN ZIELSYSTEM nicht angekreuzt. Sie sehen in der Statusanzeige in der Spalte KOMMENTAR eine entsprechende Meldung.

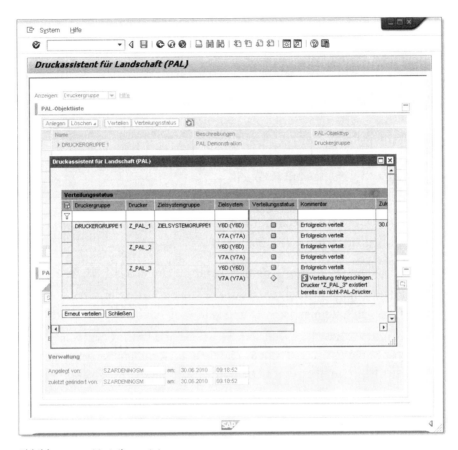

Abbildung 7.13 Verteilungsstatus

7.4 Zusammenfassung und Überblick

Dieser Abschnitt fasst die wesentlichen Punkte bei der Verwendung von PAL kurz zusammen.

7.4.1 PAL-Objekte

Folgende Objekte sind bei der Verwendung von PAL wichtig:

- **PAL-Drucker**
  ein von PAL verwalteter Drucker

- **Druckergruppe**
  ein oder mehrere PAL-Drucker, die an eine oder mehrere Zielsystemgruppen verteilt werden können

- **Zentralsystem**
  Dies ist das eindeutige System innerhalb einer Systemlandschaft, in dem die Definition der PAL-Drucker erfolgt.
- **Zielsystem**
  Dabei handelt es sich um ein System, in das PAL-Drucker verteilt werden sollen.
- **Zielsystemgruppe**
  Dies sind ein oder mehrere Zielsysteme, an die eine oder mehrere Druckergruppen verteilt werden sollen.

7.4.2 Vorteile und Einschränkungen bei der Verwendung von PAL

Bei der Verwendung von PAL sind folgende Punkte zu bedenken:

- Die Pflege von Druckerdefinitionen ist nur in einem System notwendig.
- Die strikte Einhaltung von konsistenten Druckerdefinitionen in einer beliebig großen Systemlandschaft stellt kein Problem dar.
- PAL-Drucker können nur im Zentralsystem modifiziert werden. Lokale Änderungen in einem Zielsystem sind nicht mehr möglich. Der Vorteil der konsistenten Datensätze wird durch eingeschränkte Flexibilität erkauft.

Grundsätzlich benötigt ein am SAP-System angemeldeter Benutzer für jede Aktion innerhalb des Systems eine entsprechende Berechtigung. Dieses Kapitel beschreibt alle notwendigen Berechtigungen im Zusammenhang mit Druckern und Spool-Aufträgen.

8 Berechtigungen im Spool-Umfeld

An dieser Stelle wird eine Übersicht über alle Berechtigungsobjekte und -werte im Umfeld von Druckern und Spool-Aufträgen erstellt. Sie haben damit, falls einmal eine Berechtigung fehlt, die nötige Information an der Hand, welche Berechtigungen in Ihren Benutzerstamm eingetragen werden müssen.

Über Transaktion SU53 (siehe Abbildung 8.1) kann festgestellt werden, wenn sie unmittelbar nach einem angezeigten Berechtigungsfehler aufgerufen wird, welche Berechtigungsprüfung fehlgeschlagen ist – vorausgesetzt, Sie besitzen die Berechtigung, Transaktion SU53 aufzurufen.

Abbildung 8.1 Transaktion SU53

> **Hinweis** [+]
>
> Da das Thema Berechtigungen mit allem, was dazugehört nahezu unerschöpflich ist, wird für alle Begriffe und weitergehenden Fragen auf die entsprechende offizielle SAP-Dokumentation im SAP Help Portal (http://help.sap.com) verwiesen. Insbesondere wird in diesem Kapitel nicht weiter darauf eingegangen, wie man Berechtigungen zu Profilen und Rollen zusammenstellt und diese einem Benutzer zuweist.

8.1 Berechtigungsarten generell

Das Berechtigungskonzept für Spool-Aufträge sieht ab SAP-Release 4.0 vier grundsätzliche Berechtigungsarten vor:

- **Geräteberechtigungen**
  Die Geräteberechtigungen legen fest, welcher Benutzer Ausgabeaufträge für welchen Drucker erzeugen darf. Dazu wird das Berechtigungsobjekt S_SPO_DEV verwendet.

- **Selektionsberechtigungen**
  Die Selektionsberechtigungen bestimmen die Selektionsmöglichkeiten, über die ein Benutzer für Transaktion SP01 verfügt. Hierzu wird das Berechtigungsobjekt für die Systemadministration (S_ADMI_FCD) verwendet.

- **Spool-Auftragsberechtigungen**
  Die Spool-Auftragsberechtigungen legen fest, welche Operationen der Benutzer für welche Spool-Aufträgen ausführen darf bzw. welche Aufträge für ihn überhaupt sichtbar sind. Daher wird unterschieden zwischen:
  - **Sichtbarkeitsberechtigung**
    Die Sichtbarkeitsberechtigung regeln, welche Spool-Aufträge der Benutzer sehen darf. Ist ein Spool-Auftrag nicht sichtbar, kann der Benutzer bei einer Selektion lediglich erfahren, wie viele Spool-Aufträge insgesamt dem Selektionskriterium entsprechen. Ob ein Spool-Auftrag sichtbar ist, wird zum einen global über die Selektionsberechtigung und zum anderen über eine Basisberechtigung für das Berechtigungsobjekt S_SPO_ACT auftragsspezifisch bestimmt.
  - **Operationsberechtigung**
    Operationen sind nur für Spool-Aufträge möglich, die der Benutzer sehen kann. Die möglichen Operationen können darüber hinaus über das Berechtigungsobjekt S_SPO_ACT weiter eingeschränkt werden.

- **Ausgabeberechtigungen**
  Ein Benutzer kann prinzipiell alle Spool-Aufträge auf einem bestimmten Drucker ausgeben, wenn er berechtigt ist, diesen zu verwenden. Optional

kann pro Drucker die Anzahl der Seiten eines Auftrages über eine Berechtigungsprüfung beschränkt werden. Damit wird verhindert, dass zu große Aufträge auf Druckern ausgegeben werden, die dafür ungeeignet sind (zum Beispiel Tintenstrahldrucker).

8.2 Berechtigungsarten im Detail

Im Folgenden wird zwischen Berechtigungen zur Verwendung von Druckern, zur Auswahl von Spool-Aufträgen und zur Weiterverarbeitung von Spool-Aufträgen unterschieden.

8.2.1 Geräteberechtigungen

Geräteberechtigungen werden über das Berechtigungsobjekt `S_SPO_DEV` geprüft. Hier kann festgelegt werden, welcher Benutzer welchen Drucker verwenden darf, um dort Spool-Aufträge auszugeben. Diese Berechtigung wird immer geprüft, bevor ein Ausgabeauftrag angelegt wird. Darüber hinaus erfolgt eine Prüfung, bevor ein Spool-Auftrag angelegt wird. Es ist nur möglich, Spool-Aufträge für Drucker anzulegen, für die eine Berechtigung vorhanden ist.

Beachten Sie den Unterschied: Es ist möglich, Berechtigungen so zu definieren, dass der Benutzer zwar Spool-Aufträge für einen bestimmten Drucker erzeugen kann, diese dann aber nicht ausdrucken darf!

Neben der eigentlichen Berechtigung wird gleichzeitig geprüft, ob das angegebene Gerät überhaupt existiert.

> **Hinweis**
>
> Das Ergebnis der Prüfung auf Erzeugung von Spool-Aufträgen hin wird nur ausgewertet, wenn das Druckerauswahlfenster explizit aufgerufen wird. Falls der Spool-Auftrag ohne explizites Aufrufen des Druckerauswahlfensters erzeugt wird, wird absichtlich keine Geräteberechtigung geprüft, da es nicht sinnvoll ist, wenn beispielsweise Hintergrundaufträge nur deshalb abbrechen, weil keine Berechtigung für den Drucker vorhanden ist. Natürlich können in der Anwendung zusätzliche Berechtigungsprüfungen programmiert sein.

Von SAP wird eine vordefinierte Berechtigung (`S_SPO_DEV_AL`) ausgeliefert, die die Benutzung aller Drucker erlaubt. Um diese Berechtigung in einem Sammelprofil verwenden zu können, existiert ein entsprechendes Einzelprofil `S_SPO_DEV_A`. Tabelle 8.1 zeigt die von SAP ausgelieferte Berechtigung mit ihren Profilen.

8 | Berechtigungen im Spool-Umfeld

Berechtigung	Profil	Beschreibung
S_SPO_DEV_AL	S_SPO_DEV_A	Berechtigung für alle Drucker
	S_SPOOL_ALL	alle Spool-Auftrags- und Geräterechte

Tabelle 8.1 Von SAP ausgelieferte Geräteprofile

8.2.2 Selektionsberechtigungen

Selektionsberechtigungen werden über das Berechtigungsobjekt für die Systemadministration S_ADMI_FCD geprüft. Sie regeln global für einen Benutzer, welche Spool-Aufträge selektiert werden dürfen. Dies geht direkt in die Eingabeberechtigung der Selektionswerte auf dem Einstiegsbild der Transaktion SP01 ein, wird jedoch auch im Rahmen der Sichtbarkeitsprüfung berücksichtigt. Beispielsweise kann durch adäquate Berechtigungen das Eingabefeld ERZEUGER deaktiviert werden, wie in Abbildung 8.2 zu sehen ist.

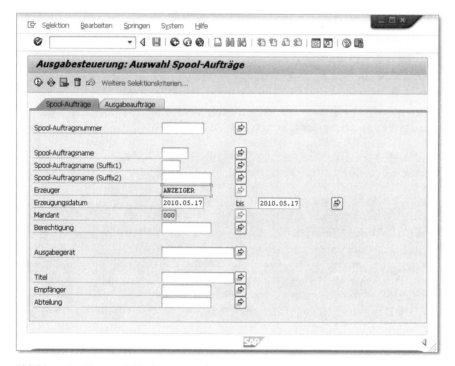

Abbildung 8.2 Einstiegsbildschirm Transaktion SP01

Tabelle 8.2 zeigt die von SAP definierten Berechtigungswerte der Selektionsberechtigung.

Berechtigunswert	Beschreibung
–	Selektion eigener Spool-Aufträge. Hierzu ist keine spezielle Berechtigung erforderlich. Ein Benutzer kann generell seine eigenen Spool-Aufträge sehen, sofern die Sichtbarkeit nicht durch auftragsspezifische Berechtigungen eingeschränkt ist.
SP0R	Benutzerübergreifende Selektion innerhalb des eigenen Mandanten. Dem Benutzer wird damit generell die Möglichkeit eingeräumt, Spool-Aufträge anderer Benutzer seines Mandanten zu sehen, sofern die Sichtbarkeit nicht durch auftragsspezifische Berechtigungen eingeschränkt ist. Hat er dieses Recht nicht, sind Aufträge anderer Benutzer unabhängig von weiteren auftragsspezifischen Rechten unsichtbar.
SP01	Mandanten- und benutzerübergreifende Selektion. Dem Benutzer wird damit generell die Möglichkeit eingeräumt, Spool-Aufträge in allen Mandanten zu sehen. Diese Berechtigung schließt die Berechtigung SP0R ein.

Tabelle 8.2 Berechtigungswerte für Selektionsberechtigung

Tabelle 8.3 zeigt die Berechtigungen und Profile, die von SAP ausgeliefert werden.

Berechtigung	Profil	Beschreibung
S_ADMI_SP0R	S_ADMI_SP0R	benutzerübergreifende Selektion
S_ADMI_SP01	S_ADMI_SP01	mandantenübergreifende Selektion

Tabelle 8.3 Von SAP ausgelieferte Selektionsprofile

8.2.3 Spool-Auftragsberechtigungen

Spool-Auftragsberechtigungen werden über das Berechtigungsobjekt S_SPO_ACT geprüft. Jedem Spool-Auftrag ist dazu neben dem Eigentümer ein Berechtigungswert zugeordnet. Berechtigungen können für Kombinationen aus solchen Berechtigungswerten und Aktionen vergeben werden. Einem Benutzer kann damit das Recht eingeräumt werden, bestimmte Operationen auf allen Spool-Aufträgen des eigenen Mandanten auszuführen, denen ein bestimmter Berechtigungswert zugeordnet ist, unabhängig vom Eigentümer des Auftrags.

Folgende in Tabelle 8.4 dargestellten Berechtigungen werden jeweils für alle möglichen Berechtigungswerte eines Spool-Auftrages grundsätzlich von SAP ausgeliefert.

Berechtigungen im Spool-Umfeld

Berechtigung	Profil	Beschreibung
S_SPO_BASE_A	S_SPO_BASE_A	Sichtbarkeitsrecht
S_SPO_ATTR_A	S_SPO_ATTR_A	Ändern der Spool-Auftragsattribute
S_SPO_AUTH_A	S_SPO_AUTH_A	Ändern des Berechtigungswertes
S_SPO_DELE_A	S_SPO_DELE_A	Löschen eines Spool-Auftrages
S_SPO_DISP_A	S_SPO_DISP_A	Anzeigen des Inhalts eines Spool-Auftrages
S_SPO_PRNT_A	S_SPO_PRNT_A	erstmaliges Ausgeben eines Spool-Auftrages
S_SPO_REPR_A	S_SPO_REPR_A	erneutes Ausgeben eines Spool-Auftrages
S_SPO_REDI_A	S_SPO_REDI_A	Umlenken eines Spool-Auftrags auf ein anderes Gerät
	S_SPOOL_ALL	alle Spool-Auftrags- und Geräterechte
	S_SPOOL_LOC	wie S_SPOOL_ALL, jedoch ohne Anzeigerechte
S_ADMI_SPO_J	S_ADMI_SPO_J	Mandantenübergreifende Administration. Alle Rechte einschließlich Selektionsrechten.

Tabelle 8.4 Von SAP ausgelieferte Spool-Auftragsprofile

Bei der Prüfung der Spool-Auftragsberechtigung werden die Berechtigungswerte des Benutzerstamms und des Spool-Auftrages anhand der für eine bestimmte Aktion notwendigen Berechtigung geprüft. Gemäß der Zugehörigkeit des betreffenden Spool-Auftrages zu einem Mandanten werden Annahmen aufgestellt, die in den folgenden drei Abschnitten dargestellt werden.

1. Spool-Aufträge innerhalb des eigenen Mandanten

Unabhängig von explizit gewährten Berechtigungen, darf jeder Benutzer seine eigenen Spool-Aufträge bearbeiten. Ist für den Spool-Auftrag kein Berechtigungswert angegeben, wird implizit der Benutzername des Eigentümers angenommen. Hierdurch werden drei Eigenschaften ermöglicht.

▶ Alle ungeschützten Aufträge sind mit einem Berechtigungswert versehen und können durch den Eigentümer uneingeschränkt bearbeitet werden.

- Ungeschützte Aufträge sind nicht für andere Benutzer sichtbar oder manipulierbar, sofern diese nicht explizit dazu berechtigt wurden.
- Der Namensraum der Berechtigungswerte umfasst den Benutzernamensraum. Dies bedeutet:
  - Benutzern kann das Recht vergeben werden, Spool-Aufträge anderer Benutzer zu sehen oder zu bearbeiten, indem ihnen der entsprechende Benutzername als Berechtigungswert mit der gewünschten Aktion gewährt wird.
  - Eigene Berechtigungswerte für benutzerübergreifende Berechtigungen müssen eindeutig vom Benutzernamensraum abgegrenzt werden, um eventuell unbeabsichtigte Kollisionen zu vermeiden. Dies kann beispielsweise erreicht werden, indem einem derartigen Wert ein spezielles Präfix mitgegeben wird, das in einem Benutzernamen nicht vorkommen darf.

2. Spool-Aufträge außerhalb des eigenen Mandanten

Die Berechtigungsprüfung anhand der Berechtigungswerte kann nur innerhalb eines Mandanten durchgeführt werden. Daher wird bei der Prüfung für einen Spool-Auftrag eines fremden Mandanten nicht gegen das Berechtigungsobjekt S_SPO_ACT geprüft. Da der Zugriff auf andere Mandanten nur für einen Administrator sinnvoll ist, wird stattdessen global eine Administrationsberechtigung über das Berechtigungsobjekt S_ADMI_FCD geprüft.

- Sind hier zusätzlich zu der Selektionsberechtigung SP01, die der BASE-Berechtigung entspricht, die Werte SPAM und SPAD gewährt, können generell alle Operationen auf Spool-Aufträgen anderer Mandanten ausgeführt werden.
- Ist nur der Wert SP01 erlaubt, entspricht dies dem Gewähren des Wertes BASE im lokalen Fall.

3. Berechtigungsarten für Spool-Auftragsberechtigungen

Gemäß der Beschreibung in Abschnitt 8.1, »Berechtigungsarten generell«, werden im Bereich der Spool-Auftragsberechtigungen grundsätzlich zwei Arten unterschieden:

- **Sichtbarkeitsberechtigung**
  Neben der globalen Selektionsberechtigung kann auch über die Spool-Auftragsberechtigungen die Sichtbarkeit von Spool-Aufträgen auf Basis der Be-

rechtigungswerte selektiv eingeschränkt oder erweitert werden. Hierzu wird auf die Aktion BASE hin geprüft. Ein Spool-Auftrag ist damit für einen Benutzer sichtbar, falls er die entsprechende Selektionsberechtigung besitzt und ihm das BASE-Recht für den Berechtigungswert des Spool-Auftrages gewährt wurde.

▶ **Operationsberechtigung**
Über die jeweiligen Berechtigungswerte können die in Tabelle 8.5 dargestellten Operationen erlaubt bzw. verhindert werden.

Berechtigungswert	Beschreibung
BASE	Basisberechtigung zur Sichtbarkeit
ATTR	Ändern der Attribute eines Spool-Auftrages
AUTH	Berechtigungswert eines Spool-Auftrages ändern
DISP	Inhalt anzeigen
DELE	Löschen des Spool-Auftrages und/oder der zugehörigen Ausgabeaufträge
PRNT	erstmaliges Ausdrucken des Spool-Auftrages
REDI	Ausgabe auf einen anderen Drucker als im Spool-Auftrag vorgesehen umleiten
REPR	weitere Ausgabeaufträge anlegen (mehrfaches Ausdrucken)
SEND	Spool-Auftrag über SAPOffice versenden
DOWN	Inhalt des Spool-Auftrages herunterladen

Tabelle 8.5 Vordefinierte Berechtigungen und Profile

8.2.4 Ausgabeberechtigungen

Zusätzlich zu den Geräteberechtigungen können weitere Berechtigungen anhand des Inhalts eines Auftrages geprüft werden. Über das Berechtigungsobjekt S_SPO_PAGE können Sie festlegen, dass ein Benutzer auf einem bestimmten Gerät nur eine begrenzte Anzahl von Seiten drucken kann. Der Benutzer ist dann nur berechtigt, Aufträge auf diesem Drucker auszugeben, die maximal die Anzahl der Seiten besitzen, die der eingestellte Bereich erlaubt.

Diese Berechtigungsprüfung ist standardmäßig ausgeschaltet. Sie kann durch das Setzen des Profilparameters `rspo/auth/pagelimit` auf den Wert 1 aktiviert werden. Vor der Aktivierung der Prüfung müssen den Benutzern jedoch die entsprechenden Berechtigungen erteilt werden, damit ein Ausdruck möglich ist.

> **Tipp** [*]
>
> Da durch das Berechtigungswesen nur Zeichenkettenvergleiche und Bereiche zur Verfügung stehen, sind Prüfungen auf Maximalwerte hin nur durch die Angabe eines Bereiches durchzuführen. Geben Sie dabei führende Nullen mit an, da nur Zeichenketten und keine Zahlen unterstützt werden.
>
> Möchten Sie beispielsweise realisieren, dass ein Benutzer nur Aufträge mit maximal 50 Seiten drucken kann, tragen Sie dazu als Wert für die Berechtigung `0000000001-0000000050` ein.

8.2.5 Spezielle Berechtigungen

Die in diesem Kapitel beschriebenen Berechtigungen werden generell von jedem Benutzer zum Drucken benötigt. Spezielle Berechtigungen, die nur unter bestimmten Bedingungen erforderlich sind, werden in den Abschnitten 7.3.1, »RFC-Destinationen für Zielsysteme anlegen« (PAL) und 2.4.3, »Frontend-Druck mit SAP GUI for HTML«, erläutert.

8.3 Praxisbeispiel

Um Ihre Geduld mit theoretischen Konzepten nicht noch weiter zu strapazieren, folgt zum Abschluss dieses Kapitels ein Praxisbeispiel. Sachbearbeiterin Helga M. soll die Spool-Aufträge des Kollegen Hubert S. vollständig bearbeiten können. Welche Berechtigungen müssen Sie als Systemadministrator vergeben? HELGAM und HUBERTS sind die angenommenen Benutzernamen in Ihrem System.

> **Achtung** [!]
>
> Beachten Sie, dass beispielsweise mit HUBERTS (Standardschrift) der Benutzername und mit `HUBERTS` (Listing-Schrift) der Berechtigungswert gemeint ist.

Jeder Spool-Auftrag besitzt ein Berechtigungsfeld. Standardmäßig ist dieses Feld leer, wie in Abbildung 8.3 zu sehen ist. Wenn sich HELGAM einen solchen Spool-Auftrag von HUBERTS ansehen will, überprüft das System, ob

HELGAM über eine bestimmte Berechtigung für Spool-Aufträge mit dem Berechtigungswert HUBERTS besitzt. Für ihre eigenen Spool-Aufträge, die nicht mit einem speziellen Berechtigungswert geschützt sind, braucht HELGAM keine besonderen Berechtigungen.

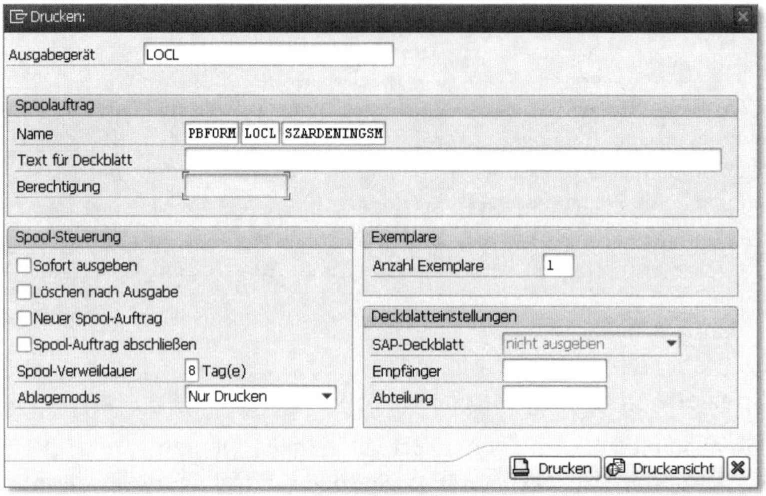

Abbildung 8.3 Eingabe der Spool-Auftragsberechtigung

Damit sich HELGAM die Aufträge von HUBERTS ansehen kann, gehen Sie wie folgt vor:

1. Sie vergeben HELGAM eine Berechtigung für das Objekt S_ADMI_FCD mit dem Wert SP0R. Das ist die Grundvoraussetzung, damit HELGAM überhaupt Aufträge anderer Benutzer selektieren kann.

2. Das reicht allerdings noch nicht aus. Sie benötigt eine weitere Berechtigung für das Objekt S_SPO_ACT für die Aktion BASE mit dem Wert HUBERTS. Sie kann dann allerdings nur den Status der Aufträge von HUBERTS sehen.

3. Für weitere Aktionen braucht HELGAM für das Objekt S_SPO_ACT noch die folgenden Berechtigungen, jeweils mit dem Wert HUBERTS:

    - DISP: zum Anzeigen des Inhalts
    - DELE: zum Löschen des Spool-Auftrages
    - PRNT: zum einmaligen Drucken eines Spool-Auftrages, der bis jetzt noch nicht gedruckt wurde
    - REPR: zum Nachdrucken eines Auftrages

Damit kann HELGAM alle Aufträge von HUBERTS bearbeiten. Wie können Sie es nun erreichen, dass HELGAM manche Aufträge von HUBERTS nicht bearbeiten kann? Hier kommt der Druckparameter BERECHTIGUNG aus Abbildung 8.3 ins Spiel. HUBERTS trägt beim Anlegen eines Spool-Auftrages einen bestimmten Wert, zum Beispiel GEHEIM, in dieses Feld ein. Wenn HELGAM die Aufträge von HUBERTS selektiert, prüft das System, ob sie eine Berechtigung für das Objekt S_SPO_ACT für die Aktion BASE mit dem Wert GEHEIM hat. In unserem Beispiel hat HELGAM keine solche Berechtigung, daher zeigt ihr das System die von HUBERTS als GEHEIM gekennzeichneten Aufträge nicht an.

Wie können Sie es zum Schluss einrichten, dass HELGAM alle Aufträge aller Benutzer bearbeiten kann, außer denen, die über einen Eintrag im Feld BERECHTIGUNG geschützt sind? Dazu gehen Sie, wie beschrieben, vor, allerdings vergeben Sie für die Aktionen nicht den Wert HUBERTS, sondern __USER__ (jeweils zwei startende und schließende Unterstriche). Damit darf HELGAM alle ungeschützten Aufträge aller Benutzer bearbeiten. Achten Sie bei der Vergabe eines Wertes für das Feld BERECHTIGUNG darauf, dass es keinen gleichnamigen Benutzer gibt.

8.4 Zusammenfassung und Überblick

Dieser Abschnitt bietet eine kurze Zusammenfassung, welche Punkte bei der Vergabe von Berechtigungen an Benutzer im Druckumfeld zu beachten sind. Es wird zwischen den folgenden drei Arten von Berechtigungen unterschieden:

▶ **Geräteberechtigungen**
Geräteberechtigungen regeln, für welche Drucker Spool-Aufträge erstellt werden dürfen.

▶ **Selektionsberechtigungen**
Selektionsberechtigungen legen fest, welche Spool-Aufträge zur Ansicht oder Weiterverarbeitung ausgewählt werden dürfen.

▶ **Spool-Auftragsberechtigungen**
Spool-Auftragsberechtigungen bestimmen, welche Aktionen auf selektierten Spool-Aufträgen ausgeführt werden dürfen.

A Font-Abbildungstabellen für Cascading Fonts

Tabelle A.1 und Tabelle A.2 zeigen für Formulare bzw. ABAP-Listen, welcher Windows-Font beim Einsatz von Cascading-Fonts-Gerätetypen für ein bestimmtes Unicode-Subset verwendet wird. Wird ein internationales Dokument mit Cascading-Fonts-Gerätetypen unvollständig gedruckt, liegt es oft nur daran, dass der notwendige Font auf dem entsprechenden PC nicht installiert ist. Ein Blick in die rechte Spalte der beiden Tabellen in diesem Anhang zeigt Ihnen, welchen Font Sie gegebenenfalls nachinstallieren müssen.

SAP-Font-Name	Unicode-Subset	Windows-Font
ANDALE_J	ARABIC	Courier New
	BASIC LATIN	Courier New
	CYRILLIC	Courier New
	GREEK	Courier New
	HAN	MS Mincho
	HANGUL	BatangChe
	HEBREW	Courier New
	HIRAGANA AND KATAKANA	MS Mincho
	LATIN EXTENDED ADDITIONAL	Courier New
	LATIN EXTENDED-A	Courier New
	LATIN EXTENDED-B	Courier New
	LATIN-1 SUPPLEMENT	Courier New
	OTHERS	Arial Unicode MS
	THAI	Angsana New

Tabelle A.1 Font-Abbildungstabelle für Formulare

SAP-Font-Name	Unicode-Subset	Windows-Font
CNHEI	ARABIC	Courier New
	BASIC LATIN	SimHei
	CYRILLIC	Courier New
	GREEK	Courier New
	HAN	SimHei
	HANGUL	BatangChe
	HEBREW	Courier New
	HIRAGANA AND KATAKANA	MS Mincho
	LATIN EXTENDED ADDITIONAL	Courier New
	LATIN EXTENDED-A	Courier New
	LATIN EXTENDED-B	Courier New
	LATIN-1 SUPPLEMENT	Courier New
	OTHERS	Arial Unicode MS
	THAI	Angsana New
CNSONG	ARABIC	Courier New
	BASIC LATIN	SimSun
	CYRILLIC	Courier New
	GREEK	Courier New
	HAN	SimSun
	HANGUL	BatangChe
	HEBREW	Courier New
	HIRAGANA AND KATAKANA	MS Mincho
	LATIN EXTENDED ADDITIONAL	Courier New
	LATIN EXTENDED-A	Courier New
	LATIN EXTENDED-B	Courier New
	LATIN-1 SUPPLEMENT	Courier New
	OTHERS	Arial Unicode MS
	THAI	Angsana New

Tabelle A.1 Font-Abbildungstabelle für Formulare (Forts.)

SAP-Font-Name	Unicode-Subset	Windows-Font
COURCYR	ARABIC	Courier New
	BASIC LATIN	Courier New
	CYRILLIC	Courier New
	GREEK	Courier New
	HAN	MS Mincho
	HANGUL	BatangChe
	HEBREW	Courier New
	HIRAGANA AND KATAKANA	MS Mincho
	LATIN EXTENDED ADDITIONAL	Courier New
	LATIN EXTENDED-A	Courier New
	LATIN EXTENDED-B	Courier New
	LATIN-1 SUPPLEMENT	Courier New
	OTHERS	Arial Unicode MS
	THAI	Angsana New
COURIER	ARABIC	Courier New
	BASIC LATIN	Courier New
	CYRILLIC	Courier New
	GREEK	Courier New
	HAN	MS Mincho
	HANGUL	BatangChe
	HEBREW	Courier New
	HIRAGANA AND KATAKANA	MS Mincho
	LATIN EXTENDED ADDITIONAL	Courier New
	LATIN EXTENDED-A	Courier New
	LATIN EXTENDED-B	Courier New
	LATIN-1 SUPPLEMENT	Courier New
	OTHERS	Arial Unicode MS
	THAI	Angsana New

Tabelle A.1 Font-Abbildungstabelle für Formulare (Forts.)

A | Font-Abbildungstabellen für Cascading Fonts

SAP-Font-Name	Unicode-Subset	Windows-Font
COUR_I7	ARABIC	Courier New
	BASIC LATIN	Courier New
	CYRILLIC	Courier New
	GREEK	Courier New
	HAN	MS Mincho
	HANGUL	BatangChe
	HEBREW	Courier New
	HIRAGANA AND KATAKANA	MS Mincho
	LATIN EXTENDED ADDITIONAL	Courier New
	LATIN EXTENDED-A	Courier New
	LATIN EXTENDED-B	Courier New
	LATIN-1 SUPPLEMENT	Courier New
	OTHERS	Arial Unicode MS
	THAI	Angsana New
DBGOTHIC	ARABIC	Courier New
	BASIC LATIN	MS Gothic
	CYRILLIC	Courier New
	GREEK	Courier New
	HAN	MS Gothic
	HANGUL	BatangChe
	HEBREW	Courier New
	HIRAGANA AND KATAKANA	MS Gothic
	LATIN EXTENDED ADDITIONAL	Courier New
	LATIN EXTENDED-A	Courier New
	LATIN EXTENDED-B	Courier New
	LATIN-1 SUPPLEMENT	Courier New
	OTHERS	Arial Unicode MS
	THAI	Angsana New

Tabelle A.1 Font-Abbildungstabelle für Formulare (Forts.)

SAP-Font-Name	Unicode-Subset	Windows-Font
DBMINCHO	ARABIC	Courier New
	BASIC LATIN	MS Mincho
	CYRILLIC	Courier New
	GREEK	Courier New
	HAN	MS Mincho
	HANGUL	BatangChe
	HEBREW	Courier New
	HIRAGANA AND KATAKANA	MS Mincho
	LATIN EXTENDED ADDITIONAL	Courier New
	LATIN EXTENDED-A	Courier New
	LATIN EXTENDED-B	Courier New
	LATIN-1 SUPPLEMENT	Courier New
	OTHERS	Arial Unicode MS
	THAI	Angsana New
HELVCYR	ARABIC	Courier New
	BASIC LATIN	Arial
	CYRILLIC	Arial
	GREEK	Arial
	HAN	MS Mincho
	HANGUL	BatangChe
	HEBREW	Arial
	HIRAGANA AND KATAKANA	MS Mincho
	LATIN EXTENDED ADDITIONAL	Arial
	LATIN EXTENDED-A	Arial
	LATIN EXTENDED-B	Arial
	LATIN-1 SUPPLEMENT	Arial
	OTHERS	Arial Unicode MS
	THAI	Angsana New

Tabelle A.1 Font-Abbildungstabelle für Formulare (Forts.)

A | Font-Abbildungstabellen für Cascading Fonts

SAP-Font-Name	Unicode-Subset	Windows-Font
HELVE	ARABIC	Courier New
	BASIC LATIN	Arial
	CYRILLIC	Arial
	GREEK	Arial
	HAN	MS Mincho
	HANGUL	BatangChe
	HEBREW	Arial
	HIRAGANA AND KATAKANA	MS Mincho
	LATIN EXTENDED ADDITIONAL	Arial
	LATIN EXTENDED-A	Arial
	LATIN EXTENDED-B	Arial
	LATIN-1 SUPPLEMENT	Arial
	OTHERS	Arial Unicode MS
	THAI	Angsana New
HELV_I7	ARABIC	Courier New
	BASIC LATIN	Arial
	CYRILLIC	Arial
	GREEK	Arial
	HAN	MS Mincho
	HANGUL	BatangChe
	HEBREW	Arial
	HIRAGANA AND KATAKANA	MS Mincho
	LATIN EXTENDED ADDITIONAL	Arial
	LATIN EXTENDED-A	Arial
	LATIN EXTENDED-B	Arial
	LATIN-1 SUPPLEMENT	Arial
	OTHERS	Arial Unicode MS
	THAI	Angsana New

Tabelle A.1 Font-Abbildungstabelle für Formulare (Forts.)

Font-Abbildungstabellen für Cascading Fonts | A

SAP-Font-Name	Unicode-Subset	Windows-Font
JPMINCHO	ARABIC	Courier New
	BASIC LATIN	MS Mincho
	CYRILLIC	Courier New
	GREEK	Courier New
	HAN	MS Mincho
	HANGUL	BatangChe
	HEBREW	Courier New
	HIRAGANA AND KATAKANA	MS Mincho
	LATIN EXTENDED ADDITIONAL	Courier New
	LATIN EXTENDED-A	Courier New
	LATIN EXTENDED-B	Courier New
	LATIN-1 SUPPLEMENT	Courier New
	OTHERS	Arial Unicode MS
	THAI	Angsana New
KPBATANG	ARABIC	Courier New
	BASIC LATIN	BatangChe
	CYRILLIC	Courier New
	GREEK	Courier New
	HAN	MS Mincho
	HANGUL	BatangChe
	HEBREW	Courier New
	HIRAGANA AND KATAKANA	MS Mincho
	LATIN EXTENDED ADDITIONAL	Courier New
	LATIN EXTENDED-A	Courier New
	LATIN EXTENDED-B	Courier New
	LATIN-1 SUPPLEMENT	Courier New
	OTHERS	Arial Unicode MS
	THAI	Angsana New

Tabelle A.1 Font-Abbildungstabelle für Formulare (Forts.)

SAP-Font-Name	Unicode-Subset	Windows-Font
KPSAMMUL	ARABIC	Courier New
	BASIC LATIN	GulimChe
	CYRILLIC	Courier New
	GREEK	Courier New
	HAN	MS Mincho
	HANGUL	GulimChe
	HEBREW	Courier New
	HIRAGANA AND KATAKANA	MS Mincho
	LATIN EXTENDED ADDITIONAL	Courier New
	LATIN EXTENDED-A	Courier New
	LATIN EXTENDED-B	Courier New
	LATIN-1 SUPPLEMENT	Courier New
	OTHERS	Arial Unicode MS
	THAI	Angsana New
THANGSAN	ARABIC	Courier New
	BASIC LATIN	Angsana New
	CYRILLIC	Courier New
	GREEK	Courier New
	HAN	MS Mincho
	HANGUL	BatangChe
	HEBREW	Courier New
	HIRAGANA AND KATAKANA	MS Mincho
	LATIN EXTENDED ADDITIONAL	Courier New
	LATIN EXTENDED-A	Courier New
	LATIN EXTENDED-B	Courier New
	LATIN-1 SUPPLEMENT	Courier New
	OTHERS	Arial Unicode MS
	THAI	Angsana New

Tabelle A.1 Font-Abbildungstabelle für Formulare (Forts.)

Font-Abbildungstabellen für Cascading Fonts | A

SAP-Font-Name	Unicode-Subset	Windows-Font
TIMECYR	ARABIC	Courier New
	BASIC LATIN	Times New Roman
	CYRILLIC	Times New Roman
	GREEK	Times New Roman
	HAN	MS Mincho
	HANGUL	BatangChe
	HEBREW	Times New Roman
	HIRAGANA AND KATAKANA	MS Mincho
	LATIN EXTENDED ADDITIONAL	Times New Roman
	LATIN EXTENDED-A	Times New Roman
	LATIN EXTENDED-B	Times New Roman
	LATIN-1 SUPPLEMENT	Times New Roman
	OTHERS	Arial Unicode MS
	THAI	Angsana New
TIMES	ARABIC	Courier New
	BASIC LATIN	Times New Roman
	CYRILLIC	Times New Roman
	GREEK	Times New Roman
	HAN	MS Mincho
	HANGUL	BatangChe
	HEBREW	Times New Roman
	HIRAGANA AND KATAKANA	MS Mincho
	LATIN EXTENDED ADDITIONAL	Times New Roman
	LATIN EXTENDED-A	Times New Roman
	LATIN EXTENDED-B	Times New Roman
	LATIN-1 SUPPLEMENT	Times New Roman
	OTHERS	Arial Unicode MS
	THAI	Angsana New

Tabelle A.1 Font-Abbildungstabelle für Formulare (Forts.)

SAP-Font-Name	Unicode-Subset	Windows-Font
TIME_I7	ARABIC	Courier New
	BASIC LATIN	Times New Roman
	CYRILLIC	Times New Roman
	GREEK	Times New Roman
	HAN	MS Mincho
	HANGUL	BatangChe
	HEBREW	Times New Roman
	HIRAGANA AND KATAKANA	MS Mincho
	LATIN EXTENDED ADDITIONAL	Times New Roman
	LATIN EXTENDED-A	Times New Roman
	LATIN EXTENDED-B	Times New Roman
	LATIN-1 SUPPLEMENT	Times New Roman
	OTHERS	Arial Unicode MS
	THAI	Angsana New
TWSONG	ARABIC	Courier New
	BASIC LATIN	MingLiU
	CYRILLIC	Courier New
	GREEK	Courier New
	HAN	MingLiU
	HANGUL	BatangChe
	HEBREW	Courier New
	HIRAGANA AND KATAKANA	MS Mincho
	LATIN EXTENDED ADDITIONAL	Courier New
	LATIN EXTENDED-A	Courier New
	LATIN EXTENDED-B	Courier New
	LATIN-1 SUPPLEMENT	Courier New
	OTHERS	Arial Unicode MS
	THAI	Angsana New

Tabelle A.1 Font-Abbildungstabelle für Formulare (Forts.)

Font-Abbildungstabellen für Cascading Fonts | **A**

ABAP-Liste in Abhängigkeit der Anmeldesprache	Unicode-Subset	Windows-Font
ABAPLIST	ARABIC	Courier New
	BASIC LATIN	Courier New
	CYRILLIC	Courier New
	GREEK	Courier New
	HAN	MS Mincho
	HANGUL	BatangChe
	HEBREW	Courier New
	HIRAGANA AND KATAKANA	MS Mincho
	LATIN EXTENDED ADDITIONAL	Courier New
	LATIN EXTENDED-A	Courier New
	LATIN EXTENDED-B	Courier New
	LATIN-1 SUPPLEMENT	Courier New
	OTHERS	Arial Unicode MS
	THAI	Angsana New
ABAPL_JA	ARABIC	Courier New
	BASIC LATIN	MS Mincho
	CYRILLIC	Courier New
	GREEK	Courier New
	HAN	MS Mincho
	HANGUL	BatangChe
	HEBREW	Courier New
	HIRAGANA AND KATAKANA	MS Mincho
	LATIN EXTENDED ADDITIONAL	Courier New
	LATIN EXTENDED-A	Courier New
	LATIN EXTENDED-B	Courier New
	LATIN-1 SUPPLEMENT	Courier New
	OTHERS	Arial Unicode MS
	THAI	Angsana New

Tabelle A.2 Font-Abbildungstabelle für ABAP-Listen

A | Font-Abbildungstabellen für Cascading Fonts

ABAP-Liste in Abhängigkeit der Anmeldesprache	Unicode-Subset	Windows-Font
ABAPL_KO	ARABIC	Courier New
	BASIC LATIN	BatangChe
	CYRILLIC	Courier New
	GREEK	Courier New
	HAN	MS Mincho
	HANGUL	BatangChe
	HEBREW	Courier New
	HIRAGANA AND KATAKANA	MS Mincho
	LATIN EXTENDED ADDITIONAL	Courier New
	LATIN EXTENDED-A	Courier New
	LATIN EXTENDED-B	Courier New
	LATIN-1 SUPPLEMENT	Courier New
	OTHERS	Arial Unicode MS
	THAI	Angsana New
ABAPL_TH	ARABIC	Courier New
	BASIC LATIN	Angsana New
	CYRILLIC	Courier New
	GREEK	Courier New
	HAN	MS Mincho
	HANGUL	BatangChe
	HEBREW	Courier New
	HIRAGANA AND KATAKANA	MS Mincho
	LATIN EXTENDED ADDITIONAL	Courier New
	LATIN EXTENDED-A	Courier New
	LATIN EXTENDED-B	Courier New
	LATIN-1 SUPPLEMENT	Courier New
	OTHERS	Arial Unicode MS
	THAI	Angsana New

Tabelle A.2 Font-Abbildungstabelle für ABAP-Listen (Forts.)

ABAP-Liste in Abhängigkeit der Anmeldesprache	Unicode-Subset	Windows-Font
ABAPL_ZF	ARABIC	Courier New
	BASIC LATIN	MingLiU
	CYRILLIC	Courier New
	GREEK	Courier New
	HAN	Min LiU
	HANGUL	BatangChe
	HEBREW	Courier New
	HIRAGANA AND KATAKANA	MS Mincho
	LATIN EXTENDED ADDITIONAL	Courier New
	LATIN EXTENDED-A	Courier New
	LATIN EXTENDED-B	Courier New
	LATIN-1 SUPPLEMENT	Courier New
	OTHERS	Arial Unicode MS
	THAI	Angsana New
ABAPL_ZH	ARABIC	Courier New
	BASIC LATIN	SimSun
	CYRILLIC	Courier New
	GREEK	Courier New
	HAN	SimSun
	HANGUL	BatangChe
	HEBREW	Courier New
	HIRAGANA AND KATAKANA	MS Mincho
	LATIN EXTENDED ADDITIONAL	Courier New
	LATIN EXTENDED-A	Courier New
	LATIN EXTENDED-B	Courier New
	LATIN-1 SUPPLEMENT	Courier New
	OTHERS	Arial Unicode MS
	THAI	Angsana New

Tabelle A.2 Font-Abbildungstabelle für ABAP-Listen (Forts.)

B Überblick der dargestellten Profilparameter, Hilfs-Reports, Datenbanktabellen und Transaktionen

Dieser Anhang bietet eine tabellarische Übersicht über alle im Buch erwähnten Profilparameter, Hilfs-Reports, Datenbanktabellen und Transaktionen. Die jeweilige Bedeutung wird kurz genannt. Eine detaillierte Beschreibung befindet sich in dem Kapitel bzw. Abschnitt, auf das bzw. den in der rechten Spalte verwiesen wird.

Parametername	Beschreibung	Verweis
rdisp/wp_no_btc	Anzahl der Hintergrund-Workprozesse	Abschnitt 1.1
rdisp/wp_no_dia	Anzahl der Dialog-Workprozesse	Abschnitt 1.1
rdisp/wp_no_enq	Anzahl der Enqueue-Workprozesse	Abschnitt 1.1
rdisp/wp_no_spo	Anzahl der Spool-Workprozesse	Abschnitt 1.1
rdisp/wp_no_spo_Fro_max	Anzahl der Workprozesse, die Frontend-Druckaufträge bearbeiten	Abschnitt 2.4.1
rdisp/wp_no_vb	Anzahl der Verbucher-Workprozesse	Abschnitt 1.1
rdisp/wp_no_vb2	Anzahl der Verbucher-Workprozesse (Typ 2)	Abschnitt 1.1
rspo/auth/pagelimit	Berechtigungsprüfung auf maximale Seitenzahl	Abschnitt 8.2.4
rspo/host_spool/check_retries	Anzahl der Verbindungsversuche zum Druckserver	Abschnitt 3.2.4
rspo/host_spool/print	voreingestelltes Druckkommando bei Koppelart L	Abschnitt 2.5
rspo/host_spool/query	voreingestelltes Kommando zur Statusabfrage bei Koppelart L	Abschnitt 2.5
rspo/lpq/temp_disable_time	Sperrzeit der Drucker bei erfolglosem Verbindungsversuch	Abschnitt 3.2.4
rspo/store_location	Speicherort für Druckdaten	Abschnitt 1.2.3

Tabelle B.1 Im Buch erwähnte Profilparameter

Parametername	Beschreibung	Verweis
rspo/tcp/retrytime	Wartezeit pro Verbindungsversuch	Abschnitt 3.2.4
rspo/to_host/datafile	Muster für Druckdateinamen	Abschnitt 2.5

Tabelle B.1 Im Buch erwähnte Profilparameter (Forts.)

Report-Name	Beschreibung	Verweis
RSCPSETCASCADINGFONTS	Cascading-Fonts-Konfigurator	Abschnitt 5.4.2
RSPO0020	Report zur Analyse einzelner Parts von PDF-Spool-Aufträgen	Abschnitt 4.4.1
RSPO0021	Aktivierung und Deaktivierung von Spool-Optionen	Abschnitt 4.4
RSPO0022	Verwaltung der Gerätetyp-XDC-Zuordnungstabelle	Abschnitt 4.3.1
RSPO0075	Aktivierung von Koppelarten	Abschnitt 2.4
RSPO1041	Löschen alter Spool-Aufträge	Abschnitt 1.2.4
RSPO1043	Spool-Konsistenzprüfung	Abschnitt 1.2.4

Tabelle B.2 Im Buch erwähnte Hilfs-Reports

Tabellenname	Beschreibung	Verweis
TSP01	Daten von Spool-Aufträgen	Abschnitt 1.2.3
TSP02	Daten von Ausgabeaufträgen	Abschnitt 1.2.3
TSP0B	Zuordnungstabelle Gerätetyp-XDC	Abschnitt 4.3
TSPOPTIONS	Spool-Optionen	Abschnitt 4.4
TST03	Rohdaten der Spool-Aufträge	Abschnitt 1.2.3

Tabelle B.3 Im Buch erwähnte Datenbanktabellen

Transaktionsname	Beschreibung	Verweis
I18N	Internationalisierung	Abschnitt 5.3.1
PAL	Printing Assistant for Landscapes	Kapitel 7

Tabelle B.4 Im Buch erwähnte Transaktionen

Transaktionsname	Beschreibung	Verweis
RZ04	Betriebsartenumschaltung	Abschnitt 1.1
RZ11	Pflege der Profilparameter	Abschnitt 3.2.4
SCOT	Business Communication Services	Abschnitt 2.6
SE63	Übersetzung von Textelementen	Abschnitt 5.3.4
SE71	Formularpflege	Abschnitt 5.3.2
SE73	Font-Pflege	Abschnitt 5.3.6
SFP	SAP Form Processing	Kapitel 4
SM50	Prozessübersicht	Abschnitt 1.1
SM51	Übersicht SAP-Server	Abschnitt 3.2.4
SM59	Pflege RFC-Destination	Abschnitt 7.3.1
SMARTFORMS	Smart Forms Processing	Abschnitt 5.3.3
SNRO	Nummernkreispflege	Abschnitt 1.2.1
SO10	SAP-Standardtexte	Abschnitt 6.1.2
SP01	Verwaltung von Spool-Aufträgen	Abschnitt 1.2
SP02	Verwaltung eigener Spool-Aufträge	Abschnitt 1.2
SPAD	Spool-Administration	Abschnitt 1.3.1
SPTP	Textpoolpflege	Abschnitt 2.6
STRUST	Verwaltung von Sicherheitszertifikaten	Abschnitt 3.2.6
SU01	Einstellung persönlicher Daten	Abschnitt 1.3.5
SU53	Anzeige fehlgeschlagener Berechtigungsprüfung	Kapitel 8

Tabelle B.4 Im Buch erwähnte Transaktionen (Forts.)

C Glossar

ABAP-Liste SAP-Terminologie. Eine in der Programmiersprache ABAP erstellte Bildschirmliste, die ausgedruckt werden kann.

Adobe Document Services (ADS) Im Java-Stack des SAP-Systems laufende Anwendung zur Erzeugung von Druckdaten aus → SAP Interactive Forms by Adobe.

Adobe LiveCycle Designer Werkzeug zur Erstellung interaktiver Formulare, eingesetzt für → SAP Interactive Forms by Adobe.

Adobe Reader Programm zur Anzeige von PDF-Dateien.

Aufbereitungsserver SAP-Terminologie. Bezeichnet den Applikationsserver, auf dem der → Spool-Workprozess für einen bestimmten Drucker ausgeführt wird.

Barcode-Symbologie Die meisten Barcode-Schriftarten bestehen aus einer Gruppe von Linien und Lücken, die ein bestimmtes ASCII-Zeichen repräsentieren. Die Interpretation dieser Gruppen hängt von festen Regeln ab. Die Regeln werden als Barcode-Symbologie oder Barcode-Schriftart bezeichnet.

Business Server Page (BSP) SAP-Terminologie. Serverseite im Rahmen des BSP-Programmiermodells, die serverseitiges Scripting enthalten kann.

Cascading Fonts SAP-Terminologie. Verfahren, bei dem während des Druckens eines Zeichens automatisch der richtige sprachabhängige → Font ausgewählt wird.

Common Unix Printing System (CUPS) Ein freies Drucksystem auf Unix- und Linux-Rechnern.

Control Eine auf Windows registrierbare DLL, die eine festgelegte Funktionalität für externe Verwender bereitstellt.

Credentials Benutzer- oder komponentenspezifische Informationen, die es dem Benutzer oder der Komponente gestatten, auf die eigenen Sicherheitsinformationen zuzugreifen. Die Credentials können sich beispielsweise in einer geschützten Datei im Dateisystem befinden. Oftmals haben sie eine begrenzte Gültigkeitsdauer.

Dienst Ein Dienst ist ein Anwendungstyp, der ohne Benutzeroberfläche im Systemhintergrund ausgeführt wird, vergleichbar mit einem Unix-Daemon-Prozess. Dienste stellen Kernfunktionen für Betriebssysteme bereit, zum Beispiel Webserving, Ereignisprotokollierung, Datei-Serving, Druck, Kryptografie und Fehlerberichterstattung.

Dienste-Snap-In Sie können das MMC-Snap-In (Microsoft Management Console) DIENSTE zum Verwalten von Diensten verwenden, die auf lokalen oder Remote-Computern ausgeführt werden, zum Beispiel zum Starten oder Beenden eines Dienstes. Dies ist die offizielle Bezeichnung, man findet aber auch den Begriff »Windows-Diensteliste«.

First In First Out (FIFO) Ein Begriff aus der Warteschlangentheorie. FIFO bedeutet, dass ein Objekt, das als Erstes in eine Warteschlange gestellt wird, auch als Erstes verarbeitet wird.

Font Eine Menge von Zeichen. Englischer Begriff für Schrift, der sich auch im deutschen Sprachraum eingebürgert hat.

Font-DIMM Speicherbaustein für Drucker zur Nachrüstung von Schriften.

Frontend-Druck SAP-Terminologie. Eine Druckmethode, bei der der Druckdatenstrom über die SAP-Frontend-Komponente an den Drucker geschickt wird.

GDI-Programmierschnittstelle
→ Windows-GDI-Interface.

Gerätepool Eine bestimmte Anzahl von unter einem Namen zusammengefassten Einzeldruckern im SAP-System.

Gerätetyp SAP-Terminologie. Eigenschaft einer Druckerdefinition im SAP-System. Bezeichnet die Druckersprache, in der Dokumente aufbereitet werden, um auf einem bestimmten Drucker ausgegeben werden zu können. Native Gerätetypen erzeugen direkt einen Datenstrom in der entsprechenden Druckersprache, im Gegensatz zu → SAPWIN-Gerätetypen, die einen zusätzlichen Interpreter benötigen.

International Organization for Standardization (ISO) Internationale Organisation, die Normen in verschiedenen Bereichen erarbeitet und festlegt.

Internet Communication Manager (ICM) Im SAP-System enthaltener HTTP-Server. Kommuniziert mit dem → Internet Transaction Server.

Internet Transaction Server (ITS) SAP-Anwendung zur Kommunikation mit dem SAP-System über Webbrowser.

Java Native Interface (JNI) Programmierschnittstelle, um aus Java-Anwendungen heraus betriebssystemspezifische Funktionen aufzurufen.

Kommandosatz Ein Satz von Betriebssystemkommandos zur Druckjobübergabe und Statusnachfrage an einen Betriebssystemdrucker.

Koppelart SAP-Terminologie für die Art und Weise, wie ein Druckauftrag zum Drucker transportiert wird. Abgekürzt durch Buchstaben.

Log-Verzeichnis Über die Option `LogPath` eingestelltes Verzeichnis für von → SAPSprint erstellte temporäre Dateien.

LPD-Port TCP/IP-Port für ein LPD-Programm (Line Printer Daemon) zum Empfangen von Druckaufträgen. Typischerweise wird der LPD-Port auf Nummer 515 gesetzt.

Output-Management-System (OMS) Software zur Verarbeitung und Verwaltung von Druckaufträgen aus unterschiedlichen Quellen.

Part SAP-Terminologie. Teil eines → PDF-Spool-Auftrages, der beim Anhängen erzeugt wird.

PDFPRINT Zusätzliche Programmbibliothek, die es in Zusammenarbeit mit → SAPSprint und → SAPFprint ermöglicht, → SAP Interactive Forms by Adobe auszudrucken.

PDF-Spool-Auftrag Spool-Auftrag eines interaktiven Formulars.

PDL → Seitenbeschreibungssprache.

Personal Security Environment (PSE) PSE-Dateien werden zur Ablage von privaten und öffentlichen Schlüsseln bei der Verwendung von → Secure Network Communication mit → SAPCryptolib eingesetzt.

PostScript Eine von Adobe entwickelte weitverbreitete Druckersprache.

Printer Command Language (PCL) Eine von Hewlett-Packard entwickelte weitverbreitete Druckersprache.

Printing Assistant for Landscapes (PAL) Werkzeug zur Definition von Druckern für eine Systemlandschaft an einer zentralen Stelle.

Remote Function Call (RFC) Aufruf eines SAP-Funktionsbausteins, der in einem anderen System läuft als der Aufrufer. Möglich sind Verbindungen zwischen verschiedenen SAP-Systemen oder zwischen einem SAP-System und einem Fremdsystem. In Fremdsystemen werden statt Funktionsbausteinen speziell programmierte Funktionen aufgerufen, deren Schnittstelle einen Funktionsbaustein simuliert.

Reply Message Group (RMG) Eindeutige Zeichenkette zur Identifizierung der Herkunft eines Druckauftrages durch ein → Output-Management-System.

SAPCONNECT-Schnittstelle SAP-Terminologie. Programmierschnittstelle für E-Mail und Fax aus dem SAP-System.

SAPCryptolib Von SAP bereitgestellte Software zur sicheren Kommunikation über → Secure Network Communication.

SAPFprint Ein von SAP ausgeliefertes Control zum arbeitsplatzbasierten Drucken auf Windows-Plattformen. Unterstützt native und → SAPWIN-Gerätetypen. Siehe auch → SAPSprint.

SAP GUI Auf dem Arbeitsplatzrechner eines Benutzers installiertes Programm zur interaktiven Kommunikation mit dem SAP-System. Es gibt drei Varianten.

SAP GUI for HTML Browserbasierte Anwendung unter Einsatz des SAP-proprietären Kommunikationsprotokolls über den → Internet Transaction Server.

SAP GUI for Java Plattformunabhängige Java-Anwendung.

SAP GUI for Windows Native Windows-Anwendung.

SAP Interactive Forms by Adobe Formulare im Format PDF, die mithilfe des → Adobe LiveCycle Designers erzeugt wurden. In älteren Dokumenten oft auch als »PDF-based Forms« oder inoffiziell als »PDF Forms« oder »Adobe Forms« bezeichnet.

SAPLPD Vorläufer von → SAPSprint. Programm zum serverbasierten Drucken und → Frontend-Druck auf Windows-Plattformen. Wird nicht mehr unterstützt.

SAPscript Werkzeug zur Formularerstellung innerhalb des SAP-Systems. Siehe auch → SAP Smart Forms.

SAP Smart Forms Werkzeug zur Formularerstellung innerhalb des SAP-Systems. Siehe auch → SAPscript.

SAPSprint Ein von SAP ausgelieferter Dienst zum serverbasierten Drucken auf Windows-Plattformen. Unterstützt native und → SAPWIN-Gerätetypen. Siehe auch → SAPFprint.

SAPWIN Bezeichnung für einen generischen Gerätetyp, der über einen Interpreter das von Microsoft angebotene Interface zum Drucken auf beliebigen Druckern ermöglicht. Es gibt verschiedene sprachabhängige Versionen. Siehe auch → SWINCF.

Secure Network Communication (SNC) SNC beschreibt eine Softwareschicht in der SAP-Systemarchitektur, die eine Schnittstelle zu einem externen Sicherheitsprodukt liefert.

Seitenbeschreibungssprache Allgemeine Bezeichnung für eine Druckersprache (Printer Definition Language, PDL).

Spool-Server SAP-Terminologie. Bezeichnet einen Applikationsserver, auf dem ein → Spool-Workprozess definiert ist.

Spool-Workprozess SAP-Terminologie. Arbeitsprozesstyp eines SAP-Applikationsservers. Spool-Workprozesse bereiten Druckaufträge gemäß dem eingestellten Gerätetyp auf.

SWINCF Bezeichnung für einen generischen → Unicode-Gerätetyp, der über einen Interpreter das von Microsoft angebotene Interface zum Drucken auf beliebigen Druckern ermöglicht. Siehe auch → SAPWIN.

TCP/IP-Druckdienst Ein von Microsoft ausgelieferter Dienst zum serverbasierten Drucken auf Windows-Plattformen. Unterstützt native Gerätetypen.

Terminalinfo SAP-Terminologie. Bezeichnet die vom → Spool-Workprozess benötigte Information, an welchen Arbeitsplatzrechner der Druckdatenstrom beim → Frontend-Druck geschickt werden soll.

Thread Unabhängige Ausführungseinheit für Programmcode. Ähnelt einem Prozess, kann aber nur als Teil eines Betriebssystemprozesses existieren.

Transaktion Der Begriff hat je nach Kontext unterschiedliche Bedeutungen. In diesem Buch ist immer ein Buchstabenkürzel (Transaktionscode) gemeint, über das man direkt in eine bestimmte SAP-Bildschirmmaske springen kann. Beispiele für Transaktionscodes sind SPAD und SP01.

Unicode Ein internationaler Standard, in dem für jedes Schriftzeichen aller bekannten Zeichensysteme ein digitaler Code festgelegt wird.

Windows-GDI-Interface Ein von Microsoft ausgeliefertes Programmier-Interface zur Darstellung von Text und Bild auf unterschiedlichen Ausgabegeräten.

XML Device Configuration (XDC) Druckerbeschreibungsdatei zur Erzeugung von PDF-Druckaufträgen durch die → Adobe Document Services.

D Der Autor

Michael Szardenings studierte Informatik an der Universität Stuttgart. Nach kurzer freiberuflicher Tätigkeit begann er 1989 seine Arbeit beim Forschungs- und Entwicklungszentrum von IBM (IBM Deutschland Research & Development GmbH) in Böblingen. Schwerpunkte waren dabei PC-Benutzeroberflächen für Mainframe-Computer. Durch verschiedene Joint-Venture-Projekte zwischen IBM und SAP in den Bereichen Systemmanagement, Job Scheduling und Drucken kam der Kontakt zu SAP zustande. 2001 erfolgte der Wechsel nach Walldorf.

Gegenwärtig arbeitet Michael Szardenings als Senior Developer bei SAP. Er ist hauptverantwortlich für das Drucken unter Windows und von SAP Interactive Forms by Adobe. Neben dieser Tätigkeit betreut er diverse Teile des SAP-Kerns.

Index

__DEFAULT 62
7-Bit-ASCII 188, 195

A

ABAP 15, 18, 21, 22, 112, 181
   ABAP-Liste 22, 193, 214
Absatzformat 197
Adobe Document Services 117, 170
Adobe LiveCycle Designer 167, 203
Adobe Reader 167
ADS 117, 170
aktiver Spool-Server 37
Anhängen 169, 174, 175
   an Spool-Auftrag 29, 175
Anmeldesprache 193, 200
Applikationsserver 15
Architektur, SAP-System 15
Arial Unicode MS 214
asynchroner Ausgabeauftrag 28
asynchroner Spool-Auftrag 28, 69
Aufbereitung 23
Aufbereitungsserver 35, 232
Ausfallsicherheit 36
Ausgabeaufbereiter 119
Ausgabeauftrag 29, 170, 272
Ausgabeberechtigung 246, 252

B

Barcode 217
Barcode-DLL 164, 226
Barcode-Symbologie 218
Benutzerstamm 88
Berechtigung 72, 109, 245
Berechtigungsobjekt 233, 245
Berechtigungsprüfung 271, 273
Berechtigungswert 249
Berkeley-Protokoll 40, 95, 96, 97, 231
Betriebsartenumschaltung 273
Betriebssystem 42, 43, 45, 111, 165, 232
Betriebssystemaufruf, direkter 40, 232
Bildschirmliste 71
binärer Spool-Auftrag 18
BSP 70

Business Communication Service 273
Business Server Page 70

C

C 15
C++ 15
Callback 48
Cascading Font 212, 257, 272
CFG 180
Code128 224, 228
Code39 224, 228
Code93 224
Common Unix Printing System 66
CreateDC 130
Credential 156
CUPS 66
Custom Option 149

D

Datenspeicherung 26
Dialogbetrieb 80
Dialog-Workprozess 63, 271
Dienst 108, 121
direkter Betriebssystemaufruf 40, 232
DLL, Barcode-DLL 164, 226
Domänenbenutzer 108
Druckdateiname 272
Druckdaten 271
Druckdatenstrom 117
Drucken
   über E-Mail 88
   über Gerätepool 92
   über Kommandosatz 81
Druckerauswahlbox 22, 64, 67, 80, 161
Drucker-Barcode 219
Druckerdefinition 30
Druckergruppe 231, 238, 242
Druckermodell 209
Druckeroption 101
Druckersprache 32, 66, 90, 168
Druckertreiber 33, 64, 130
Druckerwarteschlange 118, 143
Druckkommando 271

Druckprogramm 21
Druckserver 128, 271
Druckserverprogramm 106

E

Einbetten, Font 192
E-Mail 88
EndPage 130
Enqueue-Workprozess 271
Ersatzzeichen 189, 195, 211
externes Output-Management-System 43

F

Fehleranalyse 123
FIFO 116
Font 189
  Abbildungstabelle 257
  Einbetten 192
  Font-DIMM 191
  Font-Familie 197, 208
  Font-Hersteller 189
  Font-Pflege 207, 273
  Font-Umsetzung 210
  skalierbarer 210
  Windows 257
Formular 18
Formularpflege 273
Frontend-Druck 60, 88, 101, 159
Frontend-Druckauftrag 271
Funktionsbaustein 21

G

GDI, Programmierschnittstelle 66, 117, 130, 226
generischer Gerätetyp 33, 168
Geräteattribut 32
Geräteberechtigung 246, 247, 255
Geräteklasse 92
Gerätepool 92
Gerätetyp 32, 171, 178, 219
  generischer 33, 168
  nativer 33, 106, 191, 205
  Wizard 34, 205
GLOBAL_DIR 25, 75

Glyphe 189, 207
gtklp 67

H

Hintergrundbetrieb 80
Hintergrund-Workprozess 63, 271
Hostspool-Kopplung 34
HPUTF8 206

I

I18N 193, 272
IBM i 42, 232
ICM 69
Installationspfad 181
Installationsverzeichnis 107, 112, 115, 124
Interleaved 2of5 224
Internationalisierung 187, 272
Internet Communication Manager 69
Internet Transaction Server 69
Intervall 20
IP-Adresse 97
ISO 188
  Zeichensatz 187, 194
ITS 69

J

Java 66, 169
Java Native Interface 66
JNI 66

K

kaskadierende Schrift → Cascading Font
Kennwort 109
Kern 42, 50, 169
Kommando 48, 138
Kommandogruppe 50
Kommando-Interpreter 53
Kommandosatz 81
Kommando-Shell 53, 56
Kommandozeile 138, 155, 159
Koppelart 34, 231
  Aktivierung 272
  Definition 39
Koppelart C 39, 40, 100, 232

Koppelart E 40, 43, 100, 232
Koppelart F 40, 60
Koppelart G 40, 60, 101, 131, 231
Koppelart L 40, 81, 95, 101, 232, 271
  Vergleich mit Koppelart U 98
Koppelart M 40, 88, 102, 232
Koppelart P 40, 92, 102
Koppelart S 40, 94, 103, 115, 231
Koppelart U 40, 95, 106, 115, 231
  Vergleich mit Koppelart L 98
kprinter 67

L

Layout 207
LEXUTF8 206
Line Printer Daemon Protocol 96
Linux 66, 81
Log-Datei 123, 126
logischer Spool-Server 35
Log-Verzeichnis 115, 122
lokales Systemkonto 109
LOMS 45, 232
LPD 96
  Port 106, 107, 111, 114, 124

M

Mac OS 69
Mandant 20, 30, 221, 250, 251
Massendruck 95, 101, 103, 160
Microsoft Windows 42, 79, 105, 232
  Vista 108

N

Nadeldrucker 168
nativer Gerätetyp 33, 106, 191, 205
Navigation 174, 176, 185
Netzwerk 99, 101
  Analyse 127
  Bandbreite 80
  Datenverkehr 62
  Interface-Option 147
  Kommunikation 95
  Koppelart 121
  Ni Options 147
  Problem 125
  Protokoll 103

Netzwerk (Forts.)
  Verbindung 43
Netzwerkdruck 94
  mit Berkeley-Protokoll 95
Nummernkreis 20
Nummernkreispflege 273

O

Operationsberechtigung 252
Option 182
  Sofort ausgeben 27, 63
Optionsdialog 163
Optionseditor 137, 155
Originalsprache 196
Output-Management-System 40, 43, 232
  externes 43

P

Page Description Language 28, 32, 66, 168, 170, 171, 178
PAL 229, 253, 272
PAL-Drucker 230, 231
Part 75, 80, 175, 179
Part-Liste 175
Part-Nummer 176
PCL 32, 171, 223
PDF 117, 167, 171
  Spool-Auftrag 18, 175
PDF417 224
PDFPRINT 117, 130, 181
PDF-Spool-Auftrag 272
PDL 28, 32, 66, 168, 170, 171, 178
Personal Security Environment 156
Pflege, RFC-Destination 273
Plattform 98
Plattformunterstützung 43
Polling 50, 70, 76
PostScript 32, 106, 171, 223
PRESCRIBE 223
Print-Control 221
Printer Command Language 32, 171, 223
Printer-Vendor-Programm 33
Printing Assistant for Landscapes 229
Profil 249

Profilparameter 16, 63, 84, 131
  Pflege 273
Programmiersprache 15
Prozessübersicht 273
PSE 156

R

RAW 117, 129
RC001U18 206
rdisp/wp_no_btc 16, 271
rdisp/wp_no_dia 16, 271
rdisp/wp_no_enq 17, 271
rdisp/wp_no_spo 17, 271
rdisp/wp_no_spo_Fro_max 63, 271
rdisp/wp_no_vb 16, 271
rdisp/wp_no_vb2 16, 271
realer Spool-Server 35
Registrierung 136, 161
regsvr32 78
Remote Function Call → RFC
Reply Message Group 56
RFC 48, 233
  RFC-Benachrichtigung 48
  RFC-Callback 48
  RFC-Destination 233, 273
  RFC-Server 48
RMG 56
Rohdaten 25
ROMS 45, 232
RSCPSETCASCADINGFONTS 213, 272
rspo/auth/pagelimit 253, 271
rspo/host_spool/check_retries 131, 271
rspo/host_spool/print 84, 271
rspo/host_spool/query 84, 271
rspo/lpq/temp_disable_time 131, 271
rspo/store_location 25, 271
rspo/tcp/retrytime 131, 272
rspo/to_host/datafile 84, 272
RSPO0020 179, 272
RSPO0021 177, 272
RSPO0022 172, 272
RSPO0075 60, 272
RSPO1041 26, 272
RSPO1043 27, 272
Rückmeldungsgruppe 56
RZ04 17, 273
RZ11 131, 273

S

S_ADMI_FCD 246, 248, 251
S_SPO_ACT 246, 249, 251
S_SPO_DEV 246, 247
S_SPO_PAGE 252
SAP Form Processing 273
SAP GUI 60, 101
  for HTML 69, 253
  for Java 66
  for Windows 61, 159, 181
SAP Interactive Forms by Adobe 18, 73, 117
SAP NetWeaver Application Server 15
SAP Smart Forms 18, 167, 200, 217
SAPCONNECT 91
SAPCryptolib 157
SAP-Font-Name 189, 200, 207, 208
SAPFprint 145, 149, 159, 160
SAPLOGON 160
SAPLPD 105
SAP-Protokoll 40, 94, 231
SAProuter 96
SAPscript 18, 150, 167, 196, 217
SAPSprint 94, 105, 159
  Dienst 107
  Konfigurationsoption 106
  Option 136
  Release 7.20 181
sapsprint.dbg 124, 159
SAP-Standardtext 273
SAP-System, Architektur 15
SAPWIN 33, 42, 59, 81, 99, 116, 129, 145, 181, 212, 223
SAPWorkDir 163
Schrift 189
SCOT 88, 90, 273
SCP 213
SE63 203, 273
SE71 196, 273
SE73 207, 213, 218, 273
Secure Network Communication 152, 164
Seitenbeschreibungssprache 28, 32, 66, 168, 170, 171, 178
Selektionsberechtigung 246, 248, 255
SFP 167, 273
Sicherheitszertifikat 273
Sichtbarkeitsberechtigung 251

SIMM-Modul 218
skalierbarer Font 210
SM50 17, 273
SM51 126
SM59 233, 273
SMARTFORMS 200
SNC 152, 164
SNRO 20, 273
SO10 221, 273
Sofort ausgeben 27, 63
SP01 18, 26, 63, 73, 78, 119, 162, 175, 246, 248, 273
SP02 18, 112, 273
SPAD 30, 39, 45, 60, 109, 128, 176, 205, 229, 273
Speicherort 271
Sperrzeit 271
Spool-Administration 273
Spool-Auftrag 18, 170, 272, 273
  asynchroner 69
  binärer 18
  Löschen 272
Spool-Auftragsberechtigung 246, 249, 255
Spool-Konsistenzprüfung 272
Spool-Option 272
Spool-Server 35
  aktiver 37
  logischer 35
  realer 35
Spool-Workprozess 271
Sprachenschlüssel 196
SPTP 90, 273
Standarddrucker 62
StartPage 130
Statusabfrage 118, 271
Statusinformation 77, 80, 95, 98, 122
Statusrückmeldung 121
Steuerzeichenfolge 219
Stil 202
STRUST 157, 273
SU01 37, 273
SU53 245, 273
Support Package 60, 213, 232
SWINCF 62, 196, 212, 215
Synchronisation 122
System-Barcode 219
Systemkonto, lokales 109
Systemstatus 190

T

TCP/IP 95, 148
  Druckdienst 96, 106, 107, 128
  Port 96
Terminalinfo 73
Textelement, Übersetzung 273
Textpoolpflege 273
Thread 114, 116, 117, 122, 160
Tintenstrahldrucker 168
Trace-Datei 86, 116, 125
Transaktion
  I18N 193, 272
  PAL 272
  RZ04 17, 273
  RZ11 131, 273
  SCOT 88, 90, 273
  SCP 213
  SE63 203, 273
  SE71 196, 273
  SE73 207, 213, 218, 273
  SFP 167, 273
  SM50 17, 273
  SM51 126
  SM59 233, 273
  SMARTFORMS 200
  SNRO 273
  SO10 221, 273
  SP01 18, 78, 119, 175, 246, 248, 273
  SP02 112, 273
  SPAD 30, 60, 205, 229, 273
  SPTP 90, 273
  STRUST 157, 273
  SU01 37, 273
  SU53 245, 273
TSP01 25, 272
TSP02 25, 272
TSP0B 171, 272
TSPOPTIONS 178, 272
TST03 25, 272

U

Übersetzung 273
Umgebungsvariable 157
Unicode 62, 196
  Gerätetyp 206
  Unicode-Subset 188, 212, 257
  Unicode-System 189, 196

Unicode (Forts.)
  Zeichensatz 187
Unix 81

V

Verarbeitungsfehler 120
Verbindungsoption 111
Verbindungsversuch 271, 272
Verbucher-Workprozess 271
Version 113
Verteilungsstatus 242

W

Warteschlange 117, 120
Web Dynpro 232
Webbrowser 70, 76
Windows-Diensteliste 107
Workprozess 15, 16, 271
  Typ 16

X

XDC 170, 171
XFD 169, 178, 180
XML Device Configuration 170, 171
XML Forms Definition 169, 178, 180

Z

Zeichen 189
Zeichenformat 198, 219
Zeichensatz 164, 187
Zeitstempel 125
Zentralsystem 230, 231, 237
Zertifikat 157
Zertifizierung 57
Zielsystem 230, 231, 236
Zielsystemgruppe 231, 239, 242
ZPL 171, 223
Zuordnungstabelle, Gerätetyp-XDC 272

www.sap-press.de

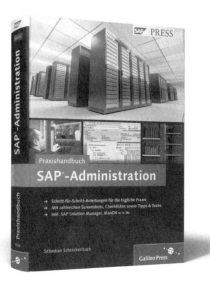

Schritt-für-Schritt-Anleitungen
für die tägliche Praxis

Mit zahlreichen Screenshots,
Checklisten sowie Tipps und Tricks

Inkl. SAP Solution Manager,
MaxDB u.v.m.

Sebastian Schreckenbach

Praxishandbuch SAP-Administration

Application Server ABAP

Mit diesem Buch erlernen Sie die Aufgaben der SAP-Basisadministration Schritt für Schritt und Klick für Klick: Verwaltung, Wartung und Performance. Konkrete Informationen sowie zahlreiche Screenshots unterstützen Sie dabei, regelmäßige wie außerordentliche Administrationsaufgaben erfolgreich zu meistern. Dabei enthält dieses Handbuch auch Informationen zur Fehleranalyse und -behebung sowie zum Desaster-Recovery. Ein Anhang mit Transaktionscodes, Ressourcen und SAP-Hinweisen komplettiert die umfassende und praktische Darstellung; Checklisten stehen zum Download zur Verfügung.

880 S., 2010, 69,90 Euro
ISBN 978-3-8362-1536-7

>> www.sap-press.de/2299

booksonline

Die Bibliothek für Ihr IT-Know-how.

1. Suchen
2. Kaufen
3. Online lesen

Kostenlos testen!

www.sap-press.de/booksonline

- ✓ Jederzeit online verfügbar
- ✓ Schnell nachschlagen, schnell fündig werden
- ✓ Einfach lesen im Browser
- ✓ Eigene Bibliothek zusammenstellen
- ✓ Buch plus Online-Ausgabe zum Vorzugspreis